KB043178

자공공

우정과 환대의 마을살이

우정과 환대의 마을살이

자공공

조한혜정 지음

도서출판
또하나의문화

마을살이

2부   자공공 마을로 가는 길목에서

시대 공부를 위한 교재 몇 편

전환 시대에 부치는 편지

책머리에

2007년에 나는 『다시, 마을이다』라는 제목으로 아래와 같이 시작하는 책을 펴냈습니다.

탈. 선. 하. 다.

길을 벗어나 보지 않은 사람들이 어떻게 새 길을 낼 수 있을까요? 지난 10년, 아니 20년간 '탈선'한 사람들과 보낸 시간은 즐거웠습니다. 그들은 '서태지 세대'로 불리다가, 이제 '88만원 세대'라는 별명을 얻고 있는 국민, 아니 '21세기 시민'들입니다. 조만간 그들의 부모 세대에서도 '탈선'하는 사람들이 늘어날 조짐이 보여 기쁩니다.

가족을 포함한 모든 종류의 '공동체적 기반'이 여지없이 허물어지고 있습니다. "토건 국가를 넘어서 돌봄 사회로 가자."는 말을 자주 하는 나를 발견하면서 제 관심이 모든 세대로 확장되고 있음을 알게 되었습니다. 노인은 어린아이와 함께 있을 때 행복하고, 청소년 역시 든든한 후원자들과 잘 늙어 가는 어른들이 곁에 있을 때 건강해질 수 있습니다.

돌이켜 보면 지난 십 년은 숨 가쁘게 지나갔습니다. '선진국 따라잡기'에 급급한 개발 국가의 '국민'으로서 숨 가쁘지 않게 지낸 적이 별로 없었지만 특히 지난 십 년은 힘든 시절이 아니었나 싶습니다. 아이엠에프 금융위기 이후 줄줄이 터져 나온 예측 불허의 사건들을 겪으면서 그 세월을 살아 낸 것만으로도 장하다는 생각이 듭니다. 앞으로의 세월은 좀 나을까요? 별로 그럴 기미는 보이지 않습니다.

1999년부터 2007년까지 쓴 글을 모은 책이었는데, 전반부는 새로운 세대가 성장하고 있으니 그들을 잘 키우자는 꽤 희망찬 글들이 주를 이루었지요. 1997년 터져 나온 아시아 금융 위기를 극복해 가는 시점에 쓴 글들이었습니다. 그러나 후반에 가면서 대안 교육이나 대안 문화에 대한 이야기는 줄어들고 진퇴양난에 빠진 상황에 대해 난감함을 토로하는 글이 많아졌습니다. 불안이 영혼을 잠식하는 재난 사회가 오고 있음을 감지하면서 마을을 이야기하기 시작했고 책 부제를 '위험 사회에서 살아남기'로 붙였습니다.

이 책은 그 후편입니다. 사실 2007년 당시 우리는 이미 재난 한가운데를 살아가고 있었습니다. 큰 사고나 재해가 발생하기 전에 반드시 그와 관련한 경미한 사고와 징후들이 나타난다는 '하인리히 법칙'대로 대형 사고들이 터지기 시작했습니다. 2008년 뉴욕 서브 프라임 모기지 사태와 2011년 후쿠시마 핵 발전소 재앙이 대표적인 사고입니다. 백 년 만의 폭설, 백오십 년만의 쓰나미도 사실상 자연재해가 아니라 인재라는 것을 알게 되었습니다. 이를 감지한 우리/인류는 바야흐로 성찰의 시대를 열어 가게 되는 걸까요? 초고속 압축 성장 시대를 살아 내느라 무리했던 몸의 피로를 풀고 서로에게 준 상처를 치유하는 시간을 맞게 될까요? 주위에 서로 도우며 살아가는 '도시 부족urban tribe'들이 생겨 나고 자연과 더불어 살겠다며 서울을 등지는 이들이 늘어나는 모습을 보면 정말로 그런 전환이 이루어지고 있나 봅니다. '무한 성장'이 '무한 불행'을 낳는다는 사실을 알아차린 것이지요. 한편 현실을 직시하지 않으려는 안간힘도 느껴집니다. 눈을 가린 경주마처럼 달리거나 혼자 만의 동굴을 파서 침잠하기로 한 이들 또한 늘어나고 있습니다. 시간의 덫, 불안의 덫에 빠진 이들은 자신을 사랑하고 돌볼 여유가 없습니다. 감시 권력은 안전과 돌봄의 이름으로 그들의 자발적 복종을 얻어 내지 요. 국가라는 권력 기계나 거대 기업의 일부가 되어 생존하려는 이들에 게 '탈.선.하.다'라는 말은 불안을 안겨 줄 뿐입니다.

지·구·살·이

이 책에 실은 글들은 전 세계가 신자유주의의 소용돌이 안에서 망가져 가는 것을 보며 기도하는 마음으로 쓴 글들입니다. 이 시대의 이야기꾼 안토니오 네그리와 마이클 하트는 공공재가 사라진 상황을 '소유 공화 국'이라는 개념으로 풀어냈습니다. '소유 공화국'이란 모든 '사적인 것'은 시장이, 모든 '공적인 것'은 국가가 독점하는 상황을 말합니다. 20세기 자본주의와 사회주의 진영의 대립은 사실상 '공공적인 것'을 시장에 맡길지, 아니면 국가 관리 하에 둘지를 놓고 벌어진 대립이었는데, 사회주의권이 붕괴하면서 시장과 결탁한 국가가 이 영역을 주도하게 됩니다. 국가와 시장이 결탁하면서 그 거대한 권력은 본분을 잃고 마구 달릴 수 있게 되었습니다. 안전이라는 이름으로 외부인 출입을 금지하는 학교는 그 자체로 만연한 이권 교환과 폭력의 장소가 되고, 거대 토건 사업가들이 배를 불리는 동안 굶어 죽는 국민들은 늘어납니다. "아무것도 서로 나누지 말라. 그것은 시장이 할 일이다."라거나 "아무도 남을 돌보지 말라. 그것은 국가가 할 일이다."라는 언명은 바로 그 소유 공화국이 구성원들에게 던지는 명령입니다.

2014년 4월 16일 수학여행을 떠난 학생들을 태운 배가 진도 앞바다에서 침몰했습니다. 과적한 선박은 작은 충격에 침몰했고 선장은 구조작업조차 시도하지 않은 채 배에서 탈출해 버렸습니다. "선내 계신 분들은 절대 움직이지 마시기 바랍니다." "단원고 학생들은 현재 위치에서 절대 이동하지 말고 대기해 주시기 바랍니다."라는 방송이 흘러나왔고 얌전하게 대기하던 학생들은 살아서가 아니라 시신으로 가족에게 돌아왔습니다. 방송으로 이 모든 장면을 지켜본 국민들은 무력감에서 헤어나지 못했습니다. '세월호' 사태를 통해 '대한민국호'의 미래를 보았기 때문일까요? 국민을 돌볼 의무를 방기한 권력은 자신들의 무책임함이 드러날까 봐 쉬지 않고 달릴 것입니다. 사회가 나아가야 할 방향과 윤리에 대한 질문을 생략한 채로 돌진하는 이 체제는 점점 사악해질 것입니다. 망나니 같은 사냥꾼들만 살아남는 세상이 오는 게 아닌가 싶어서 잠을 설치는 밤이 많아졌습니다. 그렇다고 달리 탈출할 곳도 없습니다. 전 세계가 실은 거대한 소유 공화국이 되어 가고 있으니까요.

인류는 큰 위기를 여러 차례 넘긴 지혜로운 존재입니다. 극심한 인류학적 충격을 경험한 세계 시민/국민/주민들은 이를 기억해 내고 세상을 바꾸어 갈 것입니다. 세계적 피아니스트 백건우 씨는 수학여행을 떠난 학생들이 도착했어야 하는 제주항에서 추모 공연을 하며 "중요한 것은 이제 우리가 변해야 한다는 사실이다. 다시 이런 일이 재발한다면 도저히 용서할 수 없다."고 말했다고 합니다. 우리는 인류가 지구상에서 계속 살아갈 수 있을지를 염려하지 않을 수 없지만, 울리히 벡은 이 파국을 '해방적 파국'이라고 부릅니다. '합리적 자본주의'가 '자멸적 자본주의'로 변해 버린 파국의 시간 속에서 대대적인 '탈바꿈'이 일어나고 있다는 뜻입니다. 일본의 현자 마사키 다카시 선생은 이 시간대를 애벌레가 나비로 변태하는 시간에 비유했습니다. 뽕나무 이파리를 다 뜯어 먹으면 나무가 모두 죽어 버릴까 봐 걱정하는 애벌레에게 지혜로운 나무는 말해 줍니다.

너는 곧 나비가 될 거야.
나비가 되면 누구도 나뭇잎을 먹지 않는단다.
꽃에 있는 꿀을 찾게 되지.
꿀의 달콤함에 취해 춤도 춘단다.
그러면 꽃이 열매를 맺지.

지금 인류는 애벌레에서 나비로 변신하는 대전환기를 살아 내고 있습니다. 울리히 벡은 근대 국가들에게는 현 인류가 안고 있는 기후 변화나 금융 위기와 같은 인류학적 난제를 해결할 능력이 없다면서, 이 차원의 문제들은 '벌써' 글로벌 시대를 살아가고 있는 세계 주민/국민/시민들의 코스모폴리탄 협력을 통해 풀릴 것이라고 말합니다. 끔찍한 사건을 목도한 공통의 경험이 '공통의 좋은 것'을 만들어 내리라며 낙관적으로 진단하고 있습니다. 그렇습니다. 우리나라에서도 4·16 세월호 참사를 통해 차마 있어서는 안 되는 일이 일어나는 현실을 목도한 뒤, 공통 인식의 장을 열고 있습니다. 이 충격의 경험은 그간 연결해 보지 않은 것들이 연결되어 있음을 보여 주면서 새로운 깨달음에 이르게 하는 '사회적 카타르시스'의 시공간을 열고 있습니다. 다양한 인류학적 충격을 받은 지구촌 주민들은 이런 깨달음의 과정을 거치면서 다음 시대를 살아갈 새 나침반을 만드는 중입니다. 특히 벡 교수는 "신성한 척하는 자폐적 국가"의 민낯을 목도한 시민들이 서로 연대해야 한다고 강조합니다. 또한 "지역주의가 없는 코스모폴리탄은 공허하고 코스모폴리탄 없는 지역주의는 맹목적"이라면서 글로벌 시민들이 연대하는 '코스모폴리탄 계기'를 강조합니다.

"우리의 미래는 수세기에 걸친 견고한 전쟁의 역사가 아니라 덧없이 지나간 공감의 순간들에서 찾아질지도 모른다." 실천적 지식인의 표상이었던 하워드 진이 한 말입니다. 국가 단위와 같이 고정된 경계를 넘나드는 주체들이 경험하고 공감하는 순간들이 기적을 낳는다고 나는 믿습니다. 그래서 횡포한 권력 기구를 공격하느라 모든 힘을 소진하거나 그 앞에 굴복해서는 안 된다고 생각합니다. 그 일시적 권력은 공략하기보다 낙후시키면 되는 것이고, 스스로의 맹목성으로 자멸하도록 전략을 짜면 되는 것이지요. 대신 우리는 대재앙의 인류학적 충격을 전지구적 전환의 계기로 만들면서 '나비 문명'의 새벽을 맞이할 준비를 하면 됩니다. 이 책에서 나는 "잔이 반이나 비었다"며 비통해할 것이 아니라 "잔이 반이나 찬 것"에 감사하자고 말합니다. 우리가 다시 지혜를 모으는 몸을 만들어 가기 시작한다면, 그래서 '창의적 공공 지대'를 회복해 낸다면 문제는 생각보다 쉽게 풀리리라 생각합니다. 중요한 것은 함께 우울해하고 두려워하고 절망할 친구를 찾는 것이고, 함께 고민을 나누고 협력할 여유로운 시간과 장소를 갖는 것입니다. 스스로 공통의 감각, 공공재commonwealth, 그리고 창의적 공유 지대creative commons를 만들어 내기 시작해야 합니다. 돈독한 관계망으로 토건 국가를 허물어야 합니다. 나는 우정과 환대, 그리고 다름이 공존하는 '마을살이'가 새로운 시대를 열어젖히리라 생각합니다.

마 · 을 · 살 · 이

시대를 탁월한 언어로 예견했던 고정희 시인은 일찍이 이렇게 노래했습니다.

요즘은 정 두터운 사람과 만나도
말문트기 바쁘게 아픔이 먼저 온다
마주보기 무섭게 슬픔이 먼저 온다
호의보다 편견이 앞서 가리고
여유보다 주검이 먼저 보인다
스스로 짓눌려 돌아올 때면
친구여
서너 달 푹 아프고 싶구나
그대도 나도 불온한 땅의
불온한 환자임을 자처하는 요즘은
통화가 끝나기 전 결론을 내리고
마주치기 앞서서 셔터를 내린다
(후략)
　　　　　　－고정희, 「예수 전상서 2」, 『고정희 시전집 1』, 또하나의문화, 2011

　　이 시대의 문제는 기본적으로 횡포한 사냥꾼들의 결탁에서 나왔지
만, 동시에 우리가 셔터를 내렸기 때문이기도 합니다. 내게 '마을'은 셔
터를 내리지 않을 방법입니다. 모두를 아프게 만드는 병든 사회에서 벗
어날 해법입니다. 혼자 조용히 살라고 명하는, 보이지 않는 중력에 저
항하는 방법입니다. 외로움이 무서워서 떼 지어 몰려다니고 싶은 유혹
에 넘어가지 않을 방법이기도 합니다. 무연 사회無緣社會나 파시스트 사
회로 가지 않을 방법이지요. 이런 차원에서 '마을'은 삶을 조직화하는
매우 구체적인 방식이자 시대를 구하는 사유 방식입니다. 목적이 아니

라 '방법/수단'이 지배하는 도구 사회를 사람이 주도하는 유기 사회로 전환해 가는 방법인 것입니다.

내가 말하는 마을은 새로운 시대를 상상하기 시작한 사람들이 모여서 머리를 맞대고 서로 돌보면서 살아가는 곳입니다. 자발적 선택으로 시작된다는 면에서 전통 마을이나 농촌 마을과는 사뭇 다릅니다. 오히려 지지 집단, 준거 집단과 비슷한 느슨한 관계망으로, 한정된 장소에서 지속적으로 상부상조하는 신뢰와 협동의 네트워크 같은 것입니다. 그곳은 평화로운 곳이 아니라 제대로 좌충우돌하는 곳입니다. 사회적 상호작용이 활발하게 일어나기에 당연히 협력과 함께 갈등도 일어나는 곳입니다. 크고 작은 갈등을 덮어 두기보다 생산적인 갈등으로 만들어 가는 곳입니다. 이 마을살이는 '나'의 용기 있는 선택에서 시작됩니다. 마을살이를 선택하는 사람은 이타적인 사람이라기보다는 이기적인 사람일 가능성이 높습니다. 지속가능한 삶을 생각하는 '이기적인' 사람 말입니다.

마을은 스스로를 돕기로 한 이들이 만들어 내는 생성의 장소입니다. 나는 최근 마을의 핵심을 '자공공', 곧 "스스로 돕고(自助) 서로를 도우면서(共助) 새로운 공공성을 만들어 가자(公助)."는 개념으로 풀어 가기 시작했습니다. 스스로 돕는다는 것을 아는 개인이 자신의 성장과 수양, 성숙을 도모하다 보면 자연스럽게 협동적 자아를 키우게 됩니다. 그런 개인들이 만들어 내는 공조共助 관계는 자연스럽게 새로운 공공 영역을 만들어 냅니다. 돈거래 없이 함께 아이를 키우다 보면 훌륭한 어린이집이 생겨나기도 하고 새로운 먹거리 운동이며 의료 활동이 펼쳐지기도 합니다. 스스로 집을 짓고 고치는 목수들이 적정 기술을 살려 에너지 자립 마을을 만들어 내기도 하고, 텃밭을 가꾸는 새로운 유형의 농사꾼과 산재한 문제들을 풀어내는 마을 발명가들이 모여 생산과 소비, 노동과 삶이 연결되는 다양한 활동들을 벌이기도 하지요. 마을에서 돈벌이 외에도 많은 일들이 벌어지면서 자연스럽게 풍성한 관계를 맺어지고 새로운 '사회'가 만들어지는 것입니다.

마을에 대한 이런 생각은 단순히 학자의 머릿속 구상이 아닙니다. 나는 1999년에 서울시의 위탁을 받아 '하자센터'라는 청소년 센터를 만들었는데, 그 센터는 바로 위에서 말한 일들이 벌어지는 마을로 진화했습니다. 초기에는 십대의 성장에 관심을 기울이는 도시 부족처럼 움직이더니, 자공공의 원리를 자연스럽게 실현하는 사회적 기업이 움트면서 점차 마을을 이루어 낸 것입니다.

이웃 동네 성미산 자락에서는 공동 육아를 하던 부모들이 대안 학교를 만들고 다양한 품앗이 활동을 벌이더니, 마을 극장과 마을 기업들이 있는 '마을'로 진화했습니다. 이런 식으로 마을이 들어서고 있습니다. 최근에는 여기저기에서 다양한 마을살이 소식이 들려옵니다. 기존 시민 단체나 풀뿌리 단체가 마을살이로 진화한 곳도 있고 길거리에서 장사하던 상인들이 주축이 되어 마을을 가꾸어 가는 곳도 있습니다. 이웃에 살면서 '품앗이 육아'를 하다가 마을살이로 넓어진 '도봉 숲속애愛' 같은 동네도 있고, 길고양이에게 밥을 주던 캣맘cat mom과 아기 엄마들이 대립하다가 화해하면서 마을살이로 이어진 경우도 있습니다.

마을살이의 모습은 문화 활동, 커뮤니티 활동, 경제 활동, 돌봄 활동, 교육 활동, 기술 활동 등 무척 다양하지만, 원리는 같습니다. 개인의 욕구에서 시작한 자조 모임이 협력자들을 만나면서 공조의 장으로 확장되고, 그 장들이 다시 서로 엮이고 커지면서 새로운 공공성, 곧 공조의 장으로 열리는 원리입니다.

최근 이런 움직임에 주목한 시민운동가 출신 박원순 서울시장이 마을 사업을 시의 핵심 정책으로 삼아 적극 지원하기로 했습니다. 인천 호프집 화재로 청소년들이 사망하는 사건이 일어나자 서울시가 청소년 센터를 대대적으로 지은 것처럼, '층간 소음 살인'이라는 병리적 사건이 일어나자 서울시에서는 이웃끼리 인사하고 상부상조하는 삶으로 전환하는 일이 시급하다고 판단한 것입니다. 경제협력개발기구OECD 국가 중 자살률 세계 1위를 기록하는 한국의 수도 서울 자치구가 당연히 취해야 할 조치입니다. 동시에 마을 사업은 실업 문제를 풀 주요한 고리이며 사회적 경제를 일으킬 관건이기도 합니다. 하자센터를 통해 관민 협력 작업을 해 온 나는, 활동 범위를 넓혀서 서울시 마을공동체 위원회 위원장과 서대문구 마을공동체 위원장 일을 맡았습니다. 서울에서 마을살이가 어떻게 뿌리내릴지 자문을 하면서 열심히 참여 관찰도 하는 중입니다.

현재로서는 그간 행정 구역 단위 마을에서 통반장을 맡아 온 주민들과 1980년대 민주화 운동에 뿌리를 둔 풀뿌리 주민 운동가들 간에 마찰이 적지 않습니다. 관변 단체 성격이 강한, 이른바 보수 마을 지도자들은 '일반 주민'을 포용해야 한다면서 풀뿌리 마을 운동가들에게 거부감을 드러내는가 하면, 육아나 협동조합 등 다양한 품앗이와 나눔을 통해 새로운 형태의 마을살이를 도모하는 주민들이 중심이 되어야 한다는 변혁적 마을 운동가들은 불특정 일반 주민을 강조하는 관변 지도자들의 단순함을 참아 내기 힘들어합니다. 흥미롭게도 전자는 정치적 협상에 능하고 동원력이 있는 반면, 후자는 방향성이 분명하지만 더 많은 주민들을 포용하는 수용력이 떨어집니다. 130만 '아파트 왕국'이 된 서울에 마을 공동체가 만들어지기란 쉽지 않겠지만, 나는 이들이 좌우 편 가르기를 넘어서서 서울시와 협력하여 마을살이 붐을 일으키기를 바랍니다. 아주 빠른 속도로 세상이 망가지는 것 같지만, 나는 전처럼 그렇게 가슴 아파하지 않습니다. 이렇듯 지혜의 샘물을 파면서 마을에서 오순도순 살아가는 사람들이 많아지고 있기 때문입니다.

이 책에는 아기에게 안전한 먹거리를 먹이려고 자연 농법으로 농사를 지으며 자급자족하는 주부가 자연스럽게 생태 공부 모임에 참여하고 남은 것은 서로 교환하는 대안 장터 이야기가 나옵니다. 자주 만나 함께 이야기를 나누다 보면 정보의 홍수에 휩쓸리지 않아서 좋고, 꼭 필요한 일을 하면서 지구를 망가뜨리지 않으며 살아갈 수 있어 행복하다는 주민들도 나옵니다. 나눔의 축제를 벌이면서 더불어 함께하는 것 자체가 주는 활기로 건강을 되찾는 이들도 생겨납니다. 개인과 집단, 문화와 경제, 정치와 기술이 자연스럽게 연결되는 이런 마을은 새로운 일거리들도 만들어 냅니다. 사람들을 엮는 코디네이터, 살림살이 경제학자와 마을 건축가, 윤리적 과학자 같은 직업들일 테지요. 돈거래가 개입되지 않은 다양한 협력 관계는 자연스럽게 새로운 '정치'로도 이어집니다. 자신들이 일궈 온 삶을 지키기 위해 마을 주민들이 지방 선거에, 또는 중앙 선거에 후보를 내거나 정부에 제안할 법안을 마련하게 될 테니까요. 지금 북유럽에서는 주민 제안으로 소득 상한제와 기본 소득 제도를 진지하게 논의하고 있습니다. 기본 소득 제도는 기존 복지 제도의 확장이 아니라 개인의 창의력과 협동이 충분히 발현되는 사회로 가기 위한 제안이자, 국가나 시장이 독점한 공공재를 다시 국민들이 돌려받으려는 움직임이라 하겠습니다. 사사로운 이권을 위한 '결탁의 정치'가 아닌 지속가능하고 즐거운 삶을 위한 '협동의 정치'가 시작되는 것이지요. 이런 곳은 아이들을 키우는 부모는 물론, 미혼·비혼 남녀들과 또 다른 형태의 가족들에게도 즐겁고 편안한 곳이 될 겁니다.

세 · 대 · 살 · 이

나는 청년들에게 특히 마을살이를 권합니다. '경쟁적 자아'로 성장한 이들이 허망한 인정 투쟁을 벌이면서 무시와 모욕을 견디기보다 우정 어린 만남을 통해 '사회적 근육'을 키우고 '협동적 자아'를 형성해 가기를 바랍니다. 예민한 신경을 건강한 신경으로 만들어 가는 데 가장 좋은 방법은 마을에서 뒹굴며 함께 만들어 가는 경험일 테지요. 80년대

살벌했던 군부 독재 정권을 무너뜨린 것은 창의적 공유 지대에서 밤새 토론하고 어울려 놀던 청년들과 시민들이었습니다. 그때 그들이 공유한 것은 평등과 자유에 대한 신념이었으며 '구조'에 대한 깨달음이었습니다. 이제 그 깨달음은 서로를 돌보고 아끼는 '마을'을 중심에 둔 어떤 것일 겁니다.

올 3월 청년들이 주축을 이루는 진보 정당의 부대표가 우울증으로 세상을 떠나자, 그를 잃은 슬픔으로 쓴 글이 당 게시판에 올라왔다고 합니다. 필자 최혜영 씨는 동료들에게 이렇게 당부합니다. "일이든 뭐든 욕심부리지 말기, 집착에서 벗어나기, 과로하지 말기, 가끔씩 놀러가기, 햇빛 보며 살기, 겨울에 특히 조심하기, 1주일에 한번은 자연을 벗 삼기, 땀 빼는 운동하기, 가끔씩 맛있는 것 먹기, 사랑하는 사람 만들기, 수다 떨기, 화내기, 이야기하기, 찾아서 머리 굴리지 말고 나가서 부딪치기, 생각의 늪에 빠지지 말기." 그간 우리들은 아름다운 공동체를 꿈꾸면서도 막상 자신 내부에 공동체를 만드는 일에는 소홀했습니다. 토건적 일처리만 했지, 무언가 돌보는 일은 미처 하지 못했던 것이지요. 감시 권력의 힘을 더욱 막강하게 만들어 주는 고도 기술 사회에서 우리가 자존을 지킬 방법은 지속적인 협력의 거버넌스를 우리 안에 만들어 가는 방법밖에 없습니다. 감시와 단속의 통치 시스템이 '경쟁과 적대'의 몸을 만들라고 강요할 때, 그에 따르지 않고 '우정과 환대'의 몸을 유지해 가는 일 말입니다.

이미 청년들 사이에서는 '공공재'와 살림/살이 경제, 노머니 경제, 기본 소득 등에 대한 논의와 실천이 일어나고 있습니다. 해방촌 빈집 프로젝트부터 시작해서 갖가지 셰어하우스share house 운동까지, 삶의 동반자들을 만나면 월 50만 원으로 즐겁게 지낼 수 있다는 말도 나옵니다. 작은 예술 작품들을 돈으로 사지 않고 쌀로 교환하는 '고양이 카페'에 가면 쌓여 있는 쌀만 봐도 배가 부릅니다. 생태적 생산과 소비를 활성화하는 마르쉐 장터, 하자센터의 달시장과 나눔 부엌 프로젝트, 세대가 어우러지는 이동 놀이터 운동에 이르기까지 돌봄과 창의의 공공 지대를 만들어 가는 실천들이 부쩍 활발해지고 있습니다. 그것은 다양한 세대들이 만날 때 또 한번 도약을 이루어 낼 것입니다. 나는 아이들과 청년들이 모여 앉아 놀거나 폐자전거를 함께 조립하는 모습, 좀체 풀리지 않는 문제를 두고 세대 간에 머리를 긁적이며 모여 앉아 있는 모습을 보면 행복합니다. 최근에는 '차 없는 거리'를 조성한 신촌에 에너지와 자원을 공유하려는 청년들이 모여 '도시를 위한 공유 전원소'를 만들 계획이라는 소식도 들었습니다. 공공재를 확보하고 지속가능한 삶의 방식을 익히는 아지트들이 속속 생겨나고 있는 것이지요.

　세대를 넘어서서 다양한 생각과 감성을 가진 이들이 둘러앉아 마주 보고 뭔가를 하는 것이 곧 마을의 시작입니다. 크고 작은, 갖가지 모습의 마을들이 '천 개의 고원'을 이루며 제각각 변주를 해낼 때, 수시로 다방면으로 접속하면서 아름다운 교향악을 연주할 때, 그때 대대적인 탈바꿈, 곧 천지개벽이 일어날 테지요.

감·사·인·사

이 책 1부에는 2008년 이후에 쓴 신문 칼럼들을 '지구살이', '세대살이', '마을살이'라는 주제로 나누어 실었습니다. 어려운 사건이 터졌을 때, 이해할 수 없는 일이 벌어졌을 때, 그리고 난감한 해를 넘기며 새해 아침에 쓴 특별 기고문도 실었습니다. 칼럼은 독특한 글쓰기 양식입니다. A4 용지 한 장 정도에 하고 싶은 말을 압축적으로 담아야 합니다. 칼럼을 쓸 때 나는 일상을 공유하는 국민/시민이자 꽤 오래 다양한 경험을 해 온 어른, 새로운 현상에 이름을 붙이는 인문학도, 때론 무당이나 사제의 감각으로 이야기를 풀어 보려고 애쓰는 편입니다. 칼럼 쓸 차례가 오면 며칠 전부터 탐색의 더듬이를 곤추세우게 되는데, 주변에서 험한 사건이 터지면 무당처럼 몸이 아파 오기도 합니다. 요즘처럼 어처구니없는 일들이 속출하고 어이없는 죽음을 자주 목격하게 되면 감당하기가 힘듭니다. 그래서 더 자주 기도하는 마음이 되는 모양입니다. 어쨌든 최근 몇 년간 칼럼을 쓰면서 나는 비판의 칼날을 휘두르지 않으려 꽤 노력했습니다. 겁주지 않고 말하기, 격려하고 위로하는 글쓰기를 아직도 연습 중입니다.

1부에 좀 더 대중적인 독자들을 향해 쓴 칼럼과 특별 기고문을 실었다면, 2부에는 내가 실제로 만들어 온 마을(들) 안에서 쓴 편지글과 책 추천사, 보고서 발간사, 여행기 등을 실었습니다. 내게는 가족을 넘어서 친척보다 가까운 '또하나의문화' 동네 사람들이 있습니다. 딸이 '엄마의 교회'라고 부르기도 한 '또하나의문화'는 창의적 공유 지대가 얼마나 삶에 활기를 주고 세상을 아름답게 하는지를 알려 준 나의 가장 오래된 마을이자 30년 지기 친구들이 있는 곳입니다. 1990년대 말에는 창의적인 삶을 살고 싶어 하는 청소년이 눈에 밟혀서 청소년들의 자율 공간 '하자센터'를 만들었습니다. 서울시와 연세대, 그리고 많은 기업들이 이 자율 공간을 지원했고, 이는 시간이 흐르면서 자연스럽게 단순한 센터가 아니라 많은 일들이 벌어지는 마을로 진화했습니다. 나는 하자 마을 사람들과 자주 밥을 나누고, 난감한 문제가 생기면 원탁회의를 열며, 연중 의례와 축제 자리에서 덕담을 주고받습니다. 잠시 초대 교장을 맡았던 성미산학교에서 진화한 성미산마을도 내게는 든든한 이웃 마을입니다. 그 마을 이야기들을 2부에 실었습니다. 최근 서울시 마을 지원 사업을 도우면서 '마을 경험'들을 새롭게 정리하고 마을간 글로벌 연대에도 자연스럽게 참여하게 되었습니다. 후기 근대적 마을살이의 모델을 만들어 낸 일본 이토시마 방문기와 서울시 마을지원센터 보고서 발간문은 서울시와 함께하는 활동 가운데 쓴 것입니다. 2부에 실린 마을 이야기들은 극히 개인적인 구석도 있지만, 이미 마을살이를 하고 있거나 마을을 꿈꾸는 이들에게는 정겨운 이야기이리라 생각합니다.

이 책은 나의 단골 출판사인 '도서출판 또하나의문화' 유이승희 대표와 조지혜 편집장의 수고로 빛을 보게 되었습니다. 요즘 홍대 근처의 게스트하우스와 텃밭을 중심으로 생태주의 마을을 만들어 가는 이 두 씩씩한 여성은 마을살이 책이 나와야 한다면서 그간에 낸 글을 꼼꼼히 읽고 짜임새 있게 구성해서 책의 모습을 갖추어 주었습니다. 늘 고마운 후배이자 동료들입니다. 신정수와 이영롱은 신문에 글을 보낼 때마다 세밀한 논평과 함께 교정을 봐 준 고마운 제자들입니다. 그들이 가슴 울리는 글로 우리를 즐겁게 해 줄 날도 머지않았을 테지요. 국내외 마을 특강을 위해 발표문과 동영상 자료를 세심하게 챙겨 준 임나은과 최은주에게도 지면을 통해 고마움을 전합니다. 책 표지로 고심을 하다가 글꼴 장인 안상수 선생님께 품앗이를 하자고 말했습니다. 원래 품앗이 관계에서는 고맙다는 말을 하지 않는 법이라 감사 인사를 생략합니다. 서울을 변화시키는 일에 밤낮없이 골몰하는 서울시 마을공동체위원회 동료들과 관민 소통의 장을 만드느라 고심이 많은 서울시 마을공동체종합지원센터 유창복 센터장, 그리고 조인동 전 서울혁신기획관을 비롯한 공무원들에게도 우정 어린 인사를 전합니다. 관료적 공무원들이 행복한 마을 주민들을 만나면서 변해 가는 모습을 볼 때면 참 뿌듯합니다. 관민 협력의 실험이 시너지를 내면서 시대적 전환을 이루는 데 중요한 몫을 해내기를 기원합니다. 이 책 여러 곳에 등장하는 많은 분들에게도 고마움을 전합니다. 나는 그들의 등장에 대해 일일이 통고도 하지 않았고 허락도 받지 않았습니다. 내 마을이나 이웃 마을 주민, 아니면 앞으로 지속적으로 접속할 단골 관계라는 생각에 그리하였습니다. 강연을 다니면서 만난, 벌써 행복하게 마을살이를 하고 계시는 분들은 내가 계속 마을에 대한 희망을 키워 가는 데 도움을 준 분들입니다. 지금도 매우 분주한, 그러나 따뜻하고 행복한 나날을 보내고 있으리라 믿으며 앞으로도 활약을 기대합니다.

문득 오래전 페미니스트 동네를 들락거리던 젊은 친구들이 그리워집니다. "엄마처럼 살지 않겠다!"며 가부장적 마을을 떠나 유유자적 살아가고 있을 딸들은 이제 불혹의 나이에 접어들었을 텐데, 어떤 엄마가 되어 있을지? 혹시나 아빠 같은 사냥꾼들이 되어 버리지는 않았는지 슬슬 걱정도 됩니다. '무소의 뿔처럼' 당당하게 살겠다던 그들이 다시 마을로 돌아와 '자공공' 마을 시대를 활짝 열어 가면 좋겠습니다. 우정과 환대의 마을살이가 이루어지는 곳에서는 '수컷들만의 정치'가 통할리 없으니까요. 최근 사회학자 노명우 씨는 『혼자 산다는 것에 대하여』사월의 책, 2013라는 책에서 "자신을 사랑하는 사람, 자신을 소중하게 여기는 사람은 역설적으로 연대의 필요성을 민감하게 느끼는 두뇌의 촉수를 지니고 있다"고 썼습니다. 충분히 혼자 있어 보았기에 함께 살아야 한다는 것을 깨달은 사람들이야말로 후기 근대적 마을의 훌륭한 주민이 될 수 있을 테지요.

나는 조만간 좀 더 진화한 '전환 마을transition town'에서 살 꿈을 꿉니다. 쓰레기를 버리거나 수세식 화장실 물을 내리지 않아도 되는 집에서 살고 싶습니다. 그렇다고 도시를 포기한다는 말은 아닙니다. 쉽게 온라인 화상 회의를 할 수 있는 시대이니 시골과 도시를 적절히 연결하는 길을 찾을 테지요. 쓰레기가 퇴비로 변하는 순환 사이클 속에서 푸드 마일리지와 탄소 발자국을 줄이고, 자전거로 갈 수 있는 거리 안에서 많은 것을 해결하는 삶의 방식을 익히고, 핵 발전소에서 생산한 전력을 사용하지 않는 에너지 자립 주택에서 살고 싶습니다. 주민들이 시대 문제를 함께 풀어 가는 연구원이자 필요한 일자리와 일거리들을 스스로 만들어 내는 협동조합원인 마을에서 살고 싶습니다. 세대가 어우러져 놀고 배우는 공방과 학교가 있고, 늘 먹거리를 나누는 밥집이 있으며, 축제와 영화제가 수시로 열리는 마을. 각자가 잘하는 것을 열심히 하면 "합동하여 선善을 이룬다"는 말이 무슨 뜻인지 저절로 알게 되는 그런 마을 말입니다. 노인은 어린아이와 함께 있을 때 행복하고, 청소년 역시 든든한 후원자들과 잘 늙어 가는 어른들이 곁에 있을 때 제대로 자랄 수 있습니다. 내 문제가 곧 우리의 문제이고 실은 나라와 세계의 문제임을 아는, 지혜로운 이들이 사는 마을에서 '이기적인' 나는 여생을 보내고 싶습니다. 평화가 전쟁이 아닌 생명을 뜻하는 마을 말입니다.

그런 마을에서 함께하는 삶과 수천억 원의 돈을 가진 삶 중에 선택하라고 하면 당신의 답은 어느 쪽일까요? 2014년 4월 16일 우리들에게 "돈보다 생명"이라는 메시지를 주고 떠난 '세월호' 희생자들을 기리며 이 사태로 가슴 한구석이 무너져 버린 유족들과 나라를 사랑하는 대한민국 국민들께 이 작은 책을 바칩니다. 그간 '암울한 시대' 운운하면서 친구와 동지, 후배, 제자들을 괴롭혀 왔는데, 이제 경고의 말은 더 필요하지 않을 것 같습니다. '경제 살리기'와 '사람 살리기'가 이분법으로 나뉘는 시대를 마감해야 하니까요. 이 책은 마을살이를 시작하는 이들을 위한 작은 가이드북입니다. 마을 사랑방과 작은 배움터에서 사랑받는 책이면 좋겠습니다. 마을에서 슬기롭고 총명한 아이들을 키우고 서로 돌보면서 즐거운 나날 보내시기 바랍니다.

2014년 초여름 새벽 무주 구름샘마을에서
조한혜정

自助 助 助
共 助 助
公 助 助

1부

지구살이
세대살이
마을살이

새 문명을 향한 혁명은

지속가능한 삶을 고민하는 자리에서 시작한다.

그것은 돌봄이 있는 식탁, 난감함을 공유하는 원탁회의,

상부상조하는 이웃들이 모이는 우정과 환대의 자리들일 것이다.

과도한 기술이 빚은 파괴 시대에 적정 기술을 발전시키는 일,

전 지구적 차원의 문제를 풀어낼 새 대학을 만드는 일,

인터넷 시대의 세계 지도를 새로 그리는 일,

이런 일들은 모두 돌보는 마음을 품은 청년들과

그들을 진정 사랑하는 부모들의 자원이 연결될 때 가능한 일이다.

지구살이

우리 **아이들**을 위해
한 평 땅을 사자

독일에서 돌아오는 길이었다. "동계올림픽 유치를 축하합니다!" 기내 옆자리에 앉은 독일인이 말을 건넸다. 「워싱턴 포스트」 첫 면에 이명박 대통령이 환호하는 사진 기사와 함께 한국이 자살률이 가장 높은 나라 중 하나라는 기사가 실려 있다. 이 두 기사를 나란히 싣다니 무슨 의도일까? 그런데 한국은 내부를 챙겨야 할 시점에 여전히 폭죽을 터뜨리는 이 시스템을 언제까지 굴릴 것인가?

일본의 평화 운동가 마사키 다카시는 이 시스템을 "경차 브레이크와 핸들을 장치한 채 질주하는 덤프트럭"에 비유했다. 큰일을 벌일수록 더욱 큰 재앙을 만들어 내는 위험 사회, 바벨탑을 쌓는 '근대 문명'은 이제 마무리될 때가 되었다. 방학을 이용해 둘러본 독일에서는 '근대 문명'을 넘어서는 대전환이 이루어지고 있었다. 독일 시민들은 2022년까지 핵 발전소를 폐쇄하자는 결단을 내렸다. 체르노빌 사고를 경험한 그들은 후쿠시마 사태를 보면서, 핵 발전소의 안전성은 확보되지 않은 상태이니 대신 에너지 효율을 높이고 재생 에너지를 활용함으로써 탈핵이 가능하다는 사실을 세계에 보여 주기로 작정한 것 같았다. 그리고 그 전환을 통해 경제 문제와 함께 청년 실업 문제도 해결할 방안을 마련하고 있었다.

독일만이 아니라 북유럽 나라들도 더는 핵 발전을 하지 않기로 사회적 합의를 이루어 내고 있다. 시장 대신 복지를 선택했던 북유럽에서 문명 전환이 일고 있는 것은 우연이 아니다. 조만간 OECD 국가의 순위는 자연을 덜 파괴하는 지표와 재생 에너지 사용 비율, 그리고 역사에서 배우는 능력에 따라 매겨질 날이 올 것이다.

2002년 강을 되돌리기로 한 유럽연합EU의 결정과는 반대로, 한국에서는 주요 강을 인공 유람 관광지로 만드는 작업이 한창 진행 중이다. 여기에다 이웃 나라에서 심각한 핵 발전소 사고가 났는데도 별 움직임을 보이지 않는다. OECD 국가 중 자살률이 가장 높은 나라, 날마다 살아야 할지 말지를 고민해야 하는 사각지대에 살다 보니 그렇게 된 것일까? 이런 질문을 던지며 하천 공사의 역사가 깊은 독일의 강을 둘러보던 중 문득 우리 삶에서 '범람원'이 사라졌다는 것을 깨달았다. 서구에서는 강을 살리기 위해 범람원을 다시 만들려고 안간힘을 쓰고 있었는데, 바로 그런 영역이 사라졌기 때문에 사람도 자연도 살아가기 힘들어하고 있는 것이다.

'범람원'이란 물을 머금는 곳이다. 긴 인류사를 통해 범람원은 홍수와 가뭄을 비롯해 각종 충격을 완화하는 완충 지대이자 조절 지대로 존재했다. 마찬가지로 인생살이에서도 물을 머금는 곳이 있다. 가정과 이웃과 무수한 '사회'가 바로 훌륭한 완충 지대이다. 엄마들이 자녀의 성적 관리자가 되어 버린 지금, 우리는 그 범람원의 존재조차 잊어버리고 조그만 충격에도 어쩔 줄 몰라하는 삶을 살아가고 있는 게 아닌가?

그러던 중 범람원을 만들려 한다는 반가운 소식이 들린다. 도롱뇽과 생사를 함께하셨던 지율 스님이 침수 지역 '한 평 사기' 운동을 시작하셨다. 강가에 살면서 이제 거의 강이 되신 지율 스님은 4대강 본류 공사는 거의 끝나가지만 자연 치유력을 믿는다며 절망하지는 말자고 한다. 그러나 덤프트럭과 굴착기를 쉼 없이 가동시키려는 그 '시스템'이 지류에 손을 대는 일은 막아야 한다며, 내셔널트러스트 운동, 곧 자연 신탁 시민운동을 시작하셨다. 내셔널트러스트 운동은 1895년 산업 혁명과 개발로 역사와 자연 파괴가 심각해진 영국에서 일어난 운동이다. 초고속 경제 성장을 한 후발 주자 한국에서는 더욱 필요한 운동이다.

그가 선정한 곳은 낙동강 상류 모래강 내성천이다. 서구의 하천 전문가들이 자신들로서는 아무리 애를 써도 되돌리기 어려운 아름다운 모래강의 원 모습을 보게 되었다고 감탄해 마지않는 강이다. 강을 '살려 내버려 두면' 사람들도 온전하게 살아갈 수 있게 된다. 내가 강이 되고 모래가 될 때, 다시 겸손하게 자연 안에 안길 때, 강은 우리 곁에 살아 줄 것이다. 나중에 아이들 얼굴 보기 부끄럽지 않으시려면 우선 내성천 범람 지역 땅 한 평 사기 운동에 동참하기를! 2011.07.15 한겨레신문

강정을
부탁해

　　　　　제주도는 내게 제2의 고향이다. 나는 1970년대
에 해녀 사회 연구로 박사 학위를 받았다. 지혜롭고 당당한 여인들과
'불턱'에 둘러앉아 지낸 시간 속에서 나는 노동하는 삶의 아름다움을
알게 되었다. 지금은 육지의 공기가 답답해지면 제주행 비행기에 몸을
싣고 제주 길을 걷는 올레꾼이 되곤 한다.

　3월 20일에 해군 기지 공사 중단 여부를 결정하기 위한 회의가 있을
예정이었다. 국토해양부 소관이던 공유 수면 매립 공사 허가·취소권이
지난해 9월 제주특별자치도로 넘어갔기 때문에 자치도가 매립 공사 면
허를 취소할 수 있게 된 것이다. 20일에 매립 공사 정지 처분 예고에 대
한 해군의 답변을 들은 뒤, 제주특별자치도지사가 최종 처분을 내릴 방
침이었다. 그 절차를 하루 앞두고 해군 기지 시공사 쪽은 구럼비 노출
암 발파를 감행했다. 그들은 누구의 명령을 따르는가? 한국 개발 독재
군사주의의 망령과 관행이 쉽게 사라지지는 않을 모양이다.

그러나 오래가지는 않을 것이다. 과거의 '밀어붙이기식 군사 작전'이 더는 먹히지 않는다는 사실을 강정 마을 주민과 강정을 사랑하는 사람들은 알고 있다. 돈으로 일부 주민들을 현혹해 마을을 분열시킨 후, 빈집을 철거해 위협과 공포 분위기를 조성하며 개발을 밀어붙이던 1970년대식 재개발 각본을 국민들도 이미 알고 있다. 세계 주민들의 시선 또한 강정에 집중되고 있다. 유튜브에서는 노엄 촘스키, 로버트 레드퍼드 등 세계 여론을 주도하는 이들의 인터뷰들이 이어지고, 글로리아 스타이넘은 미국 의회 보고서를 인용하면서 제주 해군 기지가 미국 미사일 방어 체계의 일부로서 중국과 대결 구도를 강화시킬 위험성을 경고했다. '알자지라' 방송도 구럼비 지킴이 송강호 박사에 관한 특집을 마련해 이 사건의 전모를 자세히 보도한 바 있다.

한국이 평화로운 글로벌 시대의 주체가 되길 원한다면, 이 문제는 당연히 세계 주민들에게 존경받는 방식으로 풀어야 할 것이다. 제주도가 세계 관광객들을 초대하여 평화와 관광의 섬으로 지속가능한 미래를 만들어 가려 한다면 더더욱 제주의 이미지를 폭력과 군사주의로 얼룩지게 해서는 안 될 것이다. 내가 강정 상황에 신경을 쓰는 것은 '프랙털' 시대를 사는 지식인으로서, 강정의 문제를 풀면 다른 무수한 문제도 풀린다는 것을 알기 때문이다. 강정의 문제가 풀리면 핵무기와 핵발전 문제도, 뉴타운과 재개발 문제도, 청년 실업 문제도 풀리게 되어 있다. 한 개의 고원이 만들어지면 천 개의 고원이 만들어진다.

제주의 지인에게 비장한 마음으로 전화를 했더니, 구럼비 바위는 생각보다 단단하고 450년 된 강정 마을 주민들은 그보다 더 단단하니 걱정 놓으라고 했다. 기지 장소를 그곳으로 선정한 것은 하늘이 도운 것이라면서 올 여름에도 그곳에서 찬란한 태양 아래 바람을 맞을 수 있으리라고 했다. 그의 씩씩한 목소리를 들으며 나는 30년간 펠로폰네소스전쟁을 치른 뒤 고대 그리스가 문화의 꽃을 피웠듯, 모진 갈등 끝에 제주가 평화와 생명의 꽃을 피울 거라고 믿게 되었다.

토론과 사회적 합의를 이루어 낼 수 없을 때 공동체의 비극은 불가피하다. 나는 '무기와 돈'으로 '신'을 죽이려는 불경한 이들을 용서해야 할지 고민하며 강정 마을에 갈 것이다. 처벌을 받아야 할 대상이 재벌 시공사인지, 해군 총수인지, 현직 대통령인지, 애초에 이를 기획했던 김영삼 정권인지, 강정을 지목했던 노무현 정권인지, 아니면 미국과 관련된 세력인지, 진상을 가려내기 위한 토론회가 열리는 그곳에 갈 것이다. 난감한 상황을 함께 나누기 위해 나는 그곳에 갈 것이다.

나는 당장의 이익에 목말라 언 발에 오줌을 지려 대는 못난 어른들로부터 아이들을 보호하기 위해 그곳에 갈 것이다. 강정 마을 어귀에서 아이들과 함께 '붉은발말똥게' 모빌도 만들고 '남방큰돌고래' 인형을 만드는 바느질도 할 것이다. 폭파는 며칠이지만 강정 바닷가를 만든 것은 수만 년의 시간이다. 장구한 자연과 선조들과 앞으로 태어날 생명에게 최소한의 예의를 지키고자 한다. 봄이 오고 있다. 2012.03.21 한겨레신문

시간이 머무는 **길**,
모래가 흐르는 **강**

창덕궁과 경복궁 사이에 고갯길이 네 개 있다. 서울이라는 도시를 좋아하는 이들이 자주 찾는 길이다. 어디 한번 산책을 시작해 보실까. 광화문 동십자각에서 삼청터널로 이어지는 길로 접어들어 경복궁 담을 끼고 걷는다. 건너편 아담한 화랑들과 국립현대미술관 공사 현장을 지나면 유명한 칼국수집이 나오고, 그 길은 다시 백여 년 역사가 있는 재동초등학교로 이어진다. 걷다 보면 아트선재센터와 정독도서관이 만나는 화동 고갯길에 오르게 된다. 조선조 때 꽃을 길러 궁에 공급했다 하여 화동이라는 이름을 얻었다는 곳이다. 이곳에서 인왕산을 바라보고 겸재 선생께서 인왕산도를 그렸다는 말도 전해 온다. 일본인 관광객들이 즐겨 찾는 카페와 옷가게, 그리고 작은 식당들이 늘어선 골목과 만나는 교차로에 들어서면 정독도서관으로 올라가는 길과도 연결된다. 이쯤에선 보행인이건 운전자건 모두가 천천히 주변을 살피며 가야 한다. 신호등 같은 건 없다. 모두가 서로의 움직임을 살피며 천천히 가기 때문에 이곳은 시간도 천천히 흐르는 느낌을 준다. 길가 야외 카페에 앉아 있어도 편안하게 느껴지는 건 바로 그 때문이다. 모두가 배려하며 건너는 건널목은 사람의 속도가 무엇인지 느낄수 있는 여유로움을 확보해 준다.

최근 이곳 주민들에게 화동 고갯길을 깎기로 했다는 공문이 날아왔다. 관광객이 늘어나니 말쑥하게 도로 정비를 해야 한다는 이유에서라고 한다. 북촌을 가장 북촌답게 만드는 고갯길을 깎겠다니 황당한 발상 아닌가? 게다가 고갯길 위에 사는 주민들은 사다리를 타고 집에 들어가란 말인가? 한때 모든 것을 밀어 버린 시절이 있었다. 새로운 것, 깔끔한 것, 직선인 것만 좋다면서 헌것, 지저분해 보이는 것, 곡선인 것을 마구 밀어 버린 때가 있었다. 고향 마을을 미련 없이 떠나고, 옹기종기 모여 살던 달동네를 창피해한 때가 있었다. 그러나 지금은 아니다. 예언컨대, OECD에 가입한 국가의 첨단 도시 서울에서 도시 계획의 일환이라며 고갯길을 밀어 버린다면, 바로 그 황당함의 극치로 그곳은 악명 높은 장소가 될 것이다.

서울 시민들은 사는 것이 무엇인지 감을 잃어 간다며 작고 오래된 것, 정겨운 것, 시간의 향기를 맡을 수 있는 곳을 찾아다니기 시작했다. 지금 북촌의 '불편'한 곡선길이 바로 그런 숨 쉴 곳을 선물하는 장소 중하나다. 우리가 아끼고 보존해야 할 것은 수백 년 된 국보들만이 아니다. 모든 걸 휘발시켜 버릴 듯 초고속으로 달리는 롤러코스터에서 잠시라도 내려 쉴 수 있는 장소를 남겨 둬야 한다. 풀 한 포기 뽑지 않고 돌멩이 하나 건드리지 않은 채, 시간을 머금고 남아 있도록 보호해야 한다. 시간의 리듬과 기억이 묻어 있는 사색의 장소, 만남의 장소가 필요하다. 시민들이 사대문 안 산책을 즐기는 이유가 여기 있고, 서울 청년들의 로망이 그런 곳에 카페를 내는 것인 이유도 거기 있다.

주민들이 화동 고갯길 깎기 반대 운동을 시작했고, 산책길이 사라지길 원하지 않는 나도 당연히 동참했다. 나치 치하에서 살아남은 마르틴 니묄러 목사의 말을 떠올리며 말이다. 그는 나치가 유대인을 잡아갈 때 유대인이 아니어서 침묵했고, 사회민주당원들을 가뒀을 때 당원이 아니라서 침묵했고, 노동조합원들을 체포했을 때 조합원이 아니어서 모른 척했는데, 그들이 막상 문 앞에 들이닥쳤을 때 자기를 위해 말해 줄 사람이 아무도 남아 있지 않더라는 시를 남긴 분이다. 지난주에 산업통상자원부가 2024년까지 핵 발전소를 11개를 더 짓겠다고 대통령에게 업무 보고를 했다고 한다. '살림'의 국정을 펼쳐야 할 마당에 '죽임'의 토건 사업을 계속하겠다니 이 또한 참으로 황당한 일이다.

시간의 리듬, 삶의 감각을 놓치고 싶지 않은 시민들에게 북촌 고갯길 산책을 권하고 싶다. 광화문 인디스페이스에 들러 미학과 정치학을 절묘하게 연결시킨 지율 스님의 영화 「모래가 흐르는 강」을 관람하면서 고즈넉한 밤을 보내셔도 좋을 것이다. 고갯길을 보존하는 것이 곧 모래강을 살리는 일이고, 모래강을 살리는 일이 곧 내가 숨 쉬는 길이다. 나를 제대로 돌보기 시작하자. 2013.04.03 한겨레신문

지진 충격 **이후,**
공존의 **시대**를 열어 가길

          일본에 있는 남편에게 계속 전화했지만 연결이 되지 않았다. 동경 근처 해변에 살고 있는데, 방송에서는 온 마을을 삽시간에 휩쓸고 가는 쓰나미를 반복해서 보여 주고 있다. 공포 영화나 게임에서 나올 법한 스펙터클한 장면들만 골라서 보여 주다니! 자정이 넘어 겨우 통화가 되었는데, 그는 도쿄에서 회의를 하던 중에 일이 터져 도쿄 역에서 한참을 서성이다가 근처 캡슐 호텔에 들어가 자려 한다고 했다. 다음 날 집에 도착한 그는 호수같이 잔잔한 집 앞 바다 사진을 찍어 보내 주었다.

  생각해 보면 연평도 사건 때 외신 보도를 본 외지의 친지들은 마치 우리가 극한의 공포 속에 죽어 가는 줄 알고 다급한 목소리로 안부를 물어 오기도 했다. 재난과 재앙이 일상화된 시대에 방송사들의 호들갑은 오히려 상황을 악화시킨다. 조만간 시대에 맞는 뉴스 전달 방법과 윤리를 찾아내야 할 것이다. 타 지역 주민의 위기와 불행을 신나는 구경거리로 만들어 버리는 부도덕함, 충격적이고 선정적인 보도로 자국 민들의 불만을 잠재우는 정치적 조작에 대해서 시민들은 이미 잘 알고 있다. 수많은 목숨을 앗아간 소식에 애도하는 척하다가 곧이어 엔화 환율이 떨어졌다느니 미국 주식이 오르고 건축 자재 값이 올랐다느니 하는 식의 손익 계산 관련 보도를 적나라하게 하는 것도 시민을 몹시 불편하게 만드는 일이다. 한 사람이 세상을 떠나도 사흘 동안 애도하는 법인데, 사람이 죽든 말든 자기 이익만 챙기면 된다는 듯 '무기상'의 언어를 마구 내뱉는 상황은 실로 매우 섬뜩하다. 온라인 상의 악성 댓글을 우려했지만, 기성 매체에 비해 온라인 시민들은 윤리적이었다. 적대와 증오의 발언이 없지는 않았지만, 그런 글을 나무라는 댓글이 줄줄이 이어지면서 글로벌 시민으로서 최소한의 예를 갖추라는 요구를 하고 있었다. 정말이지, 국가 기구나 대중 매체에 비해 시민들의 의식이 한 결 앞서가는 모습을 재삼 확인한다.

일본에 살며 동향을 지켜보던 한 지인은, 충격 이후 일본이 참 어려운 시절로 진입하겠지만 오히려 편안해진 느낌도 있다고 했다. 사실상 일본은 거품 경제가 붕괴한 지난 이십여 년간 지지부진함을 면치 못하는 '인고의 세월'을 지나왔다. 외부의 재앙과 내부의 곤고함이 합쳐질 때, 오히려 애써 외면하려던 현상을 직시하게 되고 그것이 깊은 통찰로 이어질 수 있다. 이번 지진이 일본 국민들에게 그런 계기를 제공하려는 모양이다. 1, 2차 대전의 충격 이후에 깊은 성찰의 시간을 보낸 북유럽은 '성장주의' 모델 대신 '공생주의' 모델을 채택하여 '후기 근대적 선진국'의 한 모델을 만들어 낼 수 있었다. 양차 대전으로 폐허가 된 세계를 둘러보던 철학자 코제브는 미국과 소련, 중국이 그런 성찰의 과정을 생략하고 계속 외적 팽창주의로 '동물화된 삶'을 추구해 가는 것에 크게 실망하면서, 일본은 좀 다른 '내면'이 있는 것 같다는 예언을 한 적이 있다. 그의 예언대로 이번 충격을 계기 삼아 일본 사회가 '동물화된 삶'의 시대를 넘어 또 하나의 후기 근대 선진국 모델로 태어날 수 있을까? 오랜 침체와 우울과 고통의 시절을 견딘 만큼 왠지 기대를 걸어 보고 싶다.

지진이 났던 날, 아주 많은 도쿄 시민들이 역에 머물거나 근처 학교에서 묵거나 서너 시간 철길을 걸어서 집으로 갔다고 한다. 그 긴 행군을 하면서 그들은 무슨 생각을 했을까? 일본의 트위터에는 한국에서 보내 주는 관심과 응원은 큰 힘이 되지만 재앙, 침몰 등의 극단적 용어를 자제해 달라는 당부의 글이 올라왔다. 어떤 우발 상황에서도 난동과 아비규환 상태로 가지 않는 것, 어려운 상황에서 '우정과 환대'의 자리들을 마련해 내는 것, 바로 이런 지혜와 보살핌의 마음이 '국력'이다. 국민/시민 개개인의 성숙함과 성찰성이 시대를 구원할 에너지임을 다시 한번 확인하면서 우리 자신을 돌아보는 나날이다. 원전 누출 사건으로 이제야 그간의 터무니없는 발전주의에 브레이크가 제대로 걸릴까? 일본이 재건해 낼 사회와 후기 근대적 거버넌스에 기대를 걸며 이 기회에 우리 모두가 인류 공동 운명체로서 새로운 인식에 도달할 수 있기를. 2011.03.14

6·11
탈원전 행진이 **시작**되는 날

한 달이 될 즈음에야 '슬로 라이프' 운동가인 쓰지 신이치 선생에게서 소식이 왔다. "3·11 사태 이후 집중도 안 되고 생각을 제대로 할 수가 없었습니다. 이제 터널을 빠져나온 것 같습니다. 한결 맑아진 눈으로 세상을 보고 있습니다. 그간 우리는 엑스레이를 통과하였고, 많은 것이 분명해졌습니다. 나의 일부, 그리고 지구의 일부가 죽었고, 그 주검은 지금 우리 곁에 있습니다."

현장 소식통에 따르면 지금 일본 동북부 지역이 천국과 지옥으로 나뉘어 있다. 복구 작업이 진행 중인 자연재해 지역에는 전국에서 자원 활동가들이 몰려왔으며, 주민들은 피난소에 모여 불편한 생활을 하고 있지만, "개별 이주보다는 커뮤니티로 함께 이주하자", "지역을 재생 에너지로 거듭나게 하자"는 등의 구상을 나누면서 날로 활기찬 기운을 퍼뜨리고 있다고 한다.

반면 원전 사고가 난 후쿠시마 지역 주민들은 방사능의 공포 속에 고립되어 있으며, 미래가 없는 죽음의 땅에서 분노만 삭이고 있다고 한다. 여전히 원전 사고 원인을 천재지변으로 돌리려 드는 도쿄전력, 우유부단하게 눈치만 살피는 정부, 원전의 위험에 대해 각자 다른 의견만 계속 내세우는 과학 기술계 '전문가'들 사이에서 주민들은 지옥 같은 나날을 보내고 있다는 것이다.

이 땅을 천국으로 만들지, 지옥으로 만들지는 우리 손에 달려 있다. 일본 시민들이 행동을 개시했다. 첫 번째 디데이는 6월 11일, 후쿠시마 원전 재해 발생 3개월이 되는 날. 쓰지 선생은 사람과 자연을 상하게 하는 전력을 더는 원하지 않는다는 뜻을 분명히 하는 '탈원전 100만 인 집회'를 열자는 메일을 보내 왔다.

혹자는 집회를 해도 대안이 없지 않으냐고 반문한다. 실제 대안이 없는가? 덴마크는 1973년 오일 쇼크 이후 핵 대신 재생 에너지를 택했고, 그 결과 '핵 쓰레기장'이 될 위기를 모면했을 뿐 아니라 후기 근대에 적절한 투자와 과학 기술, 그리고 일자리 창출로 진정한 '선진국'이 되었다. 당시 덴마크 정부는 원전 건설을 추진하려 했는데, 시민들이 그 방향을 바꾸었다. 독일은 후쿠시마 원전 사태 직후 원전과 결별하겠다고 선언했고, 미국은 청정 에너지원 개발을 가속화하겠다고 했다. 캘리포니아 주지사는 2020년까지 재생 에너지가 발전량의 3분의 1이 되도록 하겠다고 했는데, 실제로 그린피스Green Peace는 2050년까지 재생 가능한 에너지가 세계 에너지의 77%를 공급하게 되리라고 예측하였다. 이와 동시에 패시브 하우스Passive House 등 에너지를 줄이는 획기적인 건축 방식과 다양한 라이프스타일이 나오고 있어서 지구 에너지의 대안적 해결이 가능해지고 있다. 우리가 움직이지 않는 것은, 실은 몸이 고삐 풀린 시장 속도에 휘말려 버렸기 때문이 아닐까? 연달아 터지는 재난 뉴스, 날로 긴급해지는 일정과 그간에 쌓인 집회의 피로감이 일조하고 있을 것이다. 그러나 바로 그렇기에 6월 11일을 살아 있는 날의 시작으로 만들어 가야 한다고 생각한다.

인간을 신의 자리에 등극시킨 '근대'는 넘어서는 안 될 선을 넘어 버렸고, 우리는 지금 그 재앙의 경고를 듣고 있다. 우리가 누려 온 풍요는 지구적 재앙과 후대의 불행을 담보로 한 것이었음을 이제는 인정하자. 이제 다시 신 앞에 겸손한 존재로 시대를 학습하고, 경쟁에 길들여진 몸과 마음을 바꾸어 나가야 할 것이다.

그날, 어른들은 아이들에게 죽음의 땅을 물려주지 않겠다는 서약을 하자. 그들이 행복하게 자랄 '마을'을 만들어 가겠다는 다짐도 하자. 그러니 6·11 모임은 아이들과 함께하는 자리여야 할 것이다. '원전 정지!'를 제창한 뒤 묵념을 드려도 좋고, 관련 영화를 보거나 노래를 지어 부르고 걸개그림을 그려도 좋다. 태양열이나 자전거로 전기 에너지 만드는 실험을 한다면 아이들은 매우 즐거워할 것이고, 연둣빛 옷을 입거나 스카프로 동참의 뜻을 드러낼 수도 있다. 각자의 모임을 UCC에서 나눌 수 있다면 또한 큰 힘이 될 것이다. 즐겁게 시위에 참여한 어린이들이 지구를 살리는 든든한 일꾼이 되어 있는 미래를 상상하는 것만으로도 한결 상쾌해진 아침이다. 2011.05.20 한겨레신문

살림의 **생명 정치**가 싹트는 **밀양**을 가다

지난 주말 경상남도 밀양에 다녀왔다. 765㎸ 송전탑 건설을 반대하는 농성장은 천혜의 아름다운 산세를 뽐내는 곳에 있었다. 잘린 소나무 밑동 주변에는 주민들이 시공사 쪽 헬리콥터와 벌인 힘겨운 사투 흔적이 남아 있었고, 노란 깃발들이 따뜻한 볕을 쬐며 펄럭이고 있었다. "핵 발전소를 더 짓지 않으면 만들지 않아도 될 초고압 송전탑" "밀양 송전탑, 우린 반댈세" "펑펑 써대지 않고 아껴 쓴다면" "우리는 건강하고 평화롭게 살고 싶다!" 한 마을 어귀에서 본 "우리 마을에 강도가 들었다!"라는 문구가 특히 눈길을 끌었다.

이곳 주민들 중에는 은퇴하신 분이나 한창 일할 나이에 암에 걸려 여기서 평화로운 제2의 삶을 시작한 분도 적지 않다. 평화롭게 살아가던 소시민들은 이번 일로 그야말로 난데없는 습격을 받았고, 그래서 모두가 정치적 생태주의자가 되어 있었다. 자신을 위해, 그리고 후대를 위해 핵 없는 세상을 만들겠다는 결심이 대단했다. 귀경길에 핵 발전소

유치를 강행하려던 삼척시장의 주민 소환이 투표율 25.9%로 무산되었다는 뉴스를 들었다. '추방', '배제', '강제'와 같은 단어를 떠올리게 하는 이 현장들이 바로 최근 인문사회학계의 핵심 주제인 '죽임의 생명 정치'가 벌어지는 곳 아닌가!

핵 발전소, 정말 더 짓지 않고는 방안이 없을까? 핵 산업은 1960년대에 사실상 사양길에 접어들었다. 그것이 위험한 '판도라의 상자'라는 데 동의하기 시작했기 때문이다. 그런데 석유 파동과 오존층 파괴로 환경 문제가 대두되는 틈을 타 '클린 에너지'라는 이름으로 핵 발전 사업은 다시 일어났다. 1986년 체르노빌 사고를 겪으면서 재생 에너지에 대한 관심이 커지긴 했지만, 매번 핵에너지 산업은 엄청난 홍보와 로비로 위기를 넘겼다.

일본 후쿠시마 참사 이후 다시 '핵 없는 세상'에 대한 논의가 일고 있다. 독일은 2022년까지 핵 발전소 100% 폐쇄라는 대국민 협약을 대대적인 공개 티브이 토론을 통해 이루어 냈다. 핵 발전이 초래할 본질적인 안전성 문제뿐 아니라 십만 년을 보관해야 하는 폐기물 문제로 '세대 간 형평성'에 대한 논의가 진지하게 오갔다고 한다. 스위스는 2034년까지 폐쇄하기로 결정했고 핀란드는 추가 건설 계획을 포기했다. 이탈리아도 국민 투표 결과에 따라 핵 발전소 건설 계획을 전면 취소했다. 이들 국가는 모두 핵무기를 개발하지 않는 나라들이다. 그 나라 국민들은 '무한 성장'을 전제로 한 '근대'가 끝나가고 있음을 인식하고, 돈은 덜 벌어도 행복하게 어우러져 살아갈 후기 근대적 삶을 향한 전환을 서두르고 있는 것이다.

국민 1인당 전기 소비량이 유럽과 일본보다 월등히 높은 한국은 왜 이렇게 잠잠할까? 한국이 선진국 대열에 들기를 원한다면 본격적으로 재생 에너지 장단기 계획을 수립해야 한다. 이미 원전 의존도가 너무 높아져 버렸다거나 원전 수출로 외화를 벌어야 한다는 등 패배주의와 패권주의적 변명으로 이를 지연시켜서는 안 된다. 일본도 지난달 재생 에너지 생산과 에너지 유통 효율화 등을 포함한 장기 에너지 계획을 내 놓았다. 중국은 이미 솔라 패널Solar Panel을 대량 수출하고 있으며 지속적으로 풍력, 태양광, 태양열 에너지 개발과 유통에 투자할 것이라고 한다.

당장 모든 것을 중단하자는 것이 아니다. 방향을 정하자는 것이며, 국민과 국가와 기업이 협약을 맺자는 말이다. 위험한 에너지를 생산하려고 국민들을 삶의 터전에서 몰아내는 일이 더는 일어나지 않아야 한다. 에너지 문제를 풀 해법은 나와 있다. 에너지를 적게 쓰고 에너지원을 제대로 전환해 내면 된다. 솔직하고 진지하게 모여 앉으면 모두 잘 풀 수 있는 문제다. 밀양 농성장에서 만난 주민들은 활기에 차 있었다. 함께 싸우며 시대 공부를 하고 있기 때문이다. 그들은 '죽음의 생명 공학'을 간파하고 '살림의 생명 정치'로 나아가는 길을 내고 있는 중이다. 그들은 말한다. "고마 요대로 살고 싶다!" 그냥 이대로 살기 위해 결단을 할 때다. 지금 교수들 사이에 탈핵 서명 운동이 시작되었다. 지성의 상아탑이 아직 건재함을 보여줄 수 있으면 좋겠다. 2012.11.07 한겨레신문

칠월 칠석
바보들의 **행진**

  세계 뉴스에서 북한이 '특별한 위험 국가'로 분류됐다는 소식이 들립니다. 핵 물질의 존재와 확산 위험 때문이랍니다. 뉴스를 함께 보던 아이는 묻습니다. "북한에서 만든다는 핵무기, 정말 무서워요. 남한은 괜찮을까요?" 남한 원전에서 일어나는 사고 소식에 걱정이 많아진 것입니다. "경주 월성 원전 4호기에서 지난 2월에 이어 또다시 냉각수가 누출됐습니다." "시험 성적서가 위조된 부품이 적발돼 원전 중단 사태가 빚어진 가운데, 최근 10년간 전국 8곳의 원전에서 모두 355건의 성적서가 위조됐다는 조사 결과가 나왔습니다." 그나마 한국에 지진이 일어나지 않아 다행이라 믿던 아이는 군산에서 지진이 일어났다는 소식에 경악합니다. 작은 사고들이 잇따르면 큰 사고로 이어지기 마련이지요.

  핵 발전소가 핵무기 못지않게 엄청난 파괴력을 지닌, 태어나지 않았으면 좋았을 발명품임은 과학자들도 인정하는 사실입니다. 그러나 이미 태어났으니 잘 관리하기를 바라는 수밖에 없습니다. 한국은 지금 원전을 짓고 가동하는 시기를 지나, 사용한 방사성 폐기물을 관리하는 단계로 진입하고 있습니다. 이에 대해 원전 집단은 준비가 되어 있을까요? 모든 문제 해결은 정확한 위기 인식에서 시작합니다. 도입 초기부터 한국은 '안전 불감증' 국가로 분류되어 왔습니다. 한국의 원전 관련자들은 '핵 발전소'를 '원자력 발전소'로 이름을 바꾸며 국민들이 위기감을 느끼지 못하게 하는 데 탁월한 능력을 보여 왔습니다. 초등학교 대상으로 원자력을 찬양하는 공모전까지 열면서 말입니다. 실제 안전한 관리를 위한 노력은 충분히 하고 있을까요?

최근에 들리는 소식을 종합해 보면 그렇지 않은 것 같습니다. 오히려 돈에 영혼을 팔아 버린 정치가와 기업가, 과학 기술 관련자들이 '경제'를 내세워 통제 불가능한 상황을 만들어 내고 있다는 의구심을 지우기가 힘듭니다. 돈이 없을 때도 경제는 존재했습니다. 가정 살림부터 나라 살림까지, '경제'는 물질을 잘 순환시켜 자손 대대로 공동체의 삶을 이어가게 하는 영역입니다. 경제가 우선인 세상을 '나 잘 살자고 남을 죽이는' 적자생존의 세계로 알고 있지만, 사실 경제는 적절한 분업과 협동을 통한 우애의 영역이었습니다. 이 영역을 최근 '먹고 튀는' 금융 공학과 사기꾼들이 장악하면서, 미래 세대의 삶이 더는 지속가능하지 않은 방향으로 흘러가고 있음을 깨닫습니다.

도쿄에 살던 사진작가 가메야마 노노코 씨는 후쿠시마 사고 후, 아이들을 데리고 후쿠오카로 이사하여 그곳에서 후쿠시마에서 이주한 가족들을 만났습니다. 그들의 상황을 보면서 슬픔과 분노에 휩싸인 그녀는 '탈핵을 소망하는 아이와 어머니들'을 찍어 『100인의 어머니』라는 제목의 사진집을 펴냈습니다. 이를 계기로 '100만 인의 어머니'들의 탈핵운동도 일기 시작했습니다(http://vimeo.com/69053214 '100인의 어머니' 캠페인 영상). 여기서 '어머니'란 '사회적 모성'을 말합니다. 미래 세대의 편에서 살아가는 사람들의 사랑을 말하는 것이지요. 이와 관련해서 "남편은 현실 대응적인 관점에서 원전 재가동을 선택하였지만, 나는 미래 세대의 관점에서 탈핵을 지지한다"는 아베 총리 부인의 말이 화제가 되고 있습니다. 이 '어머니'들이 7월 7일, 일본 총리관저 앞에 모인다고 합니다. 작게는 여전히 방사능 위험에 노출된 채 살고 있는 아이들 문제를 해결하라는, 크게는 '핵 마피아'가 장악해 버린 에너지 영역을 정리하고 제대로 된 에너지 정책을 세우라는 요구를 할 것이라고 합니다.

그날은 나도 서울시청 광장에 나가보려 합니다. 손자와 함께 사진을 찍어서 '100만 인의 어머니' 사이트에도 올릴 생각입니다. 아이가 미니 햇빛발전기를 만들며 씩씩하게 자라나서 재난에 빠진 세상을 구하는 과학자가 되기를 기원하면서, 과학은 과학의 자리로, 돈은 돈의 자리로, 사기꾼은 사기꾼의 자리로 돌려보내는 행동에 동참하려 합니다. 그날 꼬마 애인의 손을 잡고 나타날 딸 바보, 아들 바보, 조카 바보, 손주 바보들을 만날 생각을 하니 벌써 가슴이 설렙니다. 2013.06.26 한겨레신문

다시 **밀양**,
프랙털 시대 **문법**으로

샌프란시스코 공항에서 있었던 아시아나기 착륙 사고 이후 며칠간, 모든 언론은 그 소식을 전하는 데 여념이 없었다. 사망자 중 한국 국적인 이는 몇인지, 기장 책임인지 아닌지, 항공사가 들어 둔 보험과 피해자가 받을 보상금은 얼마인지, 활주로로 튕겨 나간 두 승무원 중 경력 2년차 타이 승무원은 의식 불명 상태인데 경력 18년차 한국 승무원은 다리 골절상만 입었다는 등의 이야기가 끝도 없이 이어졌다.

그즈음 국내에서는 국민 안전과 관련된 중대한 일이 벌어지고 있었다. 765㎸ 초대형 송전 선로 건설을 두고 8년째 표류하던 밀양 송전탑 국책 사업이 해결의 실마리를 찾아가는 중이었다. 주민과 한전의 갈등이 고조된 지난 6월 국회가 나서서 '9인의 전문가 협의체'를 구성했고, 그 40일간의 작업을 마무리하여 발표하는 날이 바로 8일이었다. 언론에서는 전문가 협의체가 합의를 보지 못했다는 소식만 간단히 전했다.

사실상 협의체가 합의된 결론을 내놓으리라고 기대한 국민들은 별로 없었을 것이다.

'지속가능한 삶'의 기반 마련이 시급한 현시점에서 국민들이 밀양 사태에 관심을 기울이는 이유는 단순하다. 밀양 문제를 제대로 푼다면 우리나라 에너지 백년대계를 세울 수 있으리라는 기대 때문이다. 토건 업계 출신인 이명박 전 대통령은 4대강 사업 못지않게 무리한 에너지 정책을 펼쳤다. 경제성 계산도 제대로 하지 않은 채 수출까지 염두에 둔 원전 사업을 마구 벌여, 국민들은 재앙 수준의 사고가 날 위험성과 국가 재정 파탄을 염려하지 않을 수 없게 되었다. 지금 국민들은 그간 국가 에너지를 관장해 온 전문가들의 수준을 확인하고 싶어 한다. 한국전력과 한국수력원자력 간부들이 원전 비리로 사회적 지탄을 받고 있는 와중이니만큼, 한전에서 추천한 전문가 협의체 위원들은 밤낮없이 국내외 자료를 조사하고 밤샘 토론을 하면서 최상의 '전문가 보고서'를 작성했을 것이다. 이제 국민들이 그들의 전문성을 확인할 차례다.

한전에서는 주민과의 이 충돌을 보상금 문제로 축소하려고 하지만, 내가 아는 한 보상금을 위해 목숨 걸고 반대하는 밀양 주민들은 없다. 이들은 조상의 땅을 지키겠다는 시아버지와의 약속을 지키고 싶어 하고, 직장이 없어 귀향한 아들네 가족이 자녀를 키우며 고향에서 살아가길 바라며, 또는 암 치료 후 정착한 제2의 고향에서 조용하게 살다 가도록 "내버려 두어 달라"고 말할 뿐이다. 이분들은 나라와 후대를 위해서라면 일정하게 자신의 삶을 희생할 생각이 있는 선량한 대한민국 국민

들이다. 이들이 거대한 골리앗 같은 한전과 지금까지 맞서 싸워 온 것
도 실은 애국심 때문이다. 이분들은 송전탑 건설이 이 땅에서 살아갈
후세대에게 득 될 것이 하나 없는 사업임을 알기에 반대를 하고 계신
것이다.

　국민들은 이제 40일 동안 수고한 전문가들의 얼굴을 보면서 진실을
알고 싶어 하고 이 나라의 에너지 정책이 바로 세워지기를 갈망한다.
미국에서는 765kV 송전선이 빚은 갈등을 '공공규제위원회'라는 틀을
통하여 원만하게 해결한 사례가 있다. 독일에서는 후쿠시마 사건이 터
진 후 '17인 윤리위원회' 위원들과 30명의 외부 전문가가 참석하는 대
국민 텔레비전 토론회를 열었다. 11시간에 걸친 대토론회에는 시청자
들도 이메일과 전화, 문자 메시지를 통해 적극 참여했고, 그 토론 결과
2021년까지 모든 원전을 폐쇄하자는 국민적 합의를 이루었다. 원전을
국책 사업으로 선택한 프랑스와, 반대로 재생 에너지를 선택한 독일의
선택 중 어느 쪽이 현명한 것인지는 이 두 나라의 국가 안정성과 청년
실업률(독일 7.9%, 프랑스 21.8%)만 비교해 봐도 쉽게 알 수 있다.

　밀양 사태로 대국민 텔레비전 토론회를 시작하자. 밀양 문제를 풀면
이 땅의 많은 문제들이 풀리게 되어 있다. 우리는 크고 작은 사건들이
실은 같은 원리로 일어나는 '프랙털 시대'를 살아가고 있지 않은가? 그
토론은 합의에 대한 감각을 되살리는 시간이기도 할 것이다. 토론 주관
은 이공계 출신이자, 국민 안전을 가장 우선으로 고려하겠다고 약속한
박근혜 새 대통령이 하시면 좋을 것이다. 2013.07.17 한겨레신문

페이스북에서 놀 자유,
빅브라더를 부르는 손짓

한때 모든 종류의 자유를 추구하던 때가 있었다. 그것이 시장이 만들어 낸 것일지라도 시민들을 봉건의 억압에서 자유롭게 해 주었기 때문이다. 봉건의 억압이 사라진 지금도 여전히 모든 자유는 옹호되어야 할까? 종국에 그 자유가 더 많은 돈을 벌려는 자들에게 이용된다 할지라도? 페이스북의 기업 공개를 둘러싼 뉴스를 들으며 떠오른 질문이다.

2004년 2월에 서비스를 시작한 페이스북은 현재 전 세계 70여 개 언어로 9억 인류가 사용하고 있다. 지역별로 보면 북미가 1억7천9백만 명으로 전체 인터넷 사용자 대비 66%, 유럽은 2억2천9백만 명으로 46%, 그리고 아시아는 2억1천2백만 명으로 42%에 이른다. 한 대학생이 대학 캠퍼스용 소셜네트워크서비스SNS로 시작한 페이스북은 4년 만에 야후 인수설이 떠도는 가운데 마이크로소프트사로부터 2억4천만 달러의 펀드를 받으며 부상했다.

2009년 아일랜드 더블린으로 본사를 이전하여 유럽 창업자 펀드 등을 받아 글로벌 기업으로 성장하였고, 2010년 '좋아요like'를 찍는 아이디어를 도입한 뒤 그해 마이스페이스를 제치고 미국 최대 소셜네트워크서비스 기업으로 등극했다. 2011년 페이지뷰 1조 회를 기록하면서 캘리포니아 실리콘밸리로 다시 돌아왔고, 골드만삭스로부터 15억 달러의 펀딩을 받는 등 투자 은행들의 축복 아래 지난 5월 18일 나스닥 상장을 해, 전 세계의 관심을 끄는 중이다.

"페이스북은 애초에 회사가 되려고 만들어지지 않았다. 세상을 더 개방하고 연결한다는 사회적 미션을 완수하기 위해 설립됐다." 마크 저커버그 페이스북 CEO가 한 말이다. 그런 사회적 기업이 이제 110조 원의 화폐 가치가 있는 대기업이 되었다. 사람들이 그냥 자기 이야기를 쓰는 공간일 뿐인데, 무엇 때문에 돈이 그렇게 몰리는 것일까?

이 서비스의 주요 자산은 전 지구 주민들의 일상에 대한 데이터이다. 최근 빅 데이터 논의에서 보듯, 고도 정보 기술로 그전에는 상상하지 못했던 일이 가능해졌다. 교통카드, 신용카드, 포인트카드, 트위터의 '리트윗RT'과 페이스북에서의 '좋아요', 검색과 이메일 등의 기록이 더는 과거 기록이 아니라 가까운 미래를 예측하기 위한 생산적인 데이터가 된 것이다. 정부에서 공공 기관의 데이터를 활용하여 국가 안보에서부터 질병 복지 체계까지 마련하겠다는 계획을 세우는가 하면, 시장에서는 빅 데이터를 활용한 마케팅 사업에 열을 올리고 있다. 한 예로 어느 여성이 무향 화장품을 사기 시작한다면 임신 중기 입덧 때문일 거라는, 신생아용품을 사기 시작한다면 임신 말기일 거라는 추측을 바탕으로 곧 그녀에게 관련 쿠폰이나 메일이 전송될 날이 멀지 않았다.

페이스북에 올린 개인들의 일상 데이터는 마케팅 측면에서 엄청난 가치가 있는데, 이 엄청난 자료를 캘리포니아에 있는 한 회사가 갖고 있다. 그것을 올린 개인의 소유권은 어떻게 될까? 그리고 이 자료를 미국 정부나 한국 정부가 사용한다면? 또는 미국 정부는 사용 가능하지만 한국 정부는 그렇지 못하다면? 이런 정치적 질문 못지않게 주시해야 할 것은 시장에 의한 일상 통제이다. 내가 오늘 무엇을 먹을지, 무엇을 입을지를 정해 주는 시장, 나의 일거수일투족을 알고 있는 '빅브라더Big Brother'의 탄생이다. '내가 누군지' 알기 힘든 시대에, 언제든 '리셋reset'이 가능한 사이버 세상에서 이미 너무 바쁘고 피곤한 나에게 다양한 경로로 내가 누군지를 알려 주는 친절한 빅브라더. 사회적 연결망과 집단 지성으로 시작한 프로젝트들이 정보 사회의 빅브라더화를 서두르는 거대 기업으로 변신하는 와중에 한국의 IT업계 '최고 인재'들은 해외 IT업계로 스카우트되고 있다고 한다.

이런 면에서 유럽연합EU이 추진 중인 '잊혀질 권리' 법제화와 중국 정부가 논의하려는 페이스북 데이터 소유권 문제는 주목할 일이다. 페이스북을 하든 하지 않든, 돈이 지배하지 않는 세상에 대한 상상, 순진한 자유와 보편적 인권의 개념을 넘어 상생과 공존, 단골과 골목 경제, 호혜와 사회 경제 공부를 시작해야 할 이유가 바로 이런 움직임에 있다. 2012.05.23 한겨레신문

인터넷 세계 지도,
누가 그리나?

　　　　　12월 14일 두바이에서는 인터넷 관련 논의로
새로운 세계 지도가 그려지고 있었다. 국경을 자유롭게 넘나드는 인터
넷 세상을 각 국가가 일정하게 규제하자는 움직임이 국제전기통신연
합ITU 주최 국제전기통신세계회의WCIT에서 일었고, 144개 나라 중 89
개 나라가 찬성표를 던졌다. 찬성을 주도하는 쪽은 중국과 러시아이며
미국을 위시한 24개국이 반대했고 나머지는 유보했다. 국제전기통신
연합은 국제 전화를 걸 때의 국제 코드나 요금 등 국제 표준을 정하는
기구로, 1865년 국제통신조합으로 시작해서 1932년 현재 이름을 사용
하게 되었고 1947년에 유엔 산하 기구가 되었다.

　1988년 월드 와이드 웹www이 등장하기 전에 법규를 정한 뒤 이번
개정안을 마련하면서, 인터넷 관련 내용을 넣을지 말지를 놓고 회의 개
막 전부터 신경전에 들어갔다. 사실상 이 개정안은 서명을 한 나라에서
만 효력이 있는 것이지만, 3분의 2에 육박하는 나라들이 이 법안을 지

지했다는 점은 시사하는 바가 크다.

사실상 이 전선은 여러 차원에서 복잡하게 얽혀 있다. 인터넷이라는 기술 혁명에 성공한 것은 미국이고, 그런 맥락에서 인터넷 영역은 미국 정부가 직접 관리해 왔다. 1990년대 후반 비영리 단체인 국제인터넷주소관리기구ICANN 등이 만들어졌고 인터넷 세계 인구가 폭증했지만, 연방 정부와 기업, 단체 등이 유기적으로 결속한 미국이 여전히 인터넷 영역을 통제해 왔다. 국경을 넘는 인터넷 트래픽에 공정한 요금을 부과하자거나 인터넷 성장 환경을 함께 조성하자는 아시아 지역의 제안은 미국의 일방적 통제에 대한 반발이다.

세계 언론에서는 이번 개정안을 둘러싼 분리선이 냉전 시대의 지도와 일치한다면서 '디지털 냉전'을 거론하는가 하면, 인터넷 인구의 절반 이상이 아시아에 살고 있는 현상에 주목하며 인터넷의 탈서구/탈영어권화를 거론하고 있다. 이른바 '선진국'에서는 인터넷이 늘 개방되어 있어야 하고(Open Internet), 글로벌 인터넷 거버넌스가 점진적으로 만들어질 것이라고 하지만, '후진국'에서는 이제 구글과 애플 등 미국형 기업 및 단체들이 인터넷을 독점해서 부익부 빈익빈(Digital Divide) 현상을 악화시키는 상황을 더 지켜볼 수만은 없다며 인터넷 자체를 열어갈 것(Opening Internet)을 촉구하고 나선 것이다.

중앙집권적 권위주의 국가들이 나섬으로써 '인터넷 확산'(Opening Internet)이 '글로벌 공유지로서의 인터넷'(Open Internet)을 닫게 할 위험이 농후하지만, 이번 투표로 미국이 주도하는 패권주의가 더는 지탱되기 어렵다는 것도 확실해졌다. 국제전기통신연합이 인터넷이라는 새로운 혁명적 기술/문화를 다루기엔 아직 준비가 부족하고, 특히 정부 대표들끼리만 모여 세계 25억 인구가 연결된 인터넷 상의 미래를 논하는 것은 시대착오적인 일이지만, 새로운 세계 지도를 그릴 시점임은 분명하다.

활자 매체의 혁명이 '근대적 혁명'을 이루었듯 인터넷 혁명은 '탈근대적 글로벌 시대'를 열어 갈 전환의 매체다. 한국정보통신기술협회와 정보통신정책연구원, 한국인터넷진흥원 등 정부 기관과 통신 3사로 대표단을 꾸린 방송통신위원회는 이 회의의 성격을 제대로 알고서 그렇게 꾸린 것일까? 이런 상황에서 한국은 어떤 역할을 해야 할까? 내년에는 서울에서 사이버스페이스 총회가 열리고 부산에서는 2014년 국제전기통신연합 총회가 열린다. 후진국과 선진국 상황을 두루 경험한 한국은 노력만 한다면 디지털 냉전의 문제를 푸는 데 지대한 공헌을 할수 있을 것이다.

기존 체제를 유지하려는 이들은 여전히 '공유지의 비극'을 말하지만 공유지 자체가 소멸된 '사유지의 비극'에 직면한 지금, 공유 가능한 망 중립성의 세계를 만드는 일이 시급하다. 한국은 그 '창의적 공유지' 역할을 해낼 최적의 위치에 있으며, 이는 한국이 실질적 선진국이 되는 길이기도 하다. 조만간 공공 부문과 민간 부문, 시민 사회, 이용자, 전문가 등 다양한 관련 주체들이 한데 모여 토론의 장이 활짝 열리기를 기대한다. 2012.12.19 한겨레신문

동아시아 패러독스를 풀어낼
역사 쓰기

공동 교과서 작업이 다시 주목을 끌고 있다. 국립외교원 설립 50주년 기념 학술회의에 참석한 박근혜 대통령은 경제적으로는 점점 긴밀해지지만 정치·문화·군사적으로는 갈등이 고조되는, 이른바 '아시아 패러독스'를 타개하기 위해 동북아 공동 역사 교과서 발간을 제안했다. 그는 또한 "동북아 평화 협력 지대를 이루고, 유라시아와 태평양 지역의 연계 협력을 이루는 것이 대통령으로서 꿈"이라며 "아태공동체인 아펙APEC과 아시아유럽공동체인 아셈ASEM이 연결되면 새로운 경제 협력 구도가 창출될 수도 있을 것"이라고 말했다.

박 대통령은 2차 대전을 일으켰던 독일이 프랑스·폴란드 등과 역사 교과서를 공동 제작해 유럽 화합에 기여한 것처럼, 지속적 대화와 협력을 통해 공동 역사 교과서를 발간하자는 전향적인 제안을 한 것이다. 발상은 좋지만 역사 인식이 선행되지 않는 한, 실행은 쉽지 않을 것이다. 단적으로 세계 대전은 서구 열강의 전쟁이었고 일본은 '예외적' 주자였다. 전쟁 후 독일 국민들은 홀로코스트 만행에 참여한 과거를 처절하게 반성하면서, 기도하는 마음으로 '역사 함께 쓰기' 작업에 임했다. 그러나 서구 열강에 잡아먹히지 않으려는 안간힘 속에서 참전한 일본은 늘 조역이었고 결국 서구의 핵폭탄 실험 대상이 되면서 굴복했다. "자기 친척들이 사는 독일 땅이었다면 미국이 핵폭탄을 투하했을까?" 이런 질문을 던지는 일본은 스스로를 전쟁의 가해자인 동시에 피해자로 인지하며 피해 의식과 서구 콤플렉스에서 벗어나지 못하고 있다.

사실 일본만이 아니라 '기적적 경제 성장'을 이룬 한국과 중국도 선진 서구를 따라잡으면 된다는 서구 콤플렉스에서 벗어나지 못하고 있다. 진정 동북아 지역에 살고 있는 '주체들에 의한, 주체를 위한, 주체의 역사'를 쓰고 싶다면, 서구 콤플렉스에서 벗어나 동북아 지역의 독특한 근대화에 대한 성찰부터 우선되어야 한다. 초고속 압축적 근대화의 정점에서, 국가 차원부터 개인 차원까지 '멘붕'을 겪는 현실 위에서 시작해야 하는 것이다. 멘붕 상태란 갈등을 해결할 수 없는 상태를 말한다. 이런 상황에서 어떻게 합의된 교과서를 쓸까? 그것은 합의가 불가능한 상태임을 함께 인지할 때 가능한 일이다.

현재 역사학계에는 학자들 세 부류가 활동하고 있다. 첫째는 경제성장을 지속시켜 약육강식 세상에서 살아남자는 경제 개발주의자 내지 신자유주의자들이다. 다른 하나는 그간 불균형 발전의 결과로 심화된 사회 문화적 위기 현상에 주목하는 후기 근대 내지 탈근대주의자들이다. 셋째는 과학 기술 발전 등에 의해 역사가 좌우된다고 보는 결정론자들이다. 이들 간에는 별 교류가 없다.

그러면 동북아 공동 역사 교과서는 누구에게 맡겨야 할까? 그들 모두에게 맡기는 수밖에 없다. 세계를 바라보는 시각 차이로 합의가 불가능한 '춘추 전국 시대'임을 인정하고 섣부른 합의를 강요하지 않는 것이 핵심이다. 합의가 어려운 부분은 그렇다고 정직하게 기록하면 된다. 역사는 원래 잠정적 결론이다. 그런 면에서 1차 공동 교과서는 합의되지 않은 부분에 대한 내용이 주를 이룰 것이다. 바로 그런 교과서가 새로운 시대를 열어가는 교과서의 모습이어야 한다. 하나의 답이 아닌 답을 찾아가는 과정으로서의 교과서라는 신개념이 필요하다.

박 대통령이 진정 이 작업을 추진하시겠다면 일단 같은 사관을 가진 역사학자들이 국경을 넘나들며 신나게 모여 일하도록 지원하면 된다. 협동 작업이 일정하게 이루어졌을 때, 그들이 자랑스럽게 자신들의 작품을 내놓을 학문적 향연의 자리를 펼쳐 주면 된다. 섣부른 갈등을 줄이고 섬세하게 단계적으로 추진해야 한다는 말이다. 역사는 공동체가 뜻을 모아 가는 합의 과정이며, 역사를 쓰는 일은 목적을 위한 '도구적 합리성' 영역이 아니라 '인식 공유' 자체를 위한 '소통 합리성' 영역이다. '다름'을 존중하고 섣부른 합의를 강제하지 않을 때, 역사를 경제 발전의 도구로 사용할 생각을 버릴 때, 박 대통령의 꿈은 이루어지고 동북아 평화와 지속가능한 미래도 다가올 것이다. 2013.11.20 한겨레신문

수고하세요,
무림의 **고수**

주말에 일본 도쿄 학회에 다녀왔다. 토론자가 늦게 와서 가슴을 졸였는데, '특정비밀보호법안' 통과를 막으려 의회 앞에서 시위를 하고 오는 길이라고 했다. 아베 정권이 추진해 온 이 법안은 일본 국가 안보에 지장을 줄 수 있는 방위·외교·테러 관련 정보를 '특정 비밀'로 지정하고 이를 유출한 공무원을 최고 징역 10년에 처하도록 규정한 법안이다. 이 법안이 미국과 활발하게 정보를 공유하기 위한 미국용/경제용이라고 하지만, 사실은 강력한 정보 통제 도구가 되어 군국주의 부활을 도울지 모른다는 우려를 낳고 있다.

일본이 자랑스러워하는 마스카와 도시히데 등의 노벨상 수상자, 애니메이션 작가 미야자키 하야오, 여러 성직자들과 나의 오랜 친구 우에노 치즈코 선생까지 그 사회 '어른'들이 총집결해서 반대했지만, 연립 여당인 자민당과 공명당은 지난 6일 법안을 통과시켰다. 창의적이고 자율적인 공무원들이 늘어나야 하는 시점에 공무원을 회사 고용인처럼 여기며 국가를 사유화하려는 흐름이 일어난 것이다. 한편으로 이는 인터넷이라는 고도의 정보 기술이 낳은 일이다. 지식인들은 앞으로 공무원들이 무척 몸을 사리게 될지 모른다고 우려한다. 이 법안은 위의 명령을 그대로 수행하지 않고 스스로 판단하는 이들을 처벌할 근거가 될 수 있기 때문에 공무원들이 지극히 몸보신을 하리라는 것이다.

최근 우리 사회에서 국정원의 선거 개입 의혹이 세간의 이목을 끄는 것도 이 문제와 무관하지 않다. 투표에 공무원들을 개입시키고 이에 이의를 제기하는 공무원들을 사찰하면, 그 정부는 삼권 분립의 원리를 무시하고 '막가는 권력'으로 스스로 몸을 불리게 된다. 고도 기술 정보 사회의 협치協治에 대한 논의가 활발해져야 할 시점에, 오히려 협치를 가장 두려워하는 반동적 정권이 들어선 최근 현상을 어떻게 해석해야 할까? 나는 그것이 급변하는 시대가 초래한 일시적 패닉 상태에서 온 것이라 생각한다. '아래로부터의 민주주의'를 통해 유토피아를 만들고자 한 근대 문명은 압축적 변화 와중에 분명한 위기를 맞고 있다.

자원 고갈과 환경 오염, 그리고 핵 위험만이 아니다. 2008년 미국발 금융 위기를 통해 밝혀진 세계 경제의 도박성, '빅 데이터 통계'가 지구상 존재의 운명을 결정할 가능성, 사이버 전쟁 위험에 이르기까지 인류가 풀어야 할 문제들은 산적해 있다. 안전 점검조차 없이 만들어 대는 핵 발전 정책과 4대강 사업, 국정원 선거 조작에 이르기까지 '도'를 넘어선 일들이 속출하고 있다. 자신의 권리를 찾으려는 노동자들에게 거액의 손해 배상금을 물리고, 조용하게 살고 있던 국민들의 토지를 강탈해 자살에 이르게 하는 등 강탈의 통치가 대낮에 벌어진다. 누구보다 똑똑하고 힘이 있다고 자부하면서 '차마 해서는 안 되는' 일들, 범해서는 안 되는 일들을 해치우고 있는 것이다. 절대 왕정에 맞서 성립된 근대 국가가 시장 권력이 절대화된 시점에 스스로를 절대화하며 종교 영역까지도 침범하고 있다. 그래서 그 '새로운 절대 권력'에 맞서 천주교 사제단과 같이 오래된 종교계가 나선 것은 자연스러운 일이다. 물론 새로운 문명 전환이 기존 종교 조직의 움직임으로 가능한 일은 아닐 것이다. 다시 겸손해져야 함을 깨닫고 '신'을 경외하기로 한, 새로운 지구 주민들의 협력으로 새로운 시대는 열릴 것이다.

지금 파국의 현실은 그런 면에서, 우리들에게 두려워 말고 바로 그 현장에 가서 시대 공부를 하라고 말한다. 사람들을 분열시키고 잔꾀로 문제 해결을 하는 세력이 오래갈 리 없다. 서로를 초대하고 지혜를 나누며 기도하는 마음이 모일 때 기적이 일었고, 그 기적들이 새 문명의 근간이 되어 왔다. 일전에 광화문에서 밀양 송전탑 관련 일인 시위를 하던 내게 멋쩍어하며 "수고하세요"라는 말을 건네던 청년의 얼굴이 떠오른다. 그들은 '정의를 구현하려는 어른들'이 '무림의 고수' 같다며 경외심을 보낸다. 사회 운동이 특정 세대의 소유물이 되는 것이 불편하다. "너희도 수고하게!" 이 말을 하고 싶다. 학기말 시험이 끝나면 학생들과 바로 밀양 현장에 가 볼 생각이다. 2013.12.11 한겨레신문

생각하기를
포기하지 않는 **시민**

고등학교 교사인 후배가 이메일을 보내 왔다. 한 학생이 세월호에 탔던 중학교 친구 시신을 아직 찾지 못했다며 마음 아파하기에 함께 안산 합동분향소에 다녀왔다고 했다. 분향소 근처 일대가 현수막으로 덮여 침울하기 그지없는데다 막상 거대한 분향소 제단을 대하니 숨을 쉬기 어려웠다고 했다. 학생증 사진들이 즐비하게 놓인 제단 앞에서 생각도 감각도 정지된 것 같았다고 했다. 갑자기 어른들 모두 거기라도 가 봐야 하지 않겠느냐는 생각이 들어 내게 메일을 보낸 것이다. 적어도 어른들은 그 제단에서 모두 애도하고 참회해야 하지 않겠느냐고 말이다.

3주가 지났지만, 세월호 참사의 트라우마는 지속되고 있다. 사망자는 300여 명에 달하고 아직도 시신조차 찾지 못한 실종자들이 있다. 사망이 확인된 고등학생만 250여 명이다. 배우자를 잃거나 부모를 잃은 사람을 지칭하는 말은 있지만, 자식 잃은 이를 지칭하는 말은 없다고 한다. 국가와 회사의 관리 소홀로 생긴 끔찍한 일을 이렇게 많은 부모들이 겪어야 하다니…… 돈만 되면 모든 걸 마음대로 할 수 있다고 믿는 이들과 그들을 비호한 정권이 만들어 낸 이 참사 현장에서, 300번의 예고와 30번의 작은 사고 이후에 큰 사고가 난다는 '하인리히 법칙'을 떠올린다. 이번 경고가 치명적인 경고임이 분명하다.

지금도 나는 질문을 멈추지 못한다. 왜 선실에 가만있으라고 했으며, 그런다고 가만있었단 말인가? 왜 제대로 구조하지 못했단 말인가? 선장이 월급 270만 원을 받는 1년 단위 계약직이었다고? '언딘'이라는 이름의 구조 업체와 해경, 구원파와 해운회사, 법규 개정 등 수많은 비리와 의혹들을 접하면서 그간 믿어 온 직업윤리를 말하기조차 어려운 상황을 만난다. 작게는 세월호 선장의 초라함과 지시 없이는 움직이지 않는 공무원들의 몸 사림이 만들어 낸 참극, 크게는 민영화/시장화와 규제 완화를 추진해 온 그간의 신자유주의 개혁 결과가 이제 그 모습을 적나라하게 드러내기 시작한 것이다. 그리고 나는, 우리는 지금 어디에 있는가? 지금의 상황을 만든 데에 직접적으로 관여했던, 간접적으로 승인했던, 방관했던, 또는 더 직접적으로 대항하지 못했던 나. 제도 정치만을 정치라고 생각하고 내 안에 새로운 삶의 장을 만들어 내지 못한 나와 대면한다.

황당한 참사 앞에서 국가가 도대체 무엇인지를 물으며 이민을 가겠다던 엄마들이 이제 이 땅에서 아이를 제대로 키우겠다고 나서기 시작했다. 강남의 육아 커뮤니티 회원 엄마들이 지난 30일 "소중한 희생과

이 간절한 행보가 헛되지 않기를!" "사회적 연대로 엄마들이 지키자!" 하며 행진을 벌였고 어린이날에도 크고 작은 엄마들 모임들이 만들어졌다. 바라건대 그 엄마들처럼 학교별로, 또는 이웃끼리 삼삼오오 모여 어린이의 달인 5월이 다 가기 전에 분향소에 다녀오시기 바란다. 거대한 악은 생각하기를 포기할 때 만들어진다는 한나 아렌트의 말을 기억하면서 말이다. 애도를 제대로 하지 않으면 그 기운이 어딘가에 남아 더 큰 사고를 낳을 것이고 또다시 우리 모두에게 재앙으로 남을 것이다. 어린 나이에 어머니를 잃은 박근혜 대통령도 날마다 분향소에 가서 그곳에 온 엄마들을 만나면 이번 국변을 어떻게 해결해 낼지, 앞으로의 재난을 어떻게 막을 수 있을지 지혜를 구할 수 있을 것이다.

가라앉는 배 안에서, 실종자 가족들이 머무는 진도 체육관에서, 안산 분향소에서, 또는 사이렌 소리 요란한 거리에서 침착하게 자신이 할 수 있는 일들로 사람을 구하고 자원봉사를 하며 실질적 도움과 위로를 주는 사람들, 그들의 작은 노력이 악의 기운을 막아 왔다. "반성하고 분노하자, 행동하자!"는 목소리가 높다. 그러나 행동하기 전에 제대로 생각하자. 우리가 원하는 것은 이런 식으로 가족을 떠나보내지 않아도 되는 나라, 타인에게 몹쓸 짓 하지 않고도 제대로 먹고살 수 있는 나라이다. '내' 아이를 위해 '우리' 아이들을 함께 돌보며 시대를 학습하자. 교육감과 지자체 선거에서 제대로 투표하고, 쓸 만한 인물이 없으면 스스로 출사표를 던지는 그런 엄마들을 보고 싶다. 할머니 지원 부대는 늘 그대들 뒤에 강건히 버티고 있을 것이다. 2014.05.07 한겨레신문

애도,
그 **환대**와 **생성**의 장소

세월호 참사 이후 백 일이 지났다. 그런데 아직 이 사태를 책임지는 사람도, 조직도 보이지 않는다. 미국에서는 2008년 뉴욕발 금융 위기를, 일본에서는 2011년 후쿠시마 사태를, 한국에서는 4·16 세월호 사태를 겪으며 국가도 파산 또는 침몰할 수 있음을 국민들은 알게 되었다. 그러나 명령을 이행하는 데 길들여진 사회는 죽어가는 제 모습을 지켜보는 환자처럼 좀체 움직이지 않고 있다.

이런 답답한 상황에서 막둥이를 잃은 두 아버지가 순례길에 올랐다. 단원고 2학년 8반 고故 이승현 군과 2학년 4반 고故 김웅기 군의 아버지는 7월 8일 작은 나무 십자가를 메고 진도 팽목항으로 떠났다. 7월 28일 치 『한겨레21』 기사에 따르면, 지난 십 년간 혼자 세 자녀를 키웠고 특히 엄마의 정을 모르고 자란 막내아들에 대한 사랑이 각별했던 승현 군의 아버지는 "아들의 마지막 순간을 나는 모른다. 물이 들어와 물속에서 숨졌는지, 문이 닫혀 산소가 부족했는지, 깜깜한 어둠 속에서 얼마나 두려웠을지…… 순례길에서 우리 아이들이 겪었을 고통을 조금이라도 느끼고 싶다."고 말하며 아들 사진을 가슴에 걸고 순례길을 떠났다. 서울에서 일하고 주말에 내려오면 자신의 곁을 떠나지 않던 명랑한 막내아들의 차디찬 손에 할머니가 지녔던 묵주를 감아 주던 웅기 군 아버지는 기도를 드렸다. "아들의 손을 놓지 말아 주세요." 순례 8일째 승현 군 누나는 순례 일기에 이렇게 적었다. "내일 당장 아버지들이 힘들다고 집에 가자고 하면 뒤돌아보지 않고 자랑스러운 마음으로 집에 갈 수 있다. 두 아버지는 이미 한마음이 돼 서로 의지하고 걷고 있기 때문이다. 지금은 많은 시민이 관심을 가져 주지만, 나중에 그 수가 줄어들더라도 실망하지 않을 것이다. 이 여정은 아버지가 첫발을 디딘 순간 이미 성공한 것이라 생각한다." 팽목항에 간들 꿈에 그리던 아들을 만나지는 못한다는 사실을 아는 아버지들은 가족을 무능한 죄인으로 만든 나라를 원망하지만, 원망의 굴레에만 머물지 않는다. 제대로 애도하기로 작정하며 아버지들은 떳떳해졌고 평생 함께 갈 동지를 얻었고 세상을 꿰뚫어 보는 통찰력을 갖게 되었다.

파리를 근거지로 활동하는 세계적 피아니스트 백건우 씨도 공연 일정을 바꾸어 제주 순례길에 올랐다. 부다페스트 공연 준비를 하던 중 뉴스를 보고 피할 수 있는 비극이 벌어졌다는 사실에 너무 화가 난 그는, 몰려오는 무력감을 주체하지 못해 학생들이 도착하기로 예정됐던 제주항에서 세월호 참사 백일 공연을 한 것이다. 그날 정명화·정경화 씨도 대관령에서 우리가 상실한 것이 무엇인지를 반추하는 애도의 연주를 했다고 한다. 같은 날 밤 서울광장에서는 '네 눈물을 기억하라'는 추모 음악회가 열렸고 단원고 2학년 고故 이보미 양과 가수 김장훈 씨가 함께 '거위의 꿈'을 불러 눈물바다가 되었다고 한다. 이보미 양이 생전에 부른 노래를 기술적으로 다듬어 듀엣 곡을 완성시킨 것인데, 음원 작업을 도왔다는 신해철 씨 등 음악가들도 이 작업을 하면서 뿌듯했으리라. 그 자리에서 "우리는 국민의 고통과 슬픔을 함께하지 않으려는 국가를 알아차려 버렸다. 밥 많이 먹고 지치지 않고 즐겁게 모여서 끝까지 잊지 않아야 한다."고 말한 가수 이승환 씨의 모습이 유튜브에 올라 있다.

9·11 테러 사태 이후 미국 철학자 주디스 버틀러는 슬픔을 재빨리 극복해 다시 폭력의 구조로 들어가서는 안 된다며, 애도의 상태에 충분히 머물러 있기를 부탁하였다. 애도는 충분히 슬픔에 젖어드는 시간이고 새로운 정치적·윤리적 지평이 열리는 곳이다. 세월호 참사로 가슴 한구석이 무너진 사람들은 백일 탈상 후 다시 삼년상을 준비하고 있을 것이다. 그리고 애도의 시간 속에서 겸허한 순례자와 철학자, 과학자가 되어 가고 있을 것이다. 내가 알지 못하는 불확실성을 인정하고 그것을 타인과 함께 나누는 자리, 애도의 장소는 환대와 생성의 장이다. 십자가를 지고 가는 아버지들과 국가가 무엇인지를 묻는 시민들에게서 시대적 전환은 시작되었다. 2014.07.30 한겨레신문

'유나'를
위하여

여름이 지나간다. 여행이라는 호사를 누릴 때가 아니라는 생각도 했지만 그럴수록 여유를 가져야 한다며 서울을 떠나온 지 꽤 되었다. 여정을 푼 캘리포니아 중부 해변 마을은 가뭄이 심해서 이웃집 주부는 소변을 세 번 정도 본 뒤에 변기 물을 내리라 한다. 오랜만에 들른 매머스 스키장 동네는 몇 년째 적설량이 부족해 침체된 분위기다. 세계 어디에 가나 중산층이 사라지는 모습이 역력하다. 이런저런 재난과 재앙은 인류의 삶이 과연 지속가능할지 의문을 품게 한다.

티브이에서는 미주리 주 퍼거슨 시에서 흑인 소년이 경찰의 총에 맞아 숨진 사건을 둘러싸고 진상 규명을 요구하는 시위를 연일 보여 주고 있다. 사고 인근 지역에서 또 청년 한 명이 경찰의 총에 맞고 숨져 분위기가 더욱 뒤숭숭한 가운데, 총을 쏜 백인 경관을 지원하는 모금액이 희생자를 추모하는 성금을 넘어섰다는 소식을 듣는다. 모금 사이트에는 "약탈과 폭동을 일삼은 것을 변명하는 흑인들의 행위에 신물이 났다"는 등 인종 차별적 반감이 여과 없이 올라와 삭제당했다고 한다. 비무장 상태인 소년을 무참히 살해한 경찰의 과잉 대응에 항의하기 위해 미국 전역에서 퍼거슨 시로 시위 인파가 모여드는 한편, 경찰과의 유대를 강조하는 표시로 저녁마다 집 현관에 파란색 등을 밝히는 행동 또한 전국으로 퍼져 나가고 있다.

뉴스를 걱정스럽게 지켜보던 미국 친구들은 2012년 12월 어린이 스무 명의 목숨을 앗아간 샌디훅 초등학교 총기 사건 이야기를 꺼냈다. 희생자들을 애도하던 수많은 국민들이 재발 방지를 요구하여, 의회가 총기 금지 법안을 마련했고 오바마 대통령은 행정부의 모든 권력을 동원해 법안을 통과시키겠다고 했단다. 그렇지만 미국총기협회(NRA)의 로비 등으로 결국 알맹이 없는 법안만 통과시켰다며 '무기상'이 지배하는 세상을 호락호락하게 봐서는 안 된다고 말한다. 세계 곳곳에서 터지는 난감한 사태는 사안의 내용은 달라도 유사한 구도를 보여 준다. 세월호 사태도 마찬가지다. 특별법 제정을 놓고 40여 일째 '유민 아빠'의 단식이 계속되면서 가족의료지원단을 포함한 동조 단식도 2만 명을 넘었다고 한다. "유민 아버지 저러는 건 해 준 게 없어서 (마음이) 더 아프고……. 그런 일 당하면 얼마나 피눈물 나는지"라는 공감 어린 댓글이 눈에 띄지만, 반대로 유민 아빠 흠집 내기에 혈안이 된 이들도 늘고 있다.

결국 이런 대결에서 이기는 자는 누구일까? 승자는 지금 이 전쟁을 직접 치르는 이들이 아니라, 영화 「엘리시움」닐 블롬캠프 감독, 2013에서처럼 고지능 로봇들의 서비스를 받으며 천국 같은 위성에서 조용히 살고 싶어하는, '정의'라는 이름으로 싸우는 감정적 인간들을 저급한 종자로 여기며 '높은 곳' 어딘가에서 장기판을 두는, 뉴욕과 워싱턴 어디쯤에서 자주 회동하는, 자본과 기술을 장악한 '무기상'들이 아닐까? 혼란이 가중될수록 그들이 세상을 장악할 확률은 높아질 것이다. 사생결단을 내겠다는 생각은 위험하다. '승리와 패배' 구도로는 난국을 타개할 수 없다. 우리가 익히 알아 온 대결 방식은 철 지난 것이며 새로운 게임의 룰을 찾아내야 할 때다.

다행히 지금 우리 주변에서 거대한 빙하의 움직임 같은 지각 변동이 일어나고 있다. 그러니 박근혜 대통령은 국민 앞에 눈물로 한 약속을 지키고, 유민 아빠는 유민을 위해 죽기보다 동생 유나를 생각하며 잘 살아야 한다. 그분은 두 딸의 아빠이면서 동시에 대한민국을 살아가는 아주 많은 아이들의 아빠이며, 이혼 과정을 겪은 한 남자이면서 이 땅에서 자녀를 제대로 사랑할 기회를 얻지 못한 아주 많은 남자들을 대표한다. 나는 그의 용기와 사랑을 믿는다. 그 용기와 사랑으로 세월호 특별법 제정을 이루어 내야 하지만, 그것은 그가 해야 할 일 중 하나일 뿐이다. 적은 우리 안에도 편재해 있고 또한 보이지 않는 저 높은 곳에도 있다. 지금 우리가 할 일은 유민의 친구들과 유나가 패배감 속에서 살아가지 않게 하는 것이다. 키우는 마음으로 세상을 새로 만들어 내는 일이다. 2014.08.27 한겨레신문

지속가능성 혁명을
이야기하자

　　　　　　　　"마지막 강이 오염되고 마지막 물고기가 죽어
나가고 마지막 나무가 잘릴 때, 우리는 돈으로 살 수 없다는 것을 알게
될 것이다."라는 아메리카 원주민의 말이 피부에 와 닿는 시점이다. 화
석 연료와 공업화, 과학 기술과 국민 국가, 그리고 '자유와 평등'이라는
이념을 건 근대 자본주의는 이제 자원의 한계, 환경 파괴, 핵 재앙이라
는 파국을 맞고 있다.

　금융 자본주의적 투기와 도박이 일상화된 상황은 불안을 가중시키
고 있다. 근대적 국가 체제를 갖추고 부를 축적하게 되면 유토피아가
오리라는 기대감에 부풀던 때가 있었다. 그러나 유럽 근대사는 돈과 권
력에 중독된 공고한 세력과 '부자' 되기를 열렬히 원하는 대중이 만나
면 광기의 파시즘을 낳는다는 사실을 일찍이 보여 주었다. 그리고 비슷
한 양상이 지금 '경제 대국'들이 모인 동아시아에서 나타나고 있다. 이
런 위기 상황은 지난 오십 년을, 아니 백 년, 천 년 그리고 오만 년의 시

간에 걸친 인류 문명의 흥망성쇠를 되돌아보게 한다.

그간 인류는 한 문명이 쇠하면 새로운 문명을 일으키면서 지혜롭게 지구상에서 살아왔다. '근대 문명'의 몰락이 역력한 지금은 새 문명을 일으켜야 할 때다. 한국이라는 국가에 속한 지구 주민인 우리는 몰려오는 재난과 재앙의 징후를 직시하고 비상을 위한 방법을 찾아나서야 한다. 사실 무엇을 해야 할지에 대한 교재들은 이미 충분히 나와 있다. 시장이 질주하는 사회가 아닌 공유 경제를 만드는 일, 공생의 가치를 회복하는 일이 시급하다는 것을 알 만한 사람들은 이미 알고 있다. 문제는 우리가 들으려 하지 않는다는 것이다. '위'에서 말하는 자에 대한 거부감은 날로 심해지고 있다. 한때는 통찰력 있는 지식인들이 존경을 받았지만, 모두가 신이 된 '탈근대적' 상황에서 그들의 당위론은 식상할 뿐 아니라 거부감마저 불러일으킨다.

표방 가치와 실행 가치의 표리를 극명하게 보여 준 지난 대통령 선거에서 우리는 무엇을 보았는가? 투표율 50%를 넘기지 못하는 일본 주민들은 한국을 부러워하지만, 50대 투표율이 89.9%이고 유권자 45%가 50대 이상인 선거는 수상쩍어 보이지 않는가?

20대 대학생들의 변화를 추적하는 것이 전공인 나는, 20대의 삶에 과도하게 개입하고 있는 50대 부모들이 누구를 위해 투표를 했는지가 궁금하다. 어릴 때부터 '입시 노동'을 열심히 했건만 대학을 졸업해도 마땅한 사회적 위치와 일자리를 찾지 못하는 자녀 세대의 미래를 걱정하며 소중한 한 표를 던졌을까? 혹 '아무것도 모르는 젊은 것들'을 위해 투표한 것은 아닐까?

수치상으로는 '선진국'이 된 지 오래지만, 한국 장년들은 여전히 선진―첨단을 외치고 내달리면서 자녀들에게도 그리하라고 닦달해 왔다. 이 성과적 주체들이 멈추지 않고 도달한 곳이 바로 아파트 공화국과 입시 공화국, 그리고 보험 공화국이다. 지금 우리는 바로 그 공화국을 해체하면서 문명 전환을 해야 하는 것이다.

새 문명을 만들어 갈 주체는 누구일까? 이는 살아갈 날이 창창한 청년들의 몫이다. 그런데 '입시 노동' 외에 제대로 해 본 것이 없는 대학생들은 난감해한다. 일부는 자신들이 치른 입시 전쟁이 부모를 위한 대리전이었을지라도 이미 자신들이 잘할 수 있는 것은 공부뿐이기 때문에 '스펙 쌓기'에 몰두하겠다고 한다. 한눈을 팔기로 한 청년들도 적지 않지만, 망가져 가는 세상일에는 말려들고 싶지 않거나 문제 해결 능력이 자신에게는 없다는 생각에 주춤거린다. 마냥 착한 얼굴로 예의 바르게 지내는 것이 최상의 생존 비법이라고 말하는 이들도 있고, 혼자만의 재밋거리를 개발해서 오타쿠로 지내는 것도 괜찮은 방법이라고 말하는 청년들도 적지 않다.

무시와 모욕이 제일 싫은 이들에게 사회적 발언은 특별한 자들의 몫이다. 이웃에서 핵 발전소 재난이 일어나도 계속 잠잠한 상황을 우려하며 교수 1,052명이 탈핵 서명을 했지만, 학생들은 큰 관심을 기울이지 않았다. 이런 태도를 두고 나는 그들을 부모의 귀여움이나 받으며 편하게 지낼 생각만 하는 '강아지'라거나 모든 것을 잔머리 굴려 해결할 수 있다고 믿는 '초합리적 바보'라고 놀리곤 한다.

사회와 단절하고 스스로를 단속하며 사는 이 특별한 청년 세대의 출현을 보며 나 역시 무척 당혹스러웠지만, 변화가 없지는 않다. 극단적 피로와 과로, 그리고 '멘붕'을 토로하는 이들. 바닥을 친 걸까? 슬슬 지속가능한 삶에 대한 이야기에 귀 기울이며 수업에서 시키는 일, 이를테면 목공으로 책상을 만들고, 캠퍼스 안에서 친구들과 텃밭도 가꾸고, 폐자전거를 해체해서 새 자전거도 만드는 작업을 기꺼이 하기 시작했다. 애덤 스미스의 '보이지 않는 손'은 '보이지 않는 가슴'이 있었기에 지속가능했다. 보이지 않는 가슴, 곧 돌봄 영역이 파탄나면 사회는 더 지속되지 못한다. 서로 말을 나누지 않는 '무언無言 가족', 혼자 살다 혼자 죽는 '무연 사회', 연이 끊어져 작은 일로도 쉽게 우울증에 걸리고 자살을 생각하는 세상을 우리는 지금 만나고 있다.

불안과 공포에서 벗어날 힘을 주는 관계, 최소한의 바람막이와 비빌 언덕을 만들어 가야 한다. 내 수업이 불안감만 가중시킨다고 불만을 터뜨리는 학생들에게 나는 마사키 선생의 '나비 문명' 이야기를 들려준다. 나뭇잎을 다 뜯어먹어 버리면 나무가 말라서 죽고 애벌레들도 다 죽게 될 테지만, 고치를 열심히 쳐서 나비가 되면 나무도 살고 애벌레도 산다. 그러니 고치를 열심히 치며 동굴에서 나올 용기를 가지라고 권하면서 이런 우화도 덧붙인다.

"숲이 타고 있었습니다. 숲 속 동물들은 앞 다투어 도망을 갔습니다. 하지만 크리킨디란 새는 주둥이에 물고 온 물 한 방울로 불을 끄느라 분주했습니다. 도망가던 동물들이 그 모습을 보고 비웃었습니다. '저런다고 무슨 소용이 있어?' 크리킨디는 대답했습니다. '그냥 내가 할 수 있는 일을 할 뿐이야.'"

새 문명을 향한 혁명은 지속가능한 삶을 고민하는 자리에서 시작한다. 그것은 돌봄이 있는 식탁, 난감함을 공유하는 원탁회의, 상부상조하는 이웃들이 모이는 우정과 환대의 자리들일 것이다. 과도한 기술이 빚은 파괴 시대에 적정 기술을 발전시키는 일, 전 지구적 차원의 문제를 풀어낼 새 대학을 만드는 일, 인터넷 시대의 세계 지도를 새로 그리는 일, 이런 일들은 모두 돌보는 마음을 품은 청년들과 그들을 진정 사랑하는 부모들의 자원이 연결될 때 가능한 일이다. 그리고 이 일은 그간의 고도 압축적 방식이 아니라 압축을 푸는 느슨하고 느린 방식으로 이루어질 때 헛바퀴를 돌지 않을 것이다. 이 글을 쓰고 있는 제주 바닷가, 공유의 원리로 운영되는 게스트하우스에서 고치를 치는 청년들을 만난다. '나'이면서 내가 아닌 '우리'들의 창의적 공유 지대가 많아질 때 새로운 문명과 만날 수 있다. '우리'를 만나기 위해 고치를 치고 함께 나비가 되어 비상할 꿈을 꾸는 아침이다. 2013.01.01 경향신문

세대살이

대학이
춥다

국회가 지난 18일 협상과 진통 끝에 '취업 후 학자금 상환제'를 통과시켰다. 그 며칠 전에는 학생 식당 고급화로 밥값이 오를 것을 우려하여 대학가가 들썩인다는 기사를 읽었다.

한때 대학생들은 빛나는 존재였다. 나라를 부유하게 만들 존재로서 기대를 한 몸에 받던 때가 있었고, 아무도 감히 대적하지 못할 군부의 총부리에 맞서 겁 없이 민주화 투쟁을 할 때 그들은 한국만이 아니라 전 세계인들의 지지와 격려를 받는 존재였다. 그런데 지금 대학생이라는 존재는 어떤가?

다수가 학자금을 빌려 대학을 다니는 빚쟁이가 되었고, 졸업 후에도 그 빚을 갚을 길이 막연해서 그마저도 탕감을 받게 된 복지의 대상, 세금을 축내는 수혜의 대상이 되었다. 그리고 총학생회는 등록금과 교내 식당 밥값을 흥정해야 하는 기구가 되었다.

창대한 미래를 꿈꾸며 기고만장하던 학생을 가르친 기억이 아직 생생한지라, 한 목숨 부지하려고 안간힘을 쓰는 모습에 적응이 안 될 때가 많다. 일본의 한 대학 국제학부 교수는 5년 전만 해도 한국에서 오는 지원자들이 눈을 반짝이며 세계를 걱정하고 사회적 감각을 키우던 청년들이었는데 이제는 그런 열정을 품은 학생을 만나기 힘들다면서 그간 무슨 일이 있었는지를 물었다. 그간 무슨 일이 있었던가?

대학이 글로벌 100위 대학에 들어야 한다는 깃발을 높이 세울수록, 기업에 봉사하는 '인재'를 키우겠다고 나설수록, 캠퍼스가 화려하고 말쑥해질수록, 대학생들은 점점 초라하고 불안한 존재가 되어 간다. 대학생들은 뭔지 모르게 기가 죽어 있다. 고등학교 시절 선생님의 총애와 기대를 한 몸에 모으며 일류대 진학에 성공한 지방 출신 학생은 대학에 입학한 지 며칠도 지나지 않아 자신이 얼마나 가진 것 없는 존재인지를 절감했다고 한다.

실제로 화려해진 대학 캠퍼스를 활보하는 학생보다 초라함을 느끼는 학생 수가 월등히 많을 것이다. 할아버지의 재력과 어머니의 정보력을 겸비한 0.1%의 '엄친아'들에게는 점심 값 9천 원이야 별것도 아니겠지만, 부모의 빠듯한 경제력과 '동생의 희생'으로 일류대 진입에 성공한 경우라면 5천 원도 무리한 가격이다. 진리의 전당인 대학이 일찍부터 그들에게 적나라한 '격차 사회'에 살고 있음을 수시로 인지시켜야 할 이유라도 있는 걸까?

국제통화기금IMF 구제 금융 소식에 놀라 시장 근본주의로 방향을 튼 지도 십여 년이 지났다. 이제 대학은 충격으로 인한 강박에서 벗어나 다시 근본이 무엇인지를 생각해야 한다. 그래서 인재를 제대로 키워내야 한다. '0.1%의 명품 인재'를 키우겠다는 말을 대학 경영인들이 스스럼없이 하고, 성공한 자만이 살아갈 권리가 있다고 가르치는 대학, 승자 독식을 당연시하는 대학이 진정 인재를 배출할 수 있을까?

인재란 자고로 공동체에 대한 감각이 있는 사람이며, 창의적인 인재는 친구들과 지지고 볶고 시시덕거리는 경험 없이는 나오지 않는다. 대학 경영자들이 좋아하는 '수월성'은 잡다한 평범함이 어우러지는 가운데서 나오는 것이지, 돈을 좇는 학생들 간의 경쟁을 통해 나오는 것이 아니다.

대학은 시장이 아니다. 대학에 온기가 필요하다. 점점 추워지고 있지만 곧 봄은 올 것이다. 2010.01.21 경향신문

무상 교육으로
공공의 감각을 되살려 낼 때

반값 등록금과 대학이 뜨거운 화두이다. "대학은 왜 침묵하나?", "교수들은 어디에 있는가?"라며 교수들의 반성을 촉구하는 글도 꽤 보인다. 함께 해법을 만들어 가는 공론의 장을 활성화하기 위해 한 가지 이야기를 덧붙이고자 한다. 나는 지금이 국가가 대학 등록금을 대폭 지원하면서 청년들을 축복해야 할 때라고 생각한다. 학점 등으로 조건을 달아서도 안 되고 차등을 주어서도 안 된다. 차등급식이 가장 좋지 않은 분배 방식이듯이, 차등 복지는 사람을 등급화하면서 무시와 모욕감을 주기 때문이다.

적절한 지원 액수를 말해 보라면, 가족의 경제적 지원이 없는 학생이 열심히 아르바이트를 해서 스스로 기본 생활을 꾸리고 학비도 충당할 수 있는 정도면 될 것이다. 비싼 부담금으로 청년들 상당수가 빚을 지고 사는 미국 사례를 들면서 학비는 자부담이어야 한다고 주장하는 이들이 적지 않은데, 나는 그런 식으로 대학이 운영되면 노예 노동자만

양산한다고 생각한다. 나는 미국에서 정의로운 일을 하고 싶다던 변호사와 환자를 정성껏 돌보겠다던 의사가 학자금을 갚기 위해 원치 않은 곳에서 오랫동안 돈벌이에 시달리는 모습을 종종 보았다. 게다가 한국 사회는 혈혈단신으로 개척하는 삶을 자부심으로 삼는 미국 사회와는 근본적으로 다르다. 대학 등록금에 관한 한, 한국은 북유럽 모델을 따라야 한다.

특히 현재 대학생들은 90년대 학번들과 달리, 어릴 때부터 얌전하게 학교를 다녀 자기 마음대로 해 본 일이 별로 없다. 고등학교를 졸업해도 제대로 먹고살 길이 없으니, 이탈을 했다가는 더 잘살 것 같지 않아 늘 '주류'에 있고자 했다는 것이다. 어쨌든 이 나라 고등학교 졸업생 80%가 대학을 간다. 이들은 나라가 만든 학교를 12년이나 다닌 온순한 국민들이다. 나는 이들이 야간 자율 학습 시간에 립싱크하는 동영상 정도나 만들면서(그런 정도의 장난스런 저항도 해 본 적 없는 이들이 대부분이다.) 자신에게 맞지 않는 입시 공부를 12년이나 버틴 것이 신통하고, 심각할 정도로 자학적이거나 폭력적인 존재가 되지 않은 것만으로도 고맙기만 하다. 자율성도, 독립적 탐구의 기회도 없었던 이들이 고스란히 대학에 가겠다고 하니, 그 학비는 당연히 그렇게 키운 국가와 가족이 내야 하는 것 아닌가? 지금까지는 가족이 그 짐을 전적으로 부담해 왔지만 이제는 정부가 그것을 분담하는 것이 옳다.

이제 대학과 정부는 이 젊은 국민들을 축복하며 서로 협력해서 잘 키워 내야 한다. 그런데 대학은 그 학생들을 잘 키울 준비가 되어 있나?

이른바 명문 대학들은 글로벌 초경쟁에서 도태될까 두려워하며 '세계 100위권'에 들고자 맹렬하게 뛰고 있다. 교수들은 논문 편수를 늘려야 하고 모국어도 아닌 영어로 강의를 해야 한다. 교육과학기술부에서는 장기적인 비전으로 새로운 시도를 하게 하기보다 통계 평가가 가능한 지표를 만들어 놓고 돈 나누어 주기에 급급하다. 대학 당국은 "우리 대학에 대한 평가 및 이미지에 좋지 않은 영향" 운운하면서 피상적인 개혁만 계속 시도할 가능성이 높다. 스스로 기준을 만들어 내는 것이 대학일진대, 점점 더 순위에 집착하는 경향은 여전히 종주국이 있어 주길 바라는 식민지성에서 오는 것일까? 명문대에 몇 명을 보내는지를 두고 희비가 갈리는 고등학교 교육을 비판했지만, 지금 대학이 하는 일은 기본적으로 같은 상황이다. 이래저래 학생들을 맞이할 준비가 된 학교는 별로 없다.

지금은 이런저런 것을 따지기 이전에, 스스로를 '찌질이'라고 부르는 세대를 끌어안으며 모두가 함께 '공공'에 대한 감각을 일깨워야 할 때다. 우리 사회 복지의 근간이 허약하여 무상 급식이 불가피하듯, 한 세대의 80%가 대학 외에는 갈 곳이 없는 지금, 대학 무상 교육이 실시되어야 하는 것이다. 그리고 동시에 대학에 가지 않기로 한 청년들에 대한 획기적인 방안도 나와야 한다. 한마디로 청년들의 '존재'에 대한 질문을 제대로 던져야 할 때다. 2011.06.17 한겨레신문

글로벌 시대에
살아남을 대학은?

        디지털 시대, 대학의 변화가 심상치 않다. 작년 12월 22일치 『이코노미스트』는 '무크스'(MOOCs : Massive Open Online Courses, 대규모 온라인 공개강좌)에 대한 소개와 함께 전 세계 대학들이 온라인 교실로 연결되면 슈퍼 대학 몇 개만 남고 나머지는 곤란한 상황에 처할 것이라고 했다. 시사 잡지 『아메리칸 인터레스트』도 50년 안에 미국 4천5백 개 대학 중 절반은 사라지고 하버드대 수강생은 10년 내에 천만 명이 넘을 것이라고 한다. 이 온라인 교실 시스템은 강의뿐 아니라 질문과 답변도 주고받고, 분반 토론도 하고, 시험도 보고, 졸업장도 주는 제도로 진화하고 있다. 최신 발명품인 유튜브와 위키피디아, 페이스북을 활용한 정교한 시스템을 통해 수십만 명이 서로의 글을 읽고 논평하고 인기투표를 하는 '지구촌 교실'이 만들어지고 있는 것이다. 이 새로운 학습 생태계는 1971년 영국의 개방대학교가 라디오와 텔레비전을 활용한 새로운 실험으로 시작해, 미국의 매사추세츠공대MIT, 하버드대, 스탠퍼드대가 주도하는 온라인 강좌 시스템과 만나면서 새로운 플랫폼으로 완성되어 가는 중이다.

이런 학습 생태계의 출현은 우리에게 어떤 의미일까?

일단 학생들은 세계 석학과 전문가들의 강의를 들을 기회가 많아진다. 물론 영어가 걸림돌이다. 중국은 이미 대대적인 번역을 통해 이 제도를 활용할 채비를 해 왔다. 한국은 글로벌 시대에 살아남을 인재를 키우겠다는 집념으로 정부와 부모들이 합심해 영어 교육에 아낌없는 투자를 한 덕에 영어를 제2 모국어처럼 하는 학생들이 늘어나는 추세다. 이와 동시에 번역 시스템을 잘 마련한다면 이 제도는 학생들에게 배움의 폭을 한층 확장시켜 줄 것이다. 교수는 어떨까? 일단 강의 부담을 대폭 줄일 수 있다. 초기에 강의 구상을 한 뒤 그 분야 최고 강사의 강의를 선정해 학생들과 함께 들으며 토론한다면 수업의 질도 높이고 강의 준비 시간도 줄일 수 있다. 특히 서구 최신 교재를 수입해 가르치는 이공계나 정보 지식 분야는 딱히 강의를 하지 않아도 되고, 오히려 경험이 풍부한 조교들이 잘 지도하면 될 것이다. 이를 통해 교수들은 연구 시간을 확보할 수 있다. 반면 온라인으로 대체하기 어려운 인문 사회계 수업들은 늘어날 것이다. 학생들과 교수가 구체적인 역사적 시공간에서 전면적 관계로 만나 토론하고 사회 문제를 풀어 가는 지식 생산의 장이 더욱 풍성해져야 하기 때문이다.

사실 한국 명문 대학들은 이런 추세를 감지하고 발 빠른 준비를 해 왔다. '세계 100위권'에 들어야 한다는 강박도 이 와중에 생긴 것이며 세계 유수 저널에 논문을 싣지 못하면 탈락하는 교수 계약제, 영어 강의 의무 수강제도 이 와중에 생긴 것들이다. '노벨상'급 학자를 유치하겠다고 엄청난 돈을 지급하기도 했지만, 이제 그럴 이유가 없어지고 있다. 온라인 강좌를 적절히 활용하면서 우리 문제를 제대로 다룰 적정기술과 자생적 지식 생산 체계를 튼실하게 만들어 가는 일이 매우 중요해지고 있다.

이 상황에서 한국 대학이 가장 신경 써야 할 일은 무엇일까? 학생들의 '멘붕'(공황 상태) 문제를 해결하는 일이다. 학생 다수가 승자 독식 경쟁에 휘둘리다 '떡실신'하는 상황에서 무엇을 기대할 수 있을까? '선/후진국' 개념에서 벗어나지 못하고 구체제의 위기 서열에서 '100위' 안에 들겠다고 안간힘을 쓰는 대학도 실은 '지는 게임'을 하고 있는 것이다. 더 늦기 전에 대학은 외형적 확장이나 숫자 놀음에 지나지 않는 외부 평가에 연연하지 말고 교수와 학생들의 '건강 상태'부터 돌보기 시작해야 한다. 글로벌 대학은 '글로벌 시장'에 몸을 파는 떠돌이 인력이 아니라 인류의 삶을 지속가능케 할 건강하고 탁월한 인재를 키워 내야 한다.

중세의 신성한 전당이던 성전이 시장 바닥이 되면서 중세와 운명을 같이했듯, 근대의 신성한 전당인 대학도 시장 바닥이 되면 망하고 만다. 공공재로서 본분을 지키는 대학은 살아남을 것이다. 이 소용돌이 속에서 제대로 살아남을 한국의 대학은 몇이나 될까? 2013.01.09 한겨레신문

연세대,
너마저!

연세대 정문에서 캠퍼스로 이어지는 백양로는 이 오래된 명문 대학의 상징이다. 군부 독재 타도를 외치던 1980년대, 세계 뉴스에 자주 등장한 유서 깊은 곳이기도 하다. 정문 앞 철길 위에서 외신 기자들이 학생과 경찰이 벌이는 '투석전' 장면을 찍어 전 세계로 내보내곤 했다. 그 장소가 지금 '백양로 재창조'라는 이름의 공사로 사라질 상황에 처했다. 2013년 8월 백양로 나무들이 뽑히기 시작했고, 흙이 파헤쳐진 백양로 공사판이 길고 무더웠던 여름을 견디고 등교할 학생들을 맞을 모양이다.

새 총장이 부임하면서 '백양로 재창조' 사업을 공약으로 내걸었지만, 그 사업이 당신 임기 중에 끝낼 사업이라고는 생각하지 않았다. 대학 사회도 성과주의의 수레바퀴 속에서 피로한 나날을 보내는 터라, 사실상 관심 있게 지켜볼 주체도 그리 많지 않다. 그런데 건축 회사가 법정 최소 기일인 21일 만에 정해지더니, 2015년 5월에 완공하는 공정으로 9백억 원짜리 공사가 시작된 것이다. 교수평의회에서는 70%가 주차장인 이 '백양로 재창조' 계획이 막개발 공사에 불과하다며 서둘러 공청회를 열고 현수막을 내걸기도 했지만, 되려 현수막이 철거당하는 소동을 치렀다. 지금은 일반 교수들이 현 사업의 청사진을 전면 재고할 것을 촉구하며 서명 운동에 들어갔다.

실은 이런 일이 그리 낯설지는 않다. 글로벌 경쟁 시대에 접어들면서 '변해야 산다'는 절박감은 단지 수출 회사들만의 것은 아니었다. 대학도 경쟁에서 살아남기 위해 대대적 변신을 시도했다. 이 움직임의 선두에 있던 고려대학교는 2003년 "명문을 버려라, 조국을 등져라, 세계를 탐하라"는 카피를 곁들인 선정적인 이미지 광고를 내는 한편, 교문을 바꾸면서 대규모 캠퍼스 리모델링 공사에 들어갔다. 다른 대학들도 앞다투어 고층 건물들을 올리고 교문을 바꾸는 등 캠퍼스 토건 사업에 열을 올렸다. 특히 캠퍼스 지하에는 거대한 주차장과 함께 쇼핑몰 비슷한 편의 시설이 들어섰다. 이는 학생들이 죽치고 놀던 '공유지'가 사라지고 수익자 부담 원리로 운영되는 관리 공간이 늘어났다는 의미이다.

캠퍼스 리모델링 사업이 모두 막개발 사업만은 아니었다. 이화여대는 세계적인 건축가 도미니크 페로를 초대하여 캠퍼스 복합 단지ECC를 지었는데, 그 건물은 기능성과 미학적인 면만이 아니라 생태적으로도 훌륭한 작품이다. 특히 에너지 보존을 고려하여 자연 채광과 지하수 활용, 공랭식 온도 조절 등으로 완성도를 높였고 실내와 야외에 '학생이 머무르고 싶은' 공동 공간을 마련하는 데 주력했다. 구성원들의 의

견을 수렴하며 7년에 걸쳐 진행된 이 건축물은 2010년 아펙스APEX건축상 그랑프리를 수상하는 등 그 가치를 인정받고 있다. 나는 이화여대가 거대한 주차장 건설과 마구잡이 난개발을 하지 않았다는 사실 하나만으로도 21세기 명문 대학의 이름을 충분히 이어 가리라고 생각한다.

연세대 구성원으로서만이 아니라 대한민국 국민으로서 나는 연세대학교가 '난개발 사업'을 이 정도 선에서 끝내 주기를 바란다. 땅은 한번 파면 돌이키기 어렵다. 이미 기성세대는 너무나 많은 것을 파괴해 버렸다. 학생들은 너무나 황당한 일을 벌이는 어른들, 그리고 그런 일이 벌어지는 것을 보고도 침묵하는 어른들이 싫어서 숨어들고 있다. 이제 '어른'들이 해야 할 일은 공간을 비워 두는 것이다. 후배들이 스스로 알아서 할 일을 남겨 두는 것이다.

바라건대 연세대 총장님은 기일 안에 '공사'를 끝내야 한다는 부담감에서 벗어나시라. 이 사업은 임기 전에 끝내야 할 '4대강 사업'이 아니다. 22세기를 내다보는 '백양로 재창조 프로젝트' 추진위원회를 구성하는 것만으로 충분하다. 2008년 서브 프라임 모기지 사태로 촉발된 금융 위기 이후, 세계는 조용히 그러나 근원적으로 변하고 있다. '돈이 돈을 버는' 게임의 끝을 보게 된 지금, 파국으로 가는 막차를 꼭 타야 할까? 이런 말이 못내 서운하시다면 총장님은 백양로가 키운 세계적 거장 봉준호 감독의 「설국열차」를 보면서 잠시 사색의 시간을 가지셔도 좋을 것이다. 천재적인 윌포드 사장의 치밀함은 훌륭하지만 지속가능하지 않다. 2013.08.28 한겨레신문

백양로 호러 **공사장**
달맞이 **밤샘** 파티에 초대합니다!

독수리상이 사라졌습니다. 오랫동안 연세대 백양로를 지켜온 독수리상이 해체되어 어디론가 날아가 버렸습니다. 아름드리 나무들이 낮잠을 자다 뽑혀 나간 자리엔 구덩이들이, 옮겨지지 못하고 잘려 나간 나무들 자리엔 앙상한 밑동만 덩그러니 남았습니다. 지금 유서 깊은 백양로는 이렇게 공사 중입니다. 1,000여대를 수용할 주차장을 위해, 캠퍼스는 이렇게 호러 영화 세트장이 되었습니다. '백양로 재창조 사업'이라 명명한 이번 공사를 위해 대학 본부는 동문들을 대상으로 본격적인 모금 활동을 벌이는 중입니다. 사정을 모르는 동문들은 이번 공사가 마땅히 한국 최고 대학에 재직 중인 교수, 전문가들과 충분한 검증을 거친 사업일 것이라 생각합니다. 그러나 제대로 된 토론과 검증 단계는 없었습니다. 그렇게 시작된 공사를 잠시 중단하라며 교수들이 천막을 치고 농성을 시작한 지 열흘이 지났습니다.

현 총장은 원주 캠퍼스 부총장 시절부터 함께 일해 온 건축 회사와 그들만의 '전문성' 수준으로, 교육의 질에 대한 고민을 제쳐 두고 토건 사업에 몰두해왔습니다. 라이트 밀스의 『사회학적 상상력』돌베개, 2004을 읽던 한 학생은 "우리 총장님은 '토건적 상상력'만 뛰어나신 것 같아요."라고 말했습니다. 그 탁월한 '토건적 상상력'으로 총장님은 유서 깊은 본교 캠퍼스를 파헤치기로 한 것이지요. 249명의 교수들이 강하게 문제 제기를 하자 총장은 단과 대학별 회의를 소집했습니다. 도면을 공개하고 본격적인 공청회를 해야 할 시점에 대학별 '순시'를 도는 것은 재벌 그룹 회장이나 취할 행동이라는 빈축을 사며 말입니다. 교수들은 이러한 행보를 하버드대 로런스 서머스 총장의 독선이 퇴진으로 이어진 사태와 연결합니다. 그는 정치적으로나 사업적으로 아주 탁월한 인물이지만, 독단적인 '사업적 상상력'은 대학에 맞지 않는 것이지요.

나무들이 베어진 모습을 보고 한 여학생은 울음을 터트립니다. 전체 나무 649주 중 180주는 이식하고 469주는 베어지고 있습니다. 아주 큰 나무는 이전 비용이 너무 많이 들어서, 잔 나무는 별 가치가 없어서, 암은행은 냄새가 나서 벤다고 합니다. 그 선발 기준이 마치 탁월한 학생들은 감당하기 힘들어서, 좀 느린 학생들은 느리다고, 자신이 알지 못하는 향기를 가진 학생들은 냄새가 난다고 내치는 현 대학 교육의 기준을 말해 주는 것 같아 씁쓸합니다. 다행히 파헤쳐진 백양로를 오가며 많은 학생들이 '난개발의 시대'에 대한 생생한 현장 수업을 하고 있습니다. 정치색이 짙은 것은 다 싫고 근거 없는 비난으로 트집 잡는 사람들이 특히 싫다던 학생도 이번 계기를 통해 무분별한 개발과 경쟁 사회에 자신이 내던져지듯 놓여 있고, 시야를 차단당한 경주마처럼 무작정 달려왔음을 인식하며 멈추어 서서, 되돌아보고, 여러 길로 돌아갈 줄 아는 곡선의 부드러움을 되찾고 싶어 합니다.

사태는 그리 쉽게 풀리지 않을 것입니다. 양편이 추구하는 가치가 너무 다르고 또한 양편이 상당한 '확신범'들이기 때문이지요. 방법은 단 하나, 역사와 전통을 이어 가고 싶어 하는 동문·교수·학생·직원을 포함한 연세 공동체 모두가 모여 정보 공개를 하고 지혜를 나누는 릴레이 원탁회의를 시작하는 것입니다. 시간이 걸리더라도 최상의 방안을 찾아내려는 의지로 말입니다. 모두가 바쁜 피로 사회에 살고 있지만, 인터넷을 통한 온라인 여론 수렴도 충분히 가능합니다. 한국의 유서 깊은 명문 사학 연세대학교는 이 일을 해낼 수 있지 않을까요?

대학은 그곳에서 청춘을 보낸 사람들이 지켜야 하는 배움의 전당이 며 마음의 고향입니다. 올 추석, 백양로가 키운 사람들이 호러 공사장에 모여 달맞이 축제를 엽니다. '백양로 재창조'는 포클레인이 아닌 사람이 하는 것입니다. 지금은 각자 자기 동네를 지켜내야 할 때입니다. 멀리 있는 사람이 아닌 바로 여기 내 곁에 있는, 내 기억 속의 사람들과 함께 시간의 향기를 맡으며 살아 내야 할 때입니다. 백양로의 기억이 있는 분들은 추석날 밤 백양로로 나들이를 오시지요. 만일 못 오신다면 한가위 달을 함께 보면서 '사람을 밀어주는 세상'을 위해 마음을 모아 봅시다! 2013.09.18 한겨레신문

이제 **우리**
미안해하지 말자

　　　　　　　　그가 떠난 후 안타까운 마음에 별 생각을 다 하
게 된다. 만일 스필버그 작품 한 편이 현대자동차 일 년 수입의 몇 배를
벌어들인다며 호들갑을 떨지 않았다면, 그가 문화 예술계에서 걸출한
인재를 배출한다는 대학을 나오지 않았다면, 그가 26세에 영화제에서
작품상을 타지 않았다면, 우리나라 감독들이 줄줄이 국제 영화제를 휩
쓸며 상을 받지 않았다면, 사냥꾼의 후각을 지닌 영화 제작사 사람들이
청년 작업자들을 쫓아다니지 않았다면, 그는 지금 우리 곁에 머물러 있
지 않을까? 아니, 그가 남에게 피해 주기를 싫어하는, 자기 문제는 스스
로 풀어야 한다는 근대적 시민 정신만 그리 철저하게 내면화하지 않았
더라도 우리 곁에 머물러 있지 않을까?

　그가 집 주인에게 보낸 마지막 쪽지에는 "저 쌀이나 김치를 조금만
더 얻을 수 없을까요…… 2월 중하순에는 밀린 돈들을 받을 수 있을 것
같으니 전기세 꼭 정산해 드리겠습니다. 항상 도와주셔서 정말 면목 없

고 죄송하고…… 감사합니다."라고 적혀 있었다고 한다. 쌀과 김치. 그것은 747 공약을 한 대통령과 그 정부가 당연히 해결해야 하는 일 아닌가? 그렇게 밤낮없이 시나리오를 쓴 그에게도 "자활 의지가 부족하고 눈높이가 높아서"라고 말하며 책임을 떠넘기지는 않으리라 생각한다. 집 주인과 이웃에게 쪽지를 쓰면서 한없이 미안해하는 그의 모습을 떠올리며 나는 분노한다. 아, 그가 왜 그렇게 미안해야 하는가?

안 그래도 나는 최근 대학가에서 '미안해하는' 학생들이 급격히 늘어난 것을 보며 당혹스러워하는 중이다. 조금만 늦어도 죄송해서 어쩔 줄 모르고, 부모님이 너무나 감사하다 못해 죄송하기 그지없다는 학생들, 몸짓 자체가 점점 예의 바른 일본 사람들을 닮아 가고 있다. 비싼 등록금과 날로 늘어가는 학원비를 대 주는 부모에게 미안하고, 특히나 그 '투자 비용'을 되갚을 수 있을지 몰라서 더더욱 미안하다고 그들은 말한다. 과연 그들이 미안해할 일일까? 이는 기본적으로 하늘 모르고 치솟은 대학 등록금 때문이고, 취업 준비용이라면서 온갖 잡다한 상품을 만들어 불안한 청년들을 더욱 불안하게 만들고 있는 상혼 때문이 아닌가? 책임의 양을 말하라면 그들의 잘못은 1%도 안 될 것이고 나머지 99%는 세금을 제대로 사용하지 못하는 국가, 청년들을 위해 새로운 직장이나 사회 경제 활동의 장을 열어 주지 못하는 정부, 그리고 청년들과 그 부모의 주머니에서 마지막 한 푼까지 빼내 가는 시장일 것이다.

G20 개최국인 대한민국이 진정한 선진국으로 불리고 싶다면 이제 모든 예술가 국민을 위해 '쌀과 김치'를 제공하도록 하라. '거르는 장치

만 있고 키우는 장치는 없는' 사회는 막장 사회이다. 이제 정말로 미안해야할 사람이 미안해하게 하자. 그들이 청년 작가들을 위한 해법을 내놓게 하자. 비정규직 예술인을 위한 실업 급여 제도, 예술인 사회 보험제, 예술인 최저 생활 보장제 등 어떤 이름을 붙여도 좋다. 공기 좋은 어딘가 모여 살 장소를 제공한다면, 그들은 채소밭도 일구고 밥과 예술을 나누면서 그곳을 아름다운 마을로 만들어 낼 사람들이다. 서울 도심부 이곳저곳에 국가 소유 빈집도 적지 않다. 그런 곳에 그들이 모여 살기만 해도 서울 도성 안에 르네상스 시대가 금방 도래할 것이다.

당부하건대, 그때 정부는 누가 예술가인지 아닌지를 가려내느라 또 시간을 끌고 무수한 돈을 쓰지는 않기 바란다. 사실상 '문화의 시대'에 자란 지금의 청년들은 거의 모두가 '예술가들'이다. 그들은 어릴 때부터 공장 노동이 아니라 창의적인 비물질 노동을 하면서 자랐다. 후기 근대적 사회와 경제를 살려 나갈 청년들에게 창의적 활동 공간과 자원을 돌려주라.

그리고 친구들이여, 홀로 삶을 개척해야 한다는 근대의 명령을 마음속에서 지우고 함께 살아가는 세상을 상상하자. 우리 안에 퍼져 있는 미안한 감정의 근원이 어디인지 응시하면서 정서적 히키코모리 상태에서 벗어나자. 활기 있는 삶을 위한 시공간을 우리 안에 마련할 때다. 내 친구, 내 학생, 내 선배, 내 후배, 또한 과거와 미래의 나 자신이었을 최고은 작가의 명복을 빌며 그 영전에 이 글을 올린다. 2012.04

소년을
위하여

       해를 넘기는 마지막 칼럼만은 훈훈한 이야기를 담으려고 했는데, 또 힘든 이야기를 하게 되었다. 이달 들어 '대전 여고생'에 이어 '대구 중학생'이 목숨을 끊었고, 특히 차분한 유서와 함께 주고받은 문자와 온라인 게임 기록 등을 남긴 대구 소년은 많은 이야기를 우리에게 안겨 주고 떠났다.

    열네 살에 생을 마감한 소년은 유서에 이렇게 썼다. "제가 일찍 철들지만 않았어도 저는 아마 여기 없었을 거예요. 매일 심하게 장난질이나 하고 철이 안 든 척했지만, 속으로는 무엇보다 우리 가족을 사랑했어요. 아마 제가 하는 일은 엄청 큰 불효인지도 몰라요. 집에 먹을 게 없어졌거나 게임을 너무 많이 한다고 혼내실 때, 부모님을 원망하기보단 그 녀석들에게 당하고 살며 효도 한번 안 한 제가 너무 얄밉고 원망스러웠어요. 제 이야기는 다 끝이 났네요. 그리고 마지막 부탁인데, 그 녀석들이 우리집 도어키 번호를 알고 있어요. 도어키 번호 좀 바꿔 주세요. 저는 먼저 가서 백 년이든 천 년이든 우리 가족을 기다릴게요."

시련은 친구들과 인터넷 게임 캐릭터 키우기를 하면서 시작된 것 같다. 9월부터 숨지기 전날까지 소년에게 날아온 문자 메시지는 273통. 대개 오후 10시부터 오전 2시 사이에 명령하는 문자 메시지들이 쏟아졌다고 한다. 목을 조여 왔을 문자들을 받으면서 소년은 사실상 잠을 제대로 자지 못했을 것이다. 세상 뜨기 전날, 소년은 라디오 선으로 목이 묶인 채 방바닥에 떨어진 과자 부스러기를 주워 먹고 집단 폭행을 당했다 한다. 친구여야 할 존재가 악한으로 변하고 노예처럼 살아가는 자신의 모습에 자괴감을 느끼면서, 더는 감시와 지시와 협박과 폭행과 갈취가 없는 세상으로 떠났다.

학교 법인 쪽은 사태에 대한 책임을 물어 교장을 직위 해제시켰다. 27일 대구시 교육청도 발 빠르게 해당 중학교 2학년 학생 331명을 대상으로 '외상후 스트레스 장애PTSD 검사'를 했고, 앞으로도 임상 심리사 등 전문가들을 투입해 학생들이 받은 충격을 분석하고 병원 치료를 받도록 할 방침이라고 한다. "소년의 책상에 꽃이라도 하나 놓았느냐"는 기자의 질문에 교감은 "자살한 애 영웅 만들 일 있습니까? 다른 애들이 멋있게 보고 뛰어내리면 어떡하려고 책상에 꽃을 놓아둡니까?"라고 대답한 뒤, "책상에 놓아 달라며 꽃을 갖고 오는 시민들까지 있어 다른 아이들이 동요할까 봐 돌려보내고 있다"고 덧붙였다고 한다. 학교는 사건을 봉합하는 데 급급하고, 소년의 넋은 교정을 서성대고 있다. 나는 어떤 엄청난 사건이 일어나도 교사와 학생들이 한자리에 모여 꽃을 바치고 통곡하는 학교라면 그 학교는 포기해서는 안 된다고 생각한다. 그것을 해내지 못하는 곳이라면 그곳은 삶의 자리일 수 없다.

언론 인터뷰를 통해 "매일 아침 아들 영정을 보며 (가해 학생들을) 용서하려고 기도합니다."라고 한 소년 어머니의 말이 전해지면서 온라인 댓글이 올라오고 있다. "가해자를 진심으로 용서할 수 있는 사람은 자살한 그 아이 한 명뿐입니다. 아무리 부모님이라도 아이의 아픔에 대한 대가를 섣불리 용서하지 말아 주세요. 용서라는 말, 입에 올리지 말아 주세요." 이런 사건에서 누가 누구를 용서할 수 있는 것일까? 시대의 감독 이창동은 진작 「시」와 「밀양」이라는 영화들을 통해 감당이 안 되는 범죄 앞에서 물어야 할 '용서'와 '속죄'라는 화두를 던져준 바 있다.

악의 평범성을 용인한 우리는 모두 죄인이다. 우리는 소년의 교실과 교육청과 교육과학기술부 앞에 모여 108배를 하고 기도를 시작해야 할 것이다. 이 사태는 감시와 처벌과 개인적 치유로 해결할 일이 아니라 사회 전체의 구원과 장기적 공생의 시각에서 풀어낼 일이다. '피해자'를 위한 애도의 자리를 마련하지 못하는 사회는 '가해자'를 처벌할 지혜도 갖지 못한다. 따라서 그 자리에는 판사도, 변호사도, 교육감도, 교육부 장관, 나라의 수장도 참석해야 할 것이다. 소년과 앞으로 소년이 될 국민들을 위해, 우리는 그가 좋아할 방식으로 그 넋을 보내는 의례를 정성껏 준비해야 한다. 2011.12.30 한겨레신문

놀이를
허하라!

　　　　　　　어린 손자와 아침 산책을 나섰다. 등굣길의 아이들을 보는 것은 언제나 즐겁다. 손자는 신이 나 형들 틈에 끼어 운동장 쪽으로 들어가려 한다. 조끼를 입은 아저씨가 막아선다. '학교 보안관'이라는 완장을 차고 있다. 오랜만에 보는 완장이다. "외부인 출입은 안 됩니다." "외부인이 아닌데요, 동네 주민인데요. 학교 운동장은 개방되어 있는 것 아닌가요?" 보안관은 아니라고 말한다. 교내 안전사고 예방을 위해 방과 후에도 아이들을 빨리 귀가시키고 운동장을 폐쇄한다고 했다.

　　최근 「경향신문」에서는 '놀이가 밥이다'라는 기획 연재를 통해 쉴 권리와 놀 권리를 제한하는 학교의 행태를 집중적으로 취재했다. 송파구의 한 초등학교 6학년생은 입학 후 점심시간에 운동장에서 놀도록 허락받은 것은 3년뿐이었다고 했다. 2학년 땐 점심시간에 영어 공부를, 5학년 때는 청소와 보드게임을 했고 6학년이 된 올해는 담임이 운동장에 아이들이 너무 많다면서 나가는 것을 허락하지 않았다고 한다. 교장들은 "아이들이 가방을 멘 상태에서 사고가 나면 학교 책임이니 바로 하교하도록 지도하라"고 말하고, 사고가 나면 구성원들의 지혜를 모으기보다 CCTV를 설치해 해결하려는 식이다. 서로 책임을 전가하는 분위기 때문에 아이를 놀리고 싶은 부모들까지도 수업이 끝나면 곧바로 학원 버스에 타라고 아이에게 이른다. 최근까지만 해도 아이들은 쉬는 시간이나 방과 후면 놀이터에서 뛰어놀았고 도서실이나 학교 빈 공간에 남아서 끼리끼리 놀곤 했다. 그런데 사서 담당 교사를 더 이상 채용하지 않기로 한 2009년께부터 학교는 급속도로 안전에 신경을 쓰는 강박적 '단속 사회'가 되어가고 있다.

그런데 지난 20일, 서울시 교육청은 놀라운 발표를 했다. '하루 놀이 시간 100분 확보 프로젝트'를 통해 '학생 놀이 문화 활성화'를 하겠다는 것이다. 구체적으로는 1교시 시작 전 10~20분과 수업 사이 쉬는 시간, 점심시간 20~30분, 방과 후 20분을 놀이를 위한 시간으로 운영하고 저학년들은 1~2주일에 한 번은 1시간 동안 주변 공원에서 놀게 하라는 세부 지침까지 들어 있다. 쉬는 시간에 아이들을 떠들지 못하게 하는 것에 대해서도 교사 지도를 하겠다고 한다. 교육청 문건은 공부만 한 아이들이 아는 것은 많지만 환경에 잘 적응하지 못하며, 아는 것을 행동으로 연결하지 못하는 '사이보그형' 인간이 되거나 혼자만 놀려고 하고, 때로 심한 스트레스와 자살 충동을 느낀다는 문제점을 짚어 낸다. 그러면서 재미와 자발성, 그리고 협력과 규칙을 바탕으로 한 놀이를 장려하겠다고 한다.

교육청이 '놀이' 이야기를 꺼낸 것은 크게 환영할 일이다. 그런데 막상 누가 어떻게 해낼지를 생각해 보면 아주 난감해진다. 우선 현재 교장이나 교사, 그리고 엄마들 중에 제대로 놀아 본 사람들이 얼마나 될까? 심한 입시 경쟁을 뚫고 자격증을 얻은 젊은 교사들은 더욱 놀이에 대한 감각이 없을 것이다. 놀 줄 모르는 이들은 놀 줄 모를 뿐만 아니라 안전에 대한 강박이 심할 가능성이 높다. 단속화된 학교를 놀이가 살아 있는 학교로 전환해 가려면 안전 강박증에서 벗어나 자신 속에 놀이하는 인간, '호모 루덴스'부터 회복해야 하지 않을까? 그것은 하루 만에 되는 일이 아니므로 이 사업을 제대로 추진하려면 서서히 시작해야 할 것이다. 잘 노는 교사들이 학생들과 의기투합해서 실험적 교실을 만들어 내고, 붙박이 놀이 시설이 차지한 기존 놀이터를 창의적 놀이터로 바꾸는 프로젝트를 진행하는 것도 방법이다. 이를 위해서는 이웃에 사는 '놀이터 이모'와 삼촌, 형과 언니들의 지원도 큰 도움이 될 것이다.

무엇보다 놀이를 살려 내려면 아이들을 믿고 풀어놓아 둘 수 있어야 한다. 놀이 과정에서 일어날지 모르는 크고 작은 사고를 감수/감당할 수 있어야 한다는 말이다. 이 시대의 아이들은 언제 무슨 일이 일어날지 모르는 위험 사회를 살아가고 있지 않은가? 그래서 '모험 놀이터'라는 것이 생겨나기도 했다. 놀이를 통해 아이들은 스스로 안전을 확보하는 방법을 배울 것이다. 학교는 보호 관찰소가 아니라 배움터이고, 배움은 놀이로부터 나온다. 2014.03.26 한겨레신문

10-15-20
특별**학년제**를 제안한다

　　　　　　　　1999년 이해찬 교육부 장관은 "하나만 잘하면 대학 간다"는 슬로건을 내걸고 교육 개혁을 감행했다. 야간 자율 학습이 폐지되고 학생들은 입시 훈련장에서 풀려나는 듯했다. 그런데 이 조처는 목적한 바를 이루지 못했다. 그 재수 좋은 세대가 응시한 2002학년도 대학 수학 능력 시험은 어느 때보다 어려웠고, 자녀를 사교육 시장에 맡긴 학부모들만 쾌재를 불렀다. 이 획기적 개혁은 결국 교육을 사교육 시장에 위임하고 '부모'를 '학부모'로 만드는 데 한몫했다. 한 공익 광고가 말하듯 부모는 멀리 보라 하고 학부모는 앞만 보라 하는 존재다. 부모는 함께 가라 하고 학부모는 앞서 가라 한다. 부모는 꿈을 꾸라 하고 학부모는 꿈꿀 시간을 주지 않는다. 점점 막강해지는 입시 공화국은 갓난쟁이 부모까지 '투자'하는 학부모로 만든다.

　　대통령 후보들은 이런 상황을 제대로 파악하고 있을까? '기회 균등, 사교육 폐지' 수준의 논의들을 보면 별로 그런 것 같지 않다. 부모들이

'학부모'가 아니라 '부모'가 되는 결단을 내리지 않는 한, 어떤 교육 개혁도 효과를 거두기 어렵다. 부모들을 학교에 참여시키는 시도가 없었던 것은 아니다. 이런 취지로 학교 운영위원회가 만들어졌지만 이마저도 학부모가 장악해 버리면서 학교장의 거수기로 전락했다는 평가를 받는다. 그래서 많은 부모들은 무기력하다. 그러나 학교 안이 아닌 학교 밖을 교육 공간화한다면 상황은 달라진다. 사실상 이해찬 장관의 시도가 실패한 가장 큰 요인은 당시 학교 밖으로 나간 아이들에게 갈 곳이 마땅히 없었다는 점이다.

후기 근대 저성장, 위험 사회를 살아가는 아이들은 입시에 성공하는 능력이 아닌, 스스로 사회를 탐구하는 자활 능력을 키워야 하는 존재다. 이런 차원에서 삶에 밀착된 학습의 장이 필요하다. 아일랜드는 15세가 되는 고등학교 1학년을 '특별 학년'으로 정해 1년 동안 학교를 안 가는 획기적인 제도를 시행했다. 사회 속에서 다양한 일을 해 보며 스스로 진로를 찾아가게 하려는 정책이었다. 이 제도의 도입에 대한 학부모들의 반대가 거셌지만, 국가는 강하게 밀고 나가 성과를 거두었다. 이 제도를 아일랜드 전역에서 시행하는 데는 30년이 걸렸다.

나는 교육 개혁에 관해 별 방안을 내지 못하고 있는 대통령 후보들에게 10-15-20 특별 학년제를 제안한다. 아일랜드의 15세 특별 학년제와 함께 10세 유학 제도, 20세 공익 제도가 그것이다. 이를 시행한다면 학교는 열릴 수밖에 없고 학부모는 부모가 될 기회를 얻을 것이다. 10세 유학 제도는 이미 우리 주변에서 시행되고 있는 산촌 유학에서 모델을 찾을 수 있다. 5학년 때 집을 떠나서 농촌 마을 학교에서 또래들과 1년간 지내며 자립과 상호 돌봄의 감각을 키우게 된다. 농촌 아이들은 역으로 도시에서 1년을 보내면 된다. 20세 공익 제도는 고등학교를 졸업한 20세 청년들이 자기 동네와 나라, 세계를 구하기 위한 노력을 하며 1년을 보내는 제도다. 황사 문제를 아시아 청년들이 함께 모여서 풀어 간다면 어떨까? 20세 청년들이 자기 세대가 당면한 문제를 직시하고 풀어 가는 데 공헌할 수 있다면 그들은 부쩍 성장할 것이다. 점점 어려지다 못해 이제 초등학교 2학년 수준 행태를 보이는 '초합리적 바보' 대학생들을 만나다 보면, 교육 제도가 획기적으로 변화해야 한다는 필요성을 점점 더 절감한다. 입시 중심 학교에서 기른 관성을 끊어 내는 연습, 공부와 세상을 잇는 연습이 필요하다.

　제대로 부모 노릇을 할 수 있게 노동 시간을 줄이고 '성과 없는 성과주의' 사회를 바꾸는 것, 학교를 인간적 규모인 120명 이내로 줄이는 것, 부모들이 마을에 다양한 학습 공간을 만드는 것, 이런 차원의 변화가 필요하다. 부모들이 만든 작은 마을 도서관이 기적을 일으킬지도 모른다. 학교가 다시 배움과 성장이 가능한 우정과 환대의 장소로 되살아나기 위해 '학부모'들은 가고 '부모'들이 와야 한다. 이런 특단의 조처가 없다면 한국 사회는 조만간 구인난이 아닌 심각한 인재난에 허덕이게 될 것이다. 앞으로의 정책 토론회는 적어도 이런 언어로 상상과 실천의 장을 열어 가야 한다. 2012.10.17 한겨레신문

학교가 스스로 소생할 호흡과 시간을!

드디어 학교가 달라질까? 전국 17개 시도 가운데 13곳에서 진보 성향의 교육감이 당선되었다. 국민들은 '사람보다 돈'을 우위에 두는 체제를 더 이상 묵인 않기로 하고, 특히 학교를 바꾸겠다는 노력에 동참하겠다는 의지를 밝힌 것이다. 이미 서울에서는 교육감 당선자와 시장이 만나 함께 교육 문제를 풀어 가기로 했다고 하니 새로운 학습의 시대가 열리리라는 기대에 가슴이 설렌다. 그러나 이런 소식이 반갑기만 한 건 아니다. 교육 문제가 워낙 고질적임을 알고 있기에 실은 오히려 불안하다. 그래서 '진보' 교육감 당선자들께 몇 가지 당부를 드려 볼까 한다.

첫째로 섣불리 수술을 하지 말라는 것이다. 비유하자면 지금 학교는 중병을 오래 앓아 합병증에 치매까지 걸린 상태다. 치매에 걸린 교장이나 교사는 학교가 잘 굴러가고 있다며 숨가쁘게 달리지만, 그런 '성과 없는 성과주의'는 상태를 악화할 뿐이다. 그런 면에서 일부만 수술하면 잘될 것이라며 이런저런 제도에 손을 대는 낙관은 금물이다. 지금은 환자의 상태를 직간접으로 유지 존속시켜 온 당사자들이 모여서 학교와 자신 간에 거리를 두고 낯설게 보는 능력을 키워야 할 때다. 산소 호흡기와 마취제에 의존해 연명하고 있는 환자에게 필요한 것은 제대로 살고 싶다는 의지다. 환자가 살려는 의욕을 보이면서 기운을 차리는 과정은 생략하고 수술부터 하려 든다면, 소생 가능성은 점점 더 줄어들 것이다.

둘째로 진보와 보수라는 이분법적 프레임에 갇히지 말기 바란다. 이웃에 사는 친구가 전교조 법외 노조 판결이 나왔을 즈음 이렇게 말했다. "좌파들 시끄러워 죽겠어. 그냥 좌파들이 정권을 잡아 버렸으면 좋겠어. 좀 조용해지게." 좌파를 향한 이 엄청난 불신과 적대의 감정은 어디서 온 것일까? 정의롭고 똑똑하며 헌신적인 진보 세력이 미움을 받는 이유가 뭘까? 혹자는 좌파가 '세련되게 분노하는 능력'이 없기 때문이라고 하는데, 나는 이기고 지는 게임은 잠시 내려놓아야 한다고 생각한다. 더구나 교육은 돌봄과 소통과 살림의 장이 아닌가? 무지막지한 제도 권력에 맞서면서 그쪽에 힘을 실어 주기보다, 안팎에서 환대의 세상을 만들어 가며 그 자체를 무력화시키는 것이 더 현명한 길이다.

당부하건대 오로지 '학생'만 생각하길 바란다. 그간 학교는 학생을 하찮은 존재로 취급해 왔다. 학생들을 극진하게 대접하는 곳이 있는데, 그곳은 교육 시장이고 대접은 부모가 대 주는 돈의 액수에 비례한다. 학생들은 한정된 대학과 직장을 놓고 아귀다툼이나 하는 하찮은 존재가 아니다. 꿈과 끼를 발견하면 된다는 무책임한 말도 하지 말기 바란다. 이들은 부모 세대가 살던 경제 성장기가 아니라 '성장 이후' '경제 기적 이후' '재난 이후'의 시대를 살아가고 있다. 애벌레가 나비로 변태하듯 이들은 문명적 전환을 해내야 하는 세대이다. 그러니 오래된 안경을 쓴 어른들은 아이들 스스로 자신들이 처한 상황을 파악하고 삶을 책임지는 훈련을 해 나가도록, 그들을 믿고 그들로부터 배우며 학교를 함께 바꾸어 내야 한다. 과로에 시달리는 학생들을 쉬게 하면, 충분한 휴식을 취해 회복한 이들은 재난이 연속적으로 일어나는 사회를 살아 낼 탄력성을 키우면서 스스로 일자리와 일거리를 만들어 가는 어른으로 성장할 것이다.

그러니 '진보' 교육감들은 학교에서 스스로 증세를 원하는 말들이 터져 나올 때까지 좀 기다려 주어야 할 것이다. 현재의 학교가 어떻게 유지 연명하고 있는지를 알아 가면서 환자 스스로 깨어나 살고 싶어지게 하는 마술을 부려서 말이다. 다행히 이미 생기 있는 가벼운 학교들이 생겨나고 있다. 성장과 선발이 아니라 지속가능성과 공존을 고민하는 이 학교들은 대부분 작은 학교들이고, 학생과 어른 모두를 위한 창의적 공공 지대의 모습으로 진화하고 있다. 학예회와 운동회, 성년식이 학교의 핵심 커리큘럼인 새 학교는 세대가 어우러지는 즐거움과 지혜로움이 넘쳐 난다. 당부컨대 교육감들은 십 년을 내다보며 천천히 가시기를! 2014.07.02 한겨레신문

바탕이 **튼튼한** **아이**에게 거는 **희망**

　　사십 대 증권사 차장이 주식 폭락으로 인한 투자 손실 부담을 감당하지 못해 스스로 목숨을 끊었고, 런던에서 시작한 시위는 영국 전역으로 번지고 있다. 사건의 배경은 갈수록 심각해지는 자본주의 위기이다. 2008년 금융 위기가 '시장의 실패'에서 비롯한 것이라면 2011년 미국의 신용 등급 강등으로 인한 현 위기는 '국가의 실패'를 말해 준다. '사람' 편에 서야 하는 국가 기구가 '시장' 편에 서면서 생긴 예상된 파국이다. 대안은 어디에 있을까? 광폭한 롤러코스터에서 일찌감치 내린 귀농자 마을은 혹시 좀 다른 삶의 질서를 만들어 가고 있을까?

　　얼마 전 아침에 무심코 본 텔레비전에서는 '산골 6남매의 여름 일기'라는 프로그램을 방영하고 있었다. 열일곱 살 큰딸부터 두 살배기 막내까지 여섯 자녀를 둔 가족의 일상은 나이 든 세대에게는 낯익은, 그러나 급격히 낯설어진 대안적 삶을 그려 내고 있었다. 각자 맡아 하는 집안일, 길 잃은 아기 고라니를 보살펴 다시 산으로 보내 주는 가족 프로젝트, 초등 3학년짜리 넷째가 만든 주먹밥을 들고 집 앞 정자에서 벌이는 아이들만의 파티, 이 모든 장면은 그 자체로 행복한 가정이자 훌륭한 학교이자 생태적 사회를 보여 주고 있었다. 그런데 그 훌륭한 삶의 질서를 주관하는 어머니의 고민은 아이들 대학 학비 마련이라고 했다.

1997년 아시아 금융 위기 이후 적지 않은 '선각자들'이 용감하게 귀농을 했다. 신자유주의 시대의 다음 단계는 생태주의로 가게 되어 있음을 진작 알아차린 것이다. 십 년 전에 귀농한 한 지인은 그 실험이 한창 진행 중이라면서 아직은 마땅히 내놓을 대안이 없다고 머쓱해했다. 아름다운 자연을 곁에 두고도 컴퓨터 앞에서만 지내는 이웃집 홈스쿨러 아이를 보면 안타깝고, 대부분 자녀들을 다시 롤러코스터를 타라고 기성 체제로 돌려보내는 현실에 힘이 빠지기도 한다고 했다.

귀농한 부모들은 '인쇄 기술' 시대에 '국정 교과서'로 배운 세대이니 '디지털 시대'의 아이를 키우기 위해서는 상상력이 필요하다. 새 교과서를 만들어야 하는 것이다. 이런 점에서 최근 북유럽에서 인기를 끌고 있는 '숲 유치원'이 시사하는 바가 크다. 숲 유치원은 숲을 교과서로 삼는 학교이다. 아날로그적인 원체험을 담아 낼 간결하고 단순한 환경이 어린아이들에게 가장 필요하다는 인식에서 시작된 교육 운동이기도 한데, 건물이라고는 소박한 대피소뿐이다.

공기·빛·물·에너지·소리·사물·사람의 총집합체인 숲에서 아이들은 거미줄에 맺힌 이슬방울을 관찰하고, 비가 오기를 기다려 진흙을 빚으며, '나만의 나무'에 정을 붙인다. 숲 유치원에서 아이들은 온전히 감각으로 즐기고 배운다. '교사 없는 교육, 프로그램 없는 교육'을 지향하는 이곳에서 스스로 삶의 프로젝트를 만들어 낼 줄 아는 아이들이 자라고 있는 것이다. 여기서 교사와 부모는 아이들이 펼치는 세상에 초대받은 행복한 손님들이다. 귀농한 마을 주민들이 마음만 먹는다면 쉽게 만들어 낼 수 있는 학교 아닐까? 근처에서 뿌려지는 농약이 문제라면 그 자체도 아이에게는 도전적 주제가 될 것이다.

더는 실패한 시장과 국가의 틀에 매이지 않는, 그래서 인류가 직면한 난제를 스스럼없이 풀어낼 다음 세대를 상상해 본다. 디지털 시대의 아이들은 원하기만 하면 거대한 지식 보관소에 수시로 출입하면서 원하는 탐구를 할 수 있으며, 세계 석학의 강의를 언제든 들을 수 있다. 중요한 것은 이들 내부에서 이는 욕구와 열정이다. 이들에게 필요한 교사는 좋은 삶을 살고 싶은 동기와 의지를 품게 하는 어른이고, 절실한 삶의 문제를 놓고 함께 고민할 동지이자 멘토이다.

인쇄 기술 시대의 교과서에 매이지 않고 '숲 교과서'와 '마을 교과서'와 'e-교과서'로 성장한 아이들을 만나고 싶다. 10년 안에 혁신 기술 100가지로 일자리 1억 개가 만들어질 것이라고 예언한 『블루 이코노미』가교, 2010의 저자 군터 파울리도 바로 이렇게 자란 아이들을 염두에 두고 거침없이 그런 말을 했을 것이다. 한 가지 더, 숲 유치원은 도시에서도 가능한 학습 생태계이다. 중요한 것은 부모들의 상상력과 상호 협력이다. 2011.08.12 한겨레신문

창의적 **인재**들의
놀이터

제임스 카메론 감독의 「아바타」를 보면서 다시 한번 창의성에 대해 생각하게 된다. 선진국이 될수록 창의적이고 열정적인 사람들이 많이 나오는 것은 아니다. 그 반대다. 모든 것이 촘촘하게 잘 짜인 고도 관리 사회나 초경쟁 사회에서는 창의적인 인재가 나오기 힘들다. 우리나라에서도 봉준호 감독과 같은 창의적 인재는 혼란스럽고 험한 1980년대에 대학 생활을 했고, 그 시절 한국 대학에서 성장한 많은 창의적 인재들이 지금 세계 곳곳에서 실력 발휘를 하고 있다. 더구나 비즈니스 세계는 '창의적 인재'를 키우는 데 투자하지 않고 단기적 과제로 '쥐어짜기' 때문에 씨마저 말라 간다. 그래서 요즘 선진국들은 앞다투어 어디서 창의적인 인재를 데려올지 고심한다.

한국에서도 최근 창의성에 대한 관심이 부쩍 높아졌다. 선진국이 되었다는 징표라고 좋아할 일일까? 하지만 현재와 같은 '선행 학습식' 입시 교육과 '시나공'(시험에 나오는 것만 공부)에 길들여진 교육, 고시 열풍이 건재하는 한, 한국 창의 산업의 미래는 어둡다. 아무리 비싼 과외비를 들여 창의 교육을 받는다 한들, 창의성은 키워지지 않을 것이다. 창의력은 누군가를 기쁘게 하고 싶을 때, 낯선 상황에 내버려졌을 때, 널널하게 놀 때, 시간 여유가 있을 때 꽃피는 것이기 때문이다.

얼마 전 일본을 여행하면서 드물게 창의적인 인재를 만났다. 『가난뱅이의 역습』이루, 2009이라는 책과 다큐멘터리로 유명한 마쓰모토 하지메가 그 주인공이다. 그는 90년대 중반 대학에 입학했다. 막 버블 경제가 무너진 시점에 대학들은 기업에 도움이 되는 인재를 양성하겠다고 목소리를 높이는데도 대학 경영자들은 강의가 끝났으면 캠퍼스에 남아 있지 말고 빨리 학원이나 집으로 가라 했다고 한다. 신나게 살고 싶은 마쓰모토와 친구들은 대학 공간에서 '알찬 대학 생활'을 하기로 의기투합했다. 그는 '대학의 궁상스러움을 지키는 모임'을 만들어, 대학은 '학생들이 하고 싶은 연구'를 마음껏 하는 곳이어야 한다고 주장하며 기발한 일들을 벌였다. 그들이 시작한 프로젝트 제1탄은 '바가지 씌우는 학생 식당 분쇄 투쟁'이었다. 그들은 엄청난 양의 카레라이스를 만들어서 식당 앞에서 팔아 학생 식당의 상황을 개선시켰고, 노상 대연회, 찌개 끓여 먹기, 갈고등어 구워 먹기, 바람맞히기 데모 등 기발한 방식으로 창의적 발언을 하고 상상력을 불러일으켜 대학이 어떤 곳이어야 하는지를 상기시켰다.

서른일곱 살이 된 마쓰모토는 지금 도쿄 주택가에 '아마추어의 반란'이란 제호 아래 재활용 가게 타운을 만들어 여전히 창의적으로 살고 있다. 비싼 보험에 들지 않아도 서로 아이를 봐 주고 공동 식탁을 차리는 마을이기에 부족함이 없다. 경제가 나빠질 텐데 괜찮겠냐고 물으니, 그러면 사람들이 고립 상태에서 벗어나 서로 만나게 될 것이니 더 좋은 일이 많아질 것이라고 말한다. 진정한 창의력은 의기투합하여 사회를 위해 뭔가를 해 본 경험 안에서 싹튼다.

지금 한국 대학생들은 '성공'하기 위해 스펙을 쌓으며 밤낮없이 중노동을 하고 있다. 등록금이 10% 올라도 무관심하면서 편의점에서 삼각 김밥을 살 때는 10% 할인되는 카드를 꼭 챙기는 대학생에 대한 자기 성찰적 글을 읽은 일이 있다. 그런 글을 읽다 보면, 마쓰모토처럼 하고 싶은 '연구' 주제로 뭔가를 열심히 하는 이들이 다시 나올 것 같은 생각도 든다. 마쓰모토처럼 대학 생활을 '알차게' 하다 보면 조만간 어려운 나라 살림을 살려 낼 경제인도, 대학을 세계적 수준으로 끌어올릴 인재도, 재난 상황이 닥치면 지혜롭게 대처할 시민도, 세계를 놀라게 할 영화를 만들 창의적 인재들도 많이 나올 텐데 말이다. 방학을 맞으면, 대학생들이여! 새로운 삶을 기획하는 마쓰모토네 동네 같은 창의 공간을 찾아 잠시 여행을 떠나도 좋지 않을까. 2010.02.12 경향신문

고립에서 벗어나
농활과 빈활을 떠날 때

지난달 1학년 학생으로부터 이메일을 받았다. 작년에 대학 수학 능력 시험을 평소보다 못 봐서 가려던 대학에 못 갔는데 다시 시도해야 할지 고민 중이라 했다. 연세대냐 서울대냐는 꼭 실력 차 때문이라기보다는 운도 많이 작용하는 것 같고, 예전처럼 입시 공부에만 집중하던 시간이 그립기도 한데, 그간 대학에서 한 학기를 날려 버린 느낌이어서 대학 입시에 다시 도전해 삶을 '리셋'(재시작)하고 싶다는 내용이었다. 우리는 '반수'라고 불리는 이 문제를 놓고 수업에서 토론했는데, 많은 학생들은 리셋을 하고 싶다는 그의 욕망에 공감을 드러냈다. 리셋도 중독될 수 있다고 염려하면서도 말이다.

5월에는 노동절 집회에 참여해서 관찰한 글을 써 오라는 숙제도 냈다. 30대 인디 청년들이 주도한 집회였다. 문화인류학 수업은 사회 현상을 폭넓게 보는 능력을 키우고, 특히 개인과 구조의 연결 고리를 보여 줌으로써 학생들이 '우물 안 개구리'에서 벗어나게 하는 목적이 있는지라 많은 것을 느끼고 오리라 기대했다. 그런데 시위 자체에 거부감이 있어 아예 가지 않은 학생들이 적지 않았고, 참여는 했는데 시위로 인해 차가 밀린 것 때문에 마음이 내내 불편했다는 학생들도 있었다. 실은 소규모 사람들이 행진을 한 터라 차가 밀리지도 않았다. '폐를 끼쳐서는 안 된다'는 '극진한 배려' 세대가 등장한 것인가?

이들은 꽤 풍요로운 사회에서 나름의 배려와 존중을 받고 자란 편이다. 그리고 이들은 정말 존중받기를 원하고 배려하는 사람이 되고 싶어 한다. 그런데 이들이 원하는 존중은 모욕을 받지 않는 것, 상처를 주고받지 않는 것이지, 주체적인 삶을 살아가는 차원의 존중과는 거리가 멀다. 사회와 공공에 대한 감각으로 연결되지 못하는 존중과 배려는 의도와 달리 사람을 움츠러들게 하고 고립시킨다.

학기말 조별 발표 또한 놀라운 일의 연속이었다. 첫 팀의 주제는 '왜 우리 조 모임이 망하게 되었는가?'였다. 처음에 국산 제품만 먹기를 해 보려고 했는데 국산 제품을 찾기 어려울 것 같아서 포기했고, 다음엔 교내 수위 아저씨나 청소 아주머니들께 인사하는 프로젝트를 해 보려 했는데 중간발표 때 반대하는 조원들이 있어 포기했고, 지난 학기 선배들이 했던 독립 영화 보기를 해 볼까 하다가 너무 쉬운 것 같아서 포기하다 보니 한 학기가 다 가 버렸다고 했다. 자신들이 시간을 충분히 들이지 못한 것도 사실이지만 남을 설득할 엄두가 나지 않았고, 리더가 없는 조 모임이면 좋겠다고 생각했다는 등의 말이 이어졌다. 아마도 이들은 조 모임이 실패한 백 가지 이유를 금방 생각해 낼 수 있을 것이다.

'존중과 배려에 대한 감정적 고픔'과 하지 말아야 할 수백 가지 이유를 단숨에 생각해 내는 '똑똑함'이 만나면 고립되어 부유하는 상태에 머물게 된다. 이런 상태를 벗어나기 위해서 무엇을 해야 할까? 교육부와 학교와 가족에게 보상을 요구해야 할 것이다. 사회적 존재로서 나를 발견할 시간을 유예시킨 것에 대한 보상 말이다. 입시 교육 때문에 극심한 불균형 성장을 해 온 대한민국 청년 모두에게 스무 살이 되면 1년간 공익 근무를 경험해 보도록 지원해 주면 어떨까 한다. 각자 살고 싶은 지역에 가서 아이도 돌봐 주고 노인에게 책을 읽어 드리거나 집을 고쳐 드리면서, 사회와 만나고 공공의 감각을 키우는 경험을 깊고 진하게 할 필요가 있다. 청년 당사자 운동을 해 온 김영경 서울시 청년 명예부시장은 기성세대의 자원 독점을 비판하면서 청년들에게 '양보하라'고 말한다. 맞는 주장이다. 그런데 경험이 부재한 청년들에게 누가 무엇을 얼마나 양보할 수 있을까? 모래알처럼 흩어져 있는 청년들은 또 어떤 방식으로 모일 수 있을까?

소심한 배려 때문에 더더욱 움직일 것 같지 않은 학생들에게 이번 방학에는 꼭 '농활'이나 '빈활'을 떠나 보라고 권하고 싶다. 자체적으로 기획해서 말이다. 변화에 대한 공포감이 있는 이들에게 필요한 것은 실패하는 두려움 없이 일에 몰두해 보기, 생각을 나누고 조율해 가며 마침내 '멘붕'에서 서로를 구해 줄 친구 얻기, 신뢰할 사회를 자체적으로 만들어 가는 경험이기 때문이다. 2012.06.13 한겨레신문

유쾌한 **청춘**들의
'삽질'

　　　　　　　　　　지난주 아주 유쾌한 행사가 있었다. 행사 제목
은 '삽질의 레이스'. 2011년도에 한국사회적기업진흥원이 지원한 '청
년 등 사회적 기업가 육성 사업' 참가자들끼리 실패 사례를 나누는 자
리였다. 한 참가자는 "아시아소셜벤처대회 실패, 소셜벤처경연대회 실
패, 세상콘테스트 실패, 디자인 공모전 실패, 마케팅 공모전 2번 실패,
창업 관련 정부 지원 사업 2건 실패, 캐릭터 지원 사업 실패, 10월에 팀
원 1명 퇴사, 12월에 팀원 1명 퇴사, 5월에 팀원 1명 퇴사"라고 하며 자
신의 이야기를 시작했다. 축제 관련 일을 했던 팀의 대표는 ①춤추면
미친 건 줄 앎 ②무계획적으로 떠나면 살아갈 의지가 없거나 미친 건
줄 앎 ③성공한 사람(일명 멘토)도 아니면서 스스로 삶을 정의 내리고 표
현하면 미친 건 줄 앎 ④하고 싶은 일을 하면 미친 건 줄 앎. 바로 이런
상황이기에 자기 사업은 무수한 삽질로 끝났다고 했다.
　'삽질'은 쓸데없는 짓을 말한다. 위키백과에서는 용례로 군대에서

상급자들이 졸병에게 '규율'을 세우려는 의도로 삽질을 시키는 경우와 공사판에서 중장비로 해야 할 일에 돈을 아끼려고 인부들에게 삽질을 시키는 경우를 든다. 컴퓨터 프로그래머들이 미처 자동화하지 못한 수작업을 반복적으로 하는 일도 '삽질'에 속할 것이다. 최단 코스로 스펙을 쌓아 안정된 직장에 취업해야 하는 경주마들에게 '삽질'은 금물이다. 자칭 '루저' 또는 '폐인'들도 실은 삽질을 하지 않으려고 숨어 버린 사람들이다. 숨어서 자신들이 하고 싶은 일을 하거나 아예 아무 일도 않기로 한 것이다. 그런 면에서 예비 사회적 기업가들의 삽질 나눔 자리는 아주 새로운 의미를 지닌 자리이다.

이 행사에 '삽질의 레이스'라는 이름을 붙인 기획자 양기민 씨는 행사를 통해 청년들이 제대로 실패하는 경험과 그를 나누는 과정의 중요성을 알게 하고 싶었다고 했다. 동시에 청년들에게 실패해도 된다고 말하지만 실제로는 실패도 제대로 못하게 하는 제도 상의 문제들을 드러내고 싶었다고 했다. 그는 더 이상 '성공'이라고 부를 일도 없어진 '성장의 한계' 상황에서 삽질은 청년들의 숙명이자 미학이라고 하면서, 다수의 청년들이 과장된 공포 분위기 속에서 삽질조차도 제대로 해 보지 못하고 있는 것이 가장 심각한 사회 문제라고 했다.

실패 사례 행사를 보면서 나는 2007년 사회적 기업 육성법 제정으로 시작된 사회적 기업 정책이 이제 성과를 낼 수 있겠다고 생각했다. 그간 '협동 경제'에 대한 개념화도 제대로 되지 않은 가운데 가시적 효과를 요구하는 제도 안에서 이 제도의 청년 수혜자들은 그야말로 헛발질만 했다. 난데없이 영수증이나 챙기고 무수한 서류 작업을 해야 하는 상황에 맞닥뜨려 '멘붕'에 빠지곤 했기 때문이다. 그런 경험을 공개하고 나누기 시작하면서 이들은 자기 경험을 삽질 이상의 것으로 만들어 내기 시작했다. 이들은 사회적 기업에서 말하는 '가치'와 시장에서 말하는 '수익' 창출의 차이를 인식하기 시작했고, 자신들이 하는 일이 기존 기업계의 복제가 아니라 지속가능한 삶의 바탕이 될 새로운 사회 원리를 만들어 가는 일임을 알게 되었다. 이들은 '실패와 성공'이라는 강박에서 풀려나 용기 있게 삶을 상상하고 실험하며 서로에게 배우는 변신을 하는 중이다. 사회적 기업계는 앞으로 이런 실패로부터 배우는 자리만 잘 마련하면 획기적으로 성장할 것이다. 그간 사회적 기업 일을 맡아 하면서 생색내기, 나눠 먹기, 중복 수혜, 정부에 의존하는 인력 양산 등으로 비난받아 온 공무원들도 실패 사례를 통해 배우는 자리에 함께한다면 그런 문제들도 쉽게 해결해낼 것이다.

현 사회의 위기는 기존 정치경제학으로 풀릴 것이 아니라 지속가능성을 묻는 생명-정치경제학으로 풀어낼 일이다. 재미와 보람과 비전이 있는 일을 하면서 살겠다는 청년들의 삽질이, 실은 더욱 허무한 헛발질들로 가득한 '먹튀(먹고 튀는) 시장 사회'를 변화시켜 낼 것이다. 그 무엇보다 동료들과 삶을 일굴 거점을 마련하지 않고서 누군들 이 풍진 세상을 살아 낼 수 있으랴! 2012.07.04 한겨레신문

난감함을 나눌 친구들과
따뜻한 한 해를

새해 희망에 부풀던 시절이 있었다. 그런데 요즘은 달력 빈칸을 채울 가슴 부풀 일이 떠오르지 않는다. 나이 탓도 있을 테지만 그것만은 아닐 것이다. 얼마 전 우리 사회에 큰 술렁임을 안긴 '안녕들 하십니까?' 대자보 건을 두고 수업에서 한 학생이 한 말이 생각난다. "원래 안녕하지 않은 것이 정상이 아닌가요?" 컵에 물이 아직 반이나 남아 있으니 더 이상 줄지 않도록 노력하면 되고, '멘붕'에 빠져 허우적대도 신체적 위험에 크게 노출되어 있지 않기에 그는 '안녕'하다고 한다.

주현우 씨의 대자보로 모처럼 '안녕'이 무엇인지 생각하게 된 그는 나와 마찬가지로 이 술렁임이 무기력한 패배주의로 끝나지 않길 바랐다. 또한 '안녕'을 둘러싼 담론이 단단히 방어막을 쳐 둔 자기 마음속까지 들어온 이유는 순수함 때문이라며, 그 움직임이 색깔론에 말려들지 않기를 바랐다. 주현우 씨가 노동당원이라는 언론 플레이, 철도 노조 시위에 참여했다는 보도 등으로 인해 '아, 내가 감동을 느꼈던 것이 저들의 놀음에 놀아난 것이구나'라고 생각하는 사람들이 늘어날까 봐 두렵다는 것이다. 편향된 정보만으로 대립각을 세우는 '진보'와 '보수'는 사실상 같은 편이라면서 그는 완충 지대의 중요성을 말했다. 사회 부동층은 가만히 열린 채 좌우로 '진동'할 때 소중하다는 것이다.

그 진동은 무엇으로 일어날까? 그는 '팩트'가 중요하다고 한다. 제대로 된 정보가 있어야 판단을 할 수 있다는 것인데, 정보 사회에서는 바로 그 '팩트'를 조작할 가능성이 높아지고 있으니 난감한 일 아닌가? '믿을 건 나밖에 없다'며 부지런히 정보를 찾고 '냉철한 판단'을 내린다고 믿지만, 실상 그 행위는 불충분한 정보를 계속 사냥하는 행위로 이어질 뿐이다. 머릿속으로 시뮬레이션을 해서 알아낸 '진실'들이 올라오는 사이트에 네티즌들이 몰리다가도 금방 그곳이 배설 공간으로 바뀌어 버리는 이유 역시, 외톨이들의 독백이 주를 이루기 때문일 것이다. "모르는 것에 익숙하고 아는 것에 두려움을 느낀다"는 또 다른 학생의 표현처럼 '앎에 대한 의지'가 아닌 '무관심의 의지'가 커지는 탈계몽주의 시대를 살아가고 있다.

'진동'이란 사회적 존재들이 만나서 일으키는 떨림일 것이다. 그런데 최근 십여 년 동안 우리 사회는 사실상 자신을 열어 누군가와 친밀하게 만나는 것 자체를 금기시해 왔다. 난감한 상황에 대해 의논하려는 행위는 그 자체로 경쟁에서 밀리는 짓이며 시간 낭비였다. 학교건 학원이건 회사건, 모든 것에 등수를 매기면서 가시적 성과만을 강조해 온 조직은 '관계적/협동적 자아'의 영역을 제거하기 바빴다. 소비 사회 또한 지불한 것 이상의 관심과 애정을 기대하는 것은 규칙 위반임을 가르쳤다. 그러다 보니 어느샌가 누군가와 더불어 한다는 것은 마지못해 하는 일시적이며 피상적인 일이 되어 버렸다. '우리'라는 자유로운 만남 속에서 다양한 활동이 이루어지던 경험의 장은 사라지고 적대적 세상에 홀로 된 개인들만 남았다. 그렇게 고립된 사람은 무시와 모욕의 상황을 홀로 견디고 무기력을 학습하며 살아간다.

"모든 비극에 참여하려 했다간 손가락 하나 움직이지 못하게 됩니다. 그러니 한 가지만 관여할 수 있으면 되는 것입니다." 평론가 사사키 아타루가 이 시대를 두고 한 말이다. 아직도 겁 없이 모든 비극에 뛰어드는 이들이 적지 않지만, 이제는 어떤 비극에도 참여하지 않으려는 이들이 다수다. 세상을 보는 태도를 바꾸면서 새로운 관계 맺기를 시작해야 할 것 같다. 혼자 모든 것을 해결하려 들기보다 더불어 사는 시간 자체를 늘려 가면 좋겠다. '팩트' 운운하는 초합리적 바보들이 줄어들고 누구에게나 '친절한' 사람들보다 '친밀한' 인연을 이어가는 이들이 늘어나면 좋겠다. 오래전 동료들을 찾아 나서거나 이웃과 함께 난감한 현실을 공유하며 느슨하지만 지속적인 관계를 맺다 보면 뜻하지 않은 선물이 우리 곁에 다가오지 않을까? '협동적 자아'를 만들어 가는 일들로 살림/살이의 경제 영역도 늘리고 우리 자신도 소생하는 새해이길 소망한다. 2014.01.01 한겨레신문

마을살이

초등학교 앞
문방구

엊그제 동네 길목이 입학식 하러 가는 어린이들로 그득했다. 새싹이 아무리 아름답다 한들 입학식 날 어린이들의 파릇함에 비할까…… 오빠와 언니가 다니는 학교에 가게 되어 흥분에 겨웠던 나의 입학식과 첫아이의 입학식 장면이 겹쳐지면서 오래된 추억으로 들어선 느낌이었다. 아, 아이들의 학교생활이 배움의 즐거움으로 가득하기를!

이 학교도 학생 수가 줄어서 올해 1학년 한 학급이 없어졌다고 한다. 저출산 현실이 대도심에서도 나타나는 것이다. 정겨운 마음에 학교 앞을 둘러보니 참 삭막하다. 학교 앞에 즐비하던 크고 작은 문방구와 떡볶이 집 등은 안 보이고 영어 학원 하나만 덩그러니 남았다. 크고 작은 문방구와 만화 가게와 간식집들이 아이들의 교류 장소이자 안전을 지켜 주는 장치들인 것을!

정부는 저출산과 관련해서 비상 대책을 내놓고 있지만, 그 대책이 효과를 제대로 거둘 것 같지는 않다. 몇 년 전 CCTV로 학교 근처 안전을 유지하겠다는 식의 정부 발표를 들으며 참 어처구니없는 발상이라 생각했는데, 육아 정책은 모름지기 '한 아이를 키우는 데 온 마을이 필요하다'는 말이 무엇을 뜻하는지 아는 이들이 세워야 한다. 또한 돈을 버는 족족 시장으로 흘러가게 되어 있는 현재의 시장 주도적 양육 구조를 바꾸지 않으면 안 된다.

양육 구조를 바꾸기 위한 현실적 방안을 생각해 보자. 현재 삼십 대의 경우, 남편 혼자 돈을 벌어 가족을 먹여 살리는 경우보다 비정규직을 포함하여 노동에 참여하는 맞벌이 부부가 훨씬 많으며, 결혼을 안하거나 못한 비율도 꽤 높을 것이다. 따라서 그간 육아 정책을 '정규직 남성 생계 부양자 가족' 중심으로 추진했다면 이제 '비정규직 맞벌이 부부 가족' 중심으로 정책을 세워야 한다. 아이의 입학식에 정규직으로 일하는 부부는 물론, 저임금 비정규직으로 일하는 부부도 수당을 받으면서 일을 쉬고 입학식에 갈 수 있어야 하는 것이다.

두 번째로 육아일을 단순 숙련노동자의 임금 노동으로 만들어서는 안 된다. 돌봄 영역이 이익 추구를 위한 시장에 포섭되거나 국가에 의해 관료화되면 사회 전반에 걸쳐 '돌봄 결핍증'은 점점 심각해질 것이다. 그간 경제 개발 위주로 굴러온 시장, 국가, 그리고 시민 사회는 우리 사회의 심각한 돌봄 결핍 상황을 치유할 능력을 상당 부분 상실한 상태이다. 지금은 무엇보다 시급하게 새로운 활력을 내는 '제4영역'을 상상하고 만들어 내야 한다. 육아와 교육 시스템을 제대로 마련하기 위해서는 자격증이 있는 인력도 필요하지만, 그간 친정이나 시집 부모 그리고 친지들이 보이지 않게 해 왔던 일들이 지속적으로 이어지는 돌봄의 사회 체제가 만들어져야 하는 것이다. 단손으로 아이 둘을 키우는 주부가 입학식 날 작은아이를 안심하고 맡길 이웃이 생겨야 한다. 이는 그간 사적 노동으로 간주된 육아 활동이 다양한 커뮤니티 비즈니스로, '좋은 일거리'들로 새롭게 태어날 때 가능하다.

얼마 전 만난 후배는 은퇴하면 초등학교 앞에 문방구를 차릴 생각이라고 했다. 학교 앞에 문방구를 차려서 아이들에게 불량 식품을 좀 덜 먹게 하고 바쁜 부모를 대신해 준비물도 챙겨 주고 숙제도 봐 주면서 살겠다는 것이다. 아이들은 엄마 아빠 외에도 진심으로 자기를 돌봐 주는 이런 문방구 아줌마들이 사는 곳, 마음이 답답하면 책을 찾아 읽을 마을 도서관이 있는 동네에서 자랄 때 빛나는 존재가 된다. 그런 마을은 국가가 '비정규직 맞벌이 부부'를 중심에 두고 정책을 세울 때, 그리고 이윤 추구가 아니라 사회에 도움 되는 일이 삶에서 가장 중요함을 아는 시민들이 '좋은 일자리'들을 만들어 내기 시작할 때, 성큼 우리 곁에 들어와 있을 것이다. 2011.03.05 경향신문

'보이지 않는 가슴'
되살려 낼 육아 정책

내겐 「베를린 천사의 시」^{빔 벤더스 감독, 1987}에 나오는 천사와 같은 친구가 하나 있다. 세 살배기 아들을 둔 그가 최근 편지를 보냈다. "선생님, 저희처럼 소득이 낮은 가정은 요즘엔 보육료 전액 지원해 준답니다. 저도 요즘 아이를 종일반에 맡기고 일 나가는걸요. 어린이집 환경은 아주 열악하고요. 허나 아이를 맡길 방법이 달리 없어서 찍소리 못하고 보내지요. 또 정부에서 주는 혜택 중에 인지 발달 향상 서비스라는 바우처가 있어요. 10개월 동안 국가에서 이만천 원 지원해 주고 본인 부담은 이만 원이에요. 우리나라 유수의 학습지 빨간펜, 씽크빅, 구몬 등에서 골라 신청하면 집으로 학습지 선생님이 오세요. 그런데 그분들이 무슨 실적이랑 연관이 있나 봐요. 너무 급하게 나가시고 교재도 별 내용 없구요. 결국엔 이 와중에 학습지 회사 배만 불려줬구나 한숨이 나와요. 그 예산을 좀 더 잘 쓰면 좋을 텐데, 이런 건 엄마들과 의논하고 하면 안 되나 싶어요."

노무현 대통령이 "아이, 낳으십시오. 제가 키워드리겠습니다."라고 환하게 웃으며 말하던 모습을 기억한다. 한국은 여전히 최저 출산율을 기록하고, 정부와 지자체에서는 계속 기발한 출산 장려책을 내놓고 있다. 출산 장려금, 시간제 영유아실, 육아 정보 센터, 가정 보육사, 산모 도우미, 경력 단절 여성 등 생소한 단어들도 이제 자리를 잡아가고 이 덕에 여성들 직장도 늘었다. 그러나 군사 작전을 펼치듯 만든 정책의 효과는 의심스럽다. 가정 보육사가 우는 아기를 "죽어라, 죽어라" 하며 마구 흔들어 대는 장면이 폐쇄 회로 화면에 잡혀 뉴스거리가 되었다. 나라에서 하니까 당연히 믿고 맡겼는데 이런 일이 벌어졌다며 부모는 땅을 쳤다. 며칠 전 이웃집 애 엄마가 8개월 된 아기를 데리고 동네 유아 정보 센터에 갔다가 그 공간은 만 한 살 반 이상이 가지고 노는 장난 감들만 구비되어 있다는 이유로 입장을 거부당했다. 보호자가 데리고 가서 놀겠다는데 빈 공간을 두고 왜 사용하지 못하게 하는지, 참 이해할 수 없다. 나의 '베를린 천사'가 지적하듯 육아 지원이 결국 시장의 배만 불리거나 보육계 직장을 늘리는 효과에 그칠까 걱정된다.

아기는 사랑과 정성을 먹고 자란다. 육아는 부담이 아니라 인간이 할 수 있는 가장 즐거운 경험이다. 그런 면에서 산후 우울증에 시달리는 엄마들이 늘어나는 것은 불길한 징조이다. 호르몬 문제라고 하지만, 실은 엄마가 행복할 수 없는 조건 때문이다. 돈이 매개되지 않은 호혜의 관계망 안에서 아기는 자라야 한다. 그런데 홀로 아기를 키워야 하는 엄마들이 늘어나고 있다. 게다가 이들은 사회에서 뒤처질 것 같아 불안하다고 말한다. 그래서 젖을 먹이면서도 스마트폰을 만지작거리게 된다고 한다. 사랑의 눈길을 맞추며 느긋하게 아기에게 젖을 먹일 여유가 없는 것이다.

임신이라는 오랜 기다림, 출산의 고통과 환희, 아기와의 비언어적 소통, 지속적인 관찰 학습을 통해 엄마는 지혜롭고 자상한 인간으로 성숙해진다. 바로 그 성숙한 모성적 소통과 경영 능력이 지금껏 '돌봄 결핍'의 시장 사회를 받쳐준 버팀목이기도 했다. '보이지 않는 손'이 주도하는 시장은 '보이지 않는 가슴/돌봄'의 영역이 건재했기에 돌아가던 것이다. 그런데 엄마들이 우울해지고 불안해졌다. '보이지 않는 가슴'의 세상이 사라질 위기에 처한 것이다.

육아를 즐거운 경험으로 되살리는 일, 과연 불가능할까? 삶을 보는 시각을 바꾸면 어려운 일은 아닐 것이다. 아이들이 행복한 사회를 만들고 싶어 하는 엄마들이 놀이터와 동네 사랑방에 모여 아기를 키우는 일과 아이들의 미래에 대한 이야기를 나누기 시작하면, 그리고 자신들의 경험과 활동을 선배 어머니들과 함께 마을 기업이나 사회적 기업으로 영글어 가게 하면 된다. 다시 직장에 다니고자 하는 어머니들의 육아 경험을 경력으로 인정하여 일터에 활기를 불러일으키게 하면 된다. 정부나 지자체에서 돌봄과 상생의 감각이 있는 '아줌마들'을 공채해서 육아 정책 특별반을 만들어 보는 것도 방법이다. '모성 경험'을 제대로 살려 내는 국가만이 후기 근대의 복합적 위기를 슬기롭게 넘길 수 있다. 2012.07.25 한겨레신문

빵과
장미

　　3월 8일 세계 여성의 날이 어김없이 돌아왔다. 이날은 "우리에게 빵과 장미를 달라!"는 슬로건을 되새기는 날이다. 여기서 '빵'은 생계를 위해 일할 권리를, '장미'는 서로 사랑하고 돌보며 살아가는 권리를 말한다. 1900년대 초반 번창하던 미국 의류 산업계 여성 노동자들은 하루 12시간에서 18시간이나 노예 노동을 하며 병들어 가고 있었다. 폭압적 상황을 견디다 못한 노동자 1만5천여 명은 1908년 3월 8일 뉴욕 럿거스 광장에 모여 13주 동안 대대적인 파업 시위를 벌이며 노동자의 현실을 전세계에 알렸다. 그 이후 3·8 여성대회는 노동이 '생산 영역'과 '재생산 영역'에 걸친 활동임을 주지시키며 노동 운동의 새로운 지평을 열어 가는 기폭제가 되어 왔다.

　　105번째를 맞이하는 이날을 기념해서 영국 주간지 『이코노미스트』가 26개 OECD 회원국들의 '유리 천장 지수'Glass-ceiling Index를 발표했다. 1위가 뉴질랜드이고 한국이 꼴찌였다. 어린이 행복 지수 꼴찌, 최장 노동 시간, 최저 출산율, 최고 성범죄율. 왜 한국은 부정적인 항목은 도맡아서 일등을 하는 것일까? '열 아들 부럽지 않게' 키운 딸들은 대학을 졸업하고 모두 씩씩하게 사회로 나갔다. 그들은 당당한 사회인이 되었고, 열심히 돈벌이를 하였고, 결혼과 출산을 미루면서까지 일에 몰두했다. 그 결과, 한국은 초저출산 국가가 되었고 첫 출산 산모의 평균 연령은 점점 늦어져서 2010년에 30.48세를 기록했다. 최근 30대 이상 산모가 늘어나면서 출산율 1.30명을 넘겼다는 소식이 들리기도 한다. 저출산 관련 대대적인 여론과 정책이 출산 파업 중인 여성들의 마음을 움직인 것일까? 상황은 좀 나아질까?

한국의 고도 경제 성장은 재생산 영역의 희생을 담보로 하여 이루어졌다. 자기 조절적 시장이 삶 전반을 지배하게 되면서 부모들은 자녀 스케줄을 철저하게 관리하는 투자자가 된 한편, 집에 있기보다 직장에 나가는 것이 더 편하다거나, 그저 아이가 귀찮다는 엄마들이 늘어나고 있다. 남자와 똑같이 경쟁판에서 살아남은 엄마들은 재테크와 '시테크'를 통해 아이를 효율적으로 관리하고, 친밀성을 위한 최소한의 시간도 갖기 어려운 상황에서 부부는 경제적 동맹 관계로 한 지붕 아래 각자 외롭게, 또는 바람피우는 것도 묵인하며 지낸다. 다음 세대를 제대로 키울 역량이 있는 공간도, '몸'도 급격히 줄어들고 있는 것이다. 조부모가 키운 훌륭한 아이들에 대한 이야기가 '티브이 스페셜'을 통해 방영되는가 하면, 60세 이상 노인들이 노후에 가장 희망하지 않는 것은 '황혼 육아'이고 가장 희망하는 항목은 취미 교양 활동이라는 조사 결과도 나오고 있다. 아기는 낳은 부모가 알아서 키워야지 웬 정부 지원이냐는 비혼자의 피해 의식과, 자기가 낳은 아이가 나중에 어른 두 명을 먹여 살려야 한다며 억울해하는 엄마의 피해 의식은 같은 뿌리에서 나온 것이다. 국민들을 극도로 타산적인 개체로 만들어 버린 생산 위주의 근대화가 그 뿌리다. 뿌리를 건드리지 않는 한, 재생산 영역의 회복은 불가능하다.

그런데 국가 정책은 여전히 경제 생산 영역만을 보고 있다. 참고로 우리나라 가족 부문 지출 예산은 2009년 기준 국내 총생산GDP 대비 1.01%로 OECD 평균 2.61%의 절반 수준에도 미치지 못한다. 남녀 모두를 시장으로 몰아넣는 것은 파국으로 치닫는 일이며, 여성을 값싼 임금 노동자로 전락시키면서 취업률이나 높이려는 계산은 파국을 앞당긴다. 우리 사회의 '사회적 모성 지수'는 바닥을 친 듯하다. 아이를 출산한 지 석 달이 채 되지 않은 엄마가 '경력 단절'을 불안해하며 일터로 돌아가는 사회에서 희망을 찾기는 어렵다. '경력'으로 말하면 아이를 잘 키운 경력보다 더 대단한 경력이 있을까? 군 가산점 제도를 시행해야 한다면 당연히 육아 가산점 제도도 고려해야 한다. 모성 휴직제와 함께 부성 휴직제가 제대로 실시되는 일터 문화도 정착시켜야 한다. 풍성한 모성을 간직한 어르신들이 즐겁게 손주와 이웃 아이를 돌볼 수 있는 방안과 그러한 돌봄과 사랑이 '호혜 경제'로 이어지는 방안을 찾아내야 한다. 아무리 빵이 넘쳐난들 사랑 없는 세상은 사람 살 곳이 아니다. 2013.03.13 한겨레신문

승자 **독식** 시대의 **승자**들과
그 **어머니**들

최근 한 인류학자가 뉴욕 월가 투자 은행가 사회를 연구한 책을 펴냈다. 캐런 호 교수는 최고 '엘리트이자 승자들'이 모인 곳, 뉴욕 투자 은행 사회를 참여 관찰하면서 그곳에서 일하는 청년 종사자들이 스스로를 '가장 똑똑한 최고의 인재'라고 생각하며 얼마나 자부심이 큰지, 그 인재는 아이비리그 중에서도 소수의 학교에서만 선발해 은연중에 얼마나 서로의 자부심을 부추기는지, 또한 선후배 인맥을 얼마나 돈독히 쌓아 가는지를 확인하였다. 동시에 그는 이 인재들이 실제로는 얼마나 열악한 삶을 살아가는지를 보여 주고 있다.

그들은 주당 백 시간의 몰입 노동에다 직업 안정성이 보장되지 않는 살벌한 상황에서, 파면이 결정되면 30분 만에 짐을 싸서 빌딩을 나가야 하는 일터에서 살고 있다. 회사는 중요한 사내 정보들을 챙겨갈 시간을 줄 수 없기에 그렇게 서둘러 자리를 비우라고 명령한다. 그러나 이들은 자신들을 최고 인재라고 생각하는 '맹수'들이기에 그런 고용 불안정성

쯤은 도전으로 받아들이며 아무도 불안정한 취업 구조에 대해 불만을 드러내지 않는다. 캐런 호 교수는 바로 그 최고의 젊은 '사냥꾼' 내지 맹수들을 조련하며 투자 은행 회사가 선도한 조직 문화가 급격히 전 미국 기업에 전파되었다고, 또한 그 문화가 2008년 경제 위기를 초래한 것이기도 하다고 말한다. 사실 이런 기업 문화는 미국 기업만이 아니라 세계 모든 기업들에 급속히 전파되면서 모든 기업을 맹수들의 일터로 만들고 신자유주의를 가속화한 요인이기도 하다.

내가 가르친 학생들과 지인의 자녀들 중에도 그 맹수의 현장에 뛰어든 이들이 꽤 된다. 이들은 마흔 살이 되기 전에 돈을 아주 많이 벌어 은퇴한 뒤, 남태평양 섬에서 아름다운 아내와 자유롭게 살겠다고 장담하곤 했다. 그런데 이들은 높은 연봉을 받음에도 그 많은 돈은 막대한 집세, 고액의 자녀 학비, 엄청나게 비싼 명품이며 자동차, 그 외 품위 유지비 등으로 빠져 나가 저축 가능성이 없어 보인다. 자신들은 언제 그 직장을 그만두게 될지 모르는 상황이고, 실제로 주변 지인 중에 과로로 쓰러지거나 우울증에 걸리거나 심지어 자살한 동료들을 종종 보아 온 터라 행복한 상황은 전혀 아니다. 그런 판에서 살아남은 승자는 그런 상황을 게임으로 즐길 수 있는 특별한 성향과 재능의 소유자이거나 자본가 '할아버지'가 있는 '신의 아들'뿐이라는 것을 이들은 이제 알아차리고 있다. 2008년 금융 위기를 겪으면서 실제로 많은 이들이 그곳을 떠나갔다.

초경쟁 시장은 사람을 수명대로 잘 살게 내버려 두지 않는다. 이 책을 읽으면서 나는 계속 한국 어머니들을 생각했다. 월가 투자 은행 동네에 취직하는 것을 인생 최고 목적으로 삼는 어머니들 말이다. 모성이 서로 먹고 먹히는 세상을 지지해도 되는가? 승자 독식 사회에서는 모두 언젠가 '루저'가 된다. 입시 전쟁을 전폭적으로 지휘하고 지원 사격을 아끼지 않은 어머니들은, 언젠가 홀로 남아 탈락의 공포 속에서 허우적거릴 아들/딸의 미래 모습을 상상해 보지 않는 것일까? 회사에 출근할 때마다 엄마를 때리고 나간다는 일본의 어느 아들 이야기를 들었다. 폭력을 휘두른다기보다 아마도 그 감정을 소통할 길이 없어 어머니에게 풀어 버리는 것이리라. 이제 일터와 일, 성공, 고액 연봉을 받는 직장에 대해 다시 생각해 봐야 할 때이다.

힘든 상황에서 기꺼이 도움을 주고받을 친구가 있는 아이, 돈이 다가 아니라는 것을 아는 아이, 마음이 답답하면 책을 찾아 읽는 아이, 가족 외에도 자신의 행복을 진심으로 바라는 사람이 있고 또 자신이 사랑하고 배려하는 사람들이 많이 있는 아이, 자신이 남에게 도움 되는 존재임을 아는 아이, 모든 생명과 소통할 줄 아는 아이, '더불어 있는 것' 자체를 즐기는 아이가 앞으로 올 '무연 사회'를 제대로 살아 내고 또 바꾸어 갈 '인재'들일 것이다. 어머니들이 승자 독식의 세계에 무감각해지는 것, 우리가 가장 경계해야 할 일이 아닌가 싶다. 2011.02 시사저널

모성 괴담
사회

　　　　　　최근 온라인에서 화제가 된 글이 있다. 일곱 살
짜리 김민석의 글씨로 민석이 물었다. "내가 엄마 말 잘 들어야 엄마 오
래 살아?" 엄마가 "그럼."이라고 대답했다. 그러자 민석은 "그러면 엄
마는 오래 살아도 나는 오래 못 살아."라고 답했고, 놀란 엄마가 "왜?"
라고 물으니 "엄마 말 잘 들으려면 엄마 하라는 대로 해야 되는데, 밥
먹으라면 밥 먹어야 되고 공부하라면 공부해야 하고 하지 말라면 안 해
야 되는데, 그러면 엄마는 오래 살아도 나는 오래 못 살아."라고 답했다
는 것이다.

　얼핏 보면 귀여운 글이지만 실은 무서운 이야기이다. 회식 자리에서
회자되는 '강남 괴담'은 더 무서운 버전이다. 고등학생 아들이 엄마를
부르기에 나가 보았더니, 아들이 본드를 발라 놓은 벽으로 엄마를 밀어
서 벽에 붙어 버렸다고 한다. 아들은 벽에 붙은 엄마를 보고 비식거렸
고, 얼굴이 망가진 엄마는 병원에 가서 대대적인 성형 수술을 받아야

했다는 끔찍한 이야기이다.

괴담은 현실의 문제를 합리적으로 해결하기 어려운 상황에서 나타난다. 입에 담기에도 거북한 괴담이 나도는 사회는 문제적 사회이며, 그 경고를 무시한 채 현실을 방치하면 괴담 같은 일들이 일어나는 현실을 만나게 된다.

지난주에는 고3 수험생이 공부를 강요하는 모친을 살해한 사건이 알려져서 우리를 경악하게 했다. 그는 시신을 어머니 방에 그대로 둔 채 8개월간 아무 일 없는 듯 학교에 다니고, 친구를 집에 데리고 오고, 수능 시험까지 치렀다고 한다. 언론은 어머니의 완벽주의와 성적에 대한 집착, 충동 조절 못하는 요즘 아이들의 성향, 순탄하지 않은 부부 관계, 자녀의 가능성을 보지 않고 오직 성적에만 집착하는 현상을 이야기했다. 덧붙여 공부에서 밀려나면 끝장이라는 일반적 인식, 부모 자식 간의 소통 부재, 그리고 패자부활전이 없는 무한 경쟁 사회를 탓했다. 이 정도 이야기로 이 사건을 납득할 수 있는가?

범행을 한 지군은 자기가 잘되라고 그랬다는 어머니 마음을 이해하며, 아빠까지 자기를 버릴까 봐 두려워 말을 못했다고 한다. 죽고 싶다는 생각도 수차례 했지만 뻔뻔하게 살아 있다는 말도 했다고 한다. 지군의 고모는 지군이 "엄마한테는 나밖에 없는데" 순간적으로 "엄마가 없어야 내가 산다"고 생각한 것 같다고 했다. 그는 정말 엄마가 죽었다는 것, 엄마를 제 손으로 죽였다는 감각을 느끼고 있는 것일까? 엄마가 죽은 것이 아니라 옆방에서 간섭하지 않고 조용히 계신다고 생각한 것이 아닐까? 모자 외에 아무도 없다고 생각하는 소년은 삶도 죽음도 초월한 어떤 시공간에서 살았던 것 아닐까?

열여덟 살 소년이 쉽게 가출을 생각하지 못할 정도의 공포 속에 살아가는 곳은 정상 사회가 아니다. 얼마 전까지 아이들에게는 부모 외에도 도움을 받을 친척과 이웃과 선생님과 친구들이 있었다. 지금은 핵가족이 육아의 모든 과정을 고스란히 떠맡아야 하는 상황이다. 우리가 학교 무상 급식을 열렬하게 지지한 것도 모든 아이들에게 푸짐하게 한 끼밥을 먹을 수 있고 부모와 반목하더라도 자신을 받아 줄 환대의 장소가 있음을 일러주기 위함이었다. 이 사건은 원초적 가족 관계를 성숙시킬여타 관계와 제도가 철저하게 붕괴된 사회의 일면을 보여 준다. 이런 모자 관계는 자폐적이거나 도구적 관계로 변할 가능성이 아주 높다. 유일한 아군인 엄마와 단둘이 참담한 전쟁을 치르다가 일어난 이 사건은 합리적으로 풀어낼 선을 넘어 버린 광기 사회의 구조적 산물이다.

극단적인 사태가 벌어졌을 때 우리 선조들은 굿을 하고 살풀이를 하고 위령제를 지냈다. 정성을 모아 기도를 하고 신탁을 기다렸다. 공동체 전체가 참회하고 서로를 위로하면서 인간다운 질서를 찾아가는 성찰과 결단의 시간을 가졌던 것이다. 대통령과 교육감과 교장과 교사, 대학 총장과 교수와 사교육계 종사자들, 세상의 모든 부모 된 사람들이 모여 이 사건을 두고 모성 회복을 위한 위령제를 지내야 하지 않는가? 우리 모두가 '사회적 존재'로서의 감각을 회복하고 맑은 눈으로 세상을 볼 때, 괴담 세상을 바꿀 수 있다. 2011.12.02 한겨레신문

한 아이를 위해선
온 마을이 필요하다

        나주 초등학생 성폭행 사건으로 온 나라가 떠들썩하다. 정부는 민생 치안 현장에 경찰력을 최대한 투입하고 전자 발찌 착용과 화학적 거세, 출소 후 철저 감시 등을 통해 성폭력 범죄에 강력 대처하겠다고 한다. 많은 시민들이 현장 검증 장소에 몰려들어 피의자의 모자를 벗기는 등 분노하는 모습을 보면 폭력이 곧 근절될 것 같은 생각도 든다. 그러나 여전한 성기 중심적이고 경찰 국가적인 발상이나 사건의 소비를 부추기는 언론 행태를 보면 그런 기대감도 삽시간에 사라진다.

    피의자는 여섯 살 때 어머니를 잃고 초등학교 때는 성금 모금함을 털거나 빈집에서 동전을 훔쳤다고 한다. 중학교를 중퇴한 뒤 막노동을 하며 떠돌았고, 지난 5월에는 고향에서 경로잔치 부조금을 훔치다 5년간 마을 출입을 금지당했다고 한다. 물론 그는 성교육을 받은 적도 없었을 것이다. 아들에게 각티슈를 건네주며 생리적 욕구는 자위로 푸는 것이지, 원하지 않는 타인을 이용하는 행위가 아니라는 것을 일러 준 부모도 없었을 것이고, 학교에서 성욕을 다스리는 법을 배운 적도 없었을 것이다. 그는 충분한 돌봄도, 사랑도, 가르침도 받아 본 적이 없고, 마땅한 일도, 기거할 곳도 없는 사람이었다.

정말 아이들을 안전하게 키우고 싶은가? 그렇다면 대책의 핵심은 이런 '아저씨'들을 양산하지 않는 데 있다. 요즘 농촌에 가면 고향에 내려와 어슬렁거리는 청년들이 적지 않다. 그들이 종종 아이들에게 집적거린다는 걸 동네 사람들은 알지만, 서로 안면이 있고 함께 살아야 하는 처지라 그냥 모른 척한다고 한다. 마을 공동체의 순기능은 사라지고 오히려 역작용을 하는 상황인 것이다. 중소 도시나 대도시도 마찬가지다. 이번 경우에도 아이가 길가에 누워 있는 모습을 보고도 벌을 받고 있거니 생각하고는 그냥 지나친 이웃이 있었다고 한다. 아무도 남을 돌보지 않는 상황에서는 계속 끔찍한 사건들이 일어날 수밖에 없다.

자기 한 몸 추스르기 힘든 부모들은 점점 늘어나는데, 아이들을 제대로 키울 '돌봄의 인프라'는 만들어지지 않는다. 이런 상황에서 왜 아이를 많이 낳으라고 하는가? 안전한 마을을 만들지 않고는 아이를 낳아 키우기가 점점 힘들어질 것이다. 서울에서 제주도로 내려가 카페를 하는 후배는 동네 어린 소녀들이 그런 위험에 노출되어 있는 것을 보고 핫초콜릿을 싸게 팔며 드러나지 않게 그들을 돌보고 있다.

지역 주민 자치 센터나 공공 회관에 부모들이 모여 사랑방을 마련하고 동네 아이들을 함께 돌본다면 끔찍한 일들을 많이 예방할 수 있을 것이다. 피시방 한 켠에 구직 상담이나 살아가는 어려움을 토로할 수 있는 응접실 공간을 마련하는 것은 어떨까? 스스로를 살리고 서로를 돕는 주민들이 주도하는 마을에서는 약자에게 폭력을 휘두르는 성범죄나 세상에 복수하겠다는 '묻지마 살인'이 일어나지 않을 것이다.

피해를 당한 일곱 살 아이의 입장에서 생각해 보자. 그 아이가 받은 상처를 국가는 어떻게 보상할 것인가? 형사적 현장 검증만이 아니라 폭력 불감증을 검증하는 또 다른 현장 검증의 자리가 있어야 하지 않는가? 아이를 돌보지 못한 것에 용서를 구하고 그를 위해 기도하는 자리 말이다. 형사적 현장 검증의 자리를 남자들이 에워쌌다면 이 자리에는 여자들이 모여들 것이다. 생명이 서로 긴밀하게 연결됨을 아는 사람들과 성폭행을 당한 경험이 있는 이들이 모일 것이다. 그 자리에서 각자 응어리진 상처를 치유하고 용서를 빌고 씻김굿을 해낼 때 비로소 피해 어린이도 나쁜 기억을 떨쳐 버리고 세상을 건강하게 살아갈 수 있을 것이다.

경찰 국가적 통제는 해법이 아니다. 폭력을 폭력으로 다스리는 사회는 세상의 아름다움과 슬픔을 느끼지 못하는 괴물을 만들어 낸다. 우리 개개인이 자기 동네를 돌봄의 공간으로 만들어 가야 한다. 동시에 정부는 '돌봄 윤리'를 바탕으로 성폭력특별종합대책위원회를 구성하라. 오래전부터 성폭력 문제를 여성의 시각으로 풀어 온 시민 단체 전문가들을 위원회에 참여시키고, 폭력의 문제를 탁월하게 다룬 이창동 감독의 영화 「시」를 함께 보며 발족식을 하기 바란다. 2012.09.05 한겨레신문

아이 **돌보미**와
가사 도우미 **사이**

　　　　　10월 4일 한 주요 일간지에 실린 "하녀 취급
에…… '대학생 아이 돌보미'는 운다"는 기사를 보고 깜짝 놀랐다. 이
기사에서 다룬 '대학생 아이 돌보미' 사업은 그간 내가 열심히 자문해
온 사업이다. 개인적인 이야기를 하면, 이웃집 혜진 어머니는 아이 셋
을 훌륭하게 키운 뒤 '빈 둥지 증후군'으로 우울해했는데 '아이 돌보
미'를 하며 행복해졌다. 서류 작업이나 전화 상담 등으로 더 많은 돈을
벌 수 있지만, 혜진 어머니는 아침에 아이를 어린이집에 데려다 주고
저녁에 데려와 부모가 돌아올 때까지 돌보는 일을 하며 천직을 찾은 것
같다고 했다. 혜진 어머니를 보면서 아이 돌보미 사업이 참 괜찮은 사
업이라고 생각하던 차에, 서울시에서 이 사업에 대학생들도 참여할 기
회를 마련하겠다고 하여 기꺼이 자문에 응했다. 특히 나는 유치원 때부
터 부모가 시키는 대로 공부만 하느라 사회성과 공감 능력을 키우지 못
한 요즘 대학생을 보면서, 이런 프로그램이 꼭 필요하다는 생각을 해

왔다. 방과 후 학교에서 동네 아이들을 돌보면서 부쩍 성장하는 대학생들을 보고, 한국 청(소)년들이 동네 아이를 돌보는 경험을 제대로 한다면 교육 문제도 해결되고 국력도 막강해질 것이라는 생각에 이를 제도화할 방안을 고민하던 터였다.

　대학생들이 지원을 하지 않을까 봐 노심초사하던 담당 공무원들은 229명이나 신청했다며 기뻐했고, 선발된 '우수한' 대학생 50명은 80시간의 교육과 10시간의 현장 실습 후 7월부터 현장으로 나갔다. 그리고 담당 공무원들은 이들이 제대로 하고 있는지를 수시로 모니터링하였다. 그런데 이 사업에 대해 "市(시)의 관리 부실에 학생만 피해…… 주먹구구식 보육 정책 부작용"이라는 평가를 내린 기사가 나와서 당사자들이 매우 황당해하는 것이다. "우리는 아이를 돌보는 사람이지, 설거지하는 사람이 아니에요."라는, 가명으로 처리된 한 학생의 말로 시작한 이 기사는 "서울시가 뽑은 학생들…… 파견 가정선 '가사 도우미'처럼 대해", "대부분 유아교육·아동복지과 '현장 경험 위해 지원했는데……' 학부모, 청소·설거지까지 시켜"라는 부제로 이어지고, "한 대학생이 아이 돌보미로 파견된 가정에서 저녁 식사를 준비하고 있다."라는 설명과 함께 부엌에 서 있는 남학생 사진을 실었다. 사진 속 주인공인 남학생은 이 프로그램의 반장이었는데 종종 달걀 프라이를 아이와 해 먹은 적이 있었다고 한다. 그는 사용한 그릇을 싱크대에 두고 물을 부어 놓은 것을 '설거지'로, 장난감을 아이와 함께 정리한 것을 '청소'라고 불러 주니 오히려 감사하게 들린다며 황당해하면서, 이런 기사로 그간 쌓은 친밀한 관계가 어색해질까 우려했다.

인터뷰를 한 대학생 돌보미들은 기자가 불만을 이야기하라고 자꾸 유도하더니 이런 어이없는 기사를 냈다면서 정정을 요구하고 있다. 이 기사는 객관성과 진정성 면에서도 문제가 있지만, 돌봄 노동에 대한 이해 부족 면에서도 문제가 있다. 아이를 돌보는 일에는 장난감을 함께 치우고, 냉장고에서 음식을 꺼내서 데워 저녁상을 차려 주고, 때로는 먹던 컵을 같이 씻겠다고 달려오는 두 살짜리 아이와 함께 그릇을 씻는 일도 포함된다. 이는 가사 도우미의 일을 아이 돌보미가 한다고 따지거나 '하녀'라는 노동의 귀천 개념을 연결할 사안이 아니다. 이 일은 진정한 관심과 사랑, 신뢰와 교감이 중요한 노동이며, 성과를 쉽게 지표화할 수 없는 특별한 성격의 일이다. '돌봄 결핍 사회'를 '돌봄 사회'로 바꾸어 가는 패러다임 전환기에 노동·일·활동을 통합하면서 삶의 영역을 새롭게 구성해 내는 성격의 노동인 것이다.

이런 새로운 시대적 사업을 제대로 파악한다는 것은 쉽지 않다. 그렇기 때문에 더더욱, 모처럼 소중한 싹을 틔우는 움직임에 어쭙잖은 칼을 들이대지 않도록 기자들은 공부를 좀 해야 하지 않을까? 기사를 읽다가 문득, 상대적 박탈감과 분노를 부추기는 파시스트 저널리즘에 빠지지 않도록 기자들이 모여 언론인 선서라도 한번 하면 좋겠다는 생각이 들었다. 2013.10.09 한겨레신문

아이들과 함께 **시작**하는
청소 **명상**

2004년 칸 영화제 최연소 남우주연상을 받으며 주목을 끈 고레에다 히로카즈 감독의 「아무도 모른다」는 도시에 버려진 아이들을 슬픈 동화처럼 그려 낸다. 도쿄 한 작은 아파트에 네 남매와 엄마가 이사를 온다. 아이 넷 딸린 싱글맘이면 집을 얻기가 어렵기 때문에 그녀는 집주인에게 열두 살 장남 아키라만 소개하고, 나머지 아이들을 짐 속에 숨겨 들여간다. 아키라만 학교에 가고 다른 아이들은 학교도 가지 않는다. 잠입 성공을 자축하는 저녁 식사 자리에서, 아이들은 시끄러운 소리를 내지 않고 밖에도 나가지 않는 등 '철없는' 엄마가 제시하는 금지 규칙들을 즐거운 게임으로 받아들인다. 어느 날 엄마는 아키라에게 동생들을 부탁한다며 약간의 돈을 남기고 사라진다. 아이들은 그 빈자리를 스스로 메우며 6개월이라는 나날을 보낸다. 감독은 '사회'가 모르는 시공간에서 서로를 돌보며 성장하는 네 아이들을 통해 돌봄과 책임, 그리고 성장에 대해 질문을 던진다.

이 영화는 1988년 일본에서 일어난 '니시스가모의 버림받은 4남매' 사건을 다룬 것인데, 이렇게 유기되거나 방치된 아동들은 날로 늘어나고 있다. 지난 4월 11일 "7년간 청소 안 한 '쓰레기 방'에 방치된 4남매"라는 제목 아래 인천의 한 오물더미 집에서 7년 동안 지낸 4남매가 "경찰에 의해 구조"됐다는 기사를 읽었다. 아이들은 어머니와 함께 살고 있었고 뉴스에서는 이를 '아동 방치와 학대' 사례로 보며 부모 입건 여부에 관심을 두었다. 22세 때부터 서너 살 터울로 계속 아이를 낳은 39세 어머니는 저녁 8시에 출근해 밤새 일하고 아침 8시에 귀가하는 요양병원 간호 조무사이고, 아버지는 지방에서 한 달에 한 번쯤 집에 왔다고 한다. 일터에서 돌아온 엄마는 집안 청소나 설거지를 제대로 안/못 했고 아이들은 쓰레기 더미 사이에서 텔레비전 만화 영화를 보며 놀았다. 17세 장남은 부모의 방치 이유에 대해 "엄마가 잘 치우는 성격이 아니다. 그동안 익숙해져서 치우지 않고 지냈다."고 했다. 아이 어머니는 얼마 전 다른 학부모들이 아이 학용품을 챙겨 주려 했을 때 무척 화를 냈다고 한다.

이 아이들은 청소하는 것을 배우지 못했다. 얼마 전까지만 해도 모두가 청소를 하며 살았다. 청소를 못 하면 할머니와 이웃의 잔소리를 들으며 청소를 잘하는 이들이 많아 그런대로 양호한 청결 상태를 유지하며 살 수 있었다. 하지만 사회가 핵가족화되면서 조부모와 이웃들이 아이들 삶에 관여할 여지가 줄어들었고 (한)부모가 부재한 가정도 늘어나고 있다. '사회'는 없고 고립된 가정만 남았으며 아동 학대의 수

준과 종류도 다양해졌다. 아이들이 삶의 기본을 익힐 환경은 급격히 사라지고 있지만 학교에서도 이를 가르치지 않는다. 쓰레기 더미 속에서 7년을 지냈다는 네 아이들이 거쳤을 담임 교사 수를 세어 보면 17명 정도가 된다. 담임 17명은 아이들이 씻지 않아 냄새가 나고 철 지난 옷을 입고 다녀도 그냥 둔 걸까? 신발을 가지런히 정돈하고 청소를 깨끗이 하는 건 학교에서 가르쳐야 할 기본 교육이 아닌가?

이런 말을 하며 내심 조금 두렵기도 하다. 정부에서 당장 청소 훈련을 철저히 하라는 지령을 내릴지 모르기 때문이다. 그러면 어린이집부터 학교까지 일사불란하게 아이들에게 청소 훈련을 시키며 전체주의적 분위기를 더해 갈 것이다. "아무도 남을 돌보지 마라. 모든 이의 복지는 국가가 책임진다."는 국가의 무모한 장담은 위험하다. 쓰레기를 청소하는 아이는 만들어 내겠지만, 스스로를 돌보는 사회는 키워 갈 수 없기 때문이다.

이 사건을 접하며 내가 고레에다 감독을 떠올린 건 그가 「아무도 모른다」 이후에도 「진짜로 일어날지도 몰라, 기적」, 「그렇게 아버지가 된다」 등의 작품으로 줄기차게 '성장'에 관한 질문을 던지고 있기 때문이다. 지금 우리는 아이만이 아니라 '어른이 되지 못한 어른'이 '함께' 성장하는 길을 찾아야 한다. 그것은 사적(핵가족) 공간과 공적(국가) 공간 사이 공공 영역, 곧 '사회'를 회복하며 찾을 수 있는 어떤 활동일 것이다. 서로를 돌보는 사람들이 모여 하는 청소 명상이 바로 그 시작이 아닐까 싶다. 2014.04.16 한겨레신문

아버지가 있는 마을

       서울 도심부에 있는 작은 마을의 진화를 다룬 다큐멘터리 「춤추는 숲」강석필, 2013이 상영 중이다. 어린 소년이 뿌리가 드러난 작은 나무를 도닥거려 주는 장면에서 눈물을 흘리고 말았는데, 영화를 보는 내내 나는 남자도 참 아름다운 존재라고 생각했다. 근대 자본주의 체제 최악의 시나리오는 공적 영역이 가정 영역을 압도해, 측은지심의 재생산이 불가능해지는 상황을 초래하는 것이다. 공공 영역이 아버지들을 독점하고 어머니들까지 포섭해, 마침내 개인의 가장 친밀하고 원초적인 호혜 공간인 가정 영역마저 사라지면 그 사회는 망하고 만다. 현재 한국 사회는 이 최악의 상태로 나아가고 있다.

    대부분의 아버지와 절반이 넘는 어머니들이 경제 생산 활동에 참여하며 숨 가쁜 일터의 속도에 몸을 맡긴 채 자녀를 시장에 '외주' 주어 키운다. 바깥일을 하지 않아도 되는 전업주부들까지 자녀의 명문대 입학이라는 분명한 목적을 두고 달리며 직장인들 못지않게 성과와 효율성에 집착하게 되었다. 가정이 남편의 투자와 아내의 정보력으로 운영되는 '주식회사'로 변해 버린 것이다.

가족이란 친밀한 관계를 키워 가는 곳이기에, 아버지가 아무리 투자를 많이 한들 함께 나누는 시간을 내지 못하면 설 땅을 잃는다. 투자하는 금액에 비례해 경제적 동맹자로 예우받기는 하겠지만, 아내가 만들어 낸 친밀한 '자궁 가족'에 끼어들기는 어려우리라는 말이다. 게다가 아버지들의 투자 능력은 점점 불안정해지고 있지 않은가? "주말부부가 되려면 3대가 공을 들여야 된다"는 말이 나돌 정도로 남편은 귀찮은 존재가 되었고 '기러기 가족'이 오히려 자연스럽고 성공적인 가족인 듯 간주되는 현실이다. 이를 간파한 영리한 남자들은 독신의 삶을 선택하고, 돈 잘 버는 중년 가장은 가정에서 겉돌다 딸 또래 젊은 여성의 뒤를 밀어주는 원조교제형 연애에 빠져들기도 한다. 표류하는 아버지들의 시대가 시작된 것이다.

「춤추는 숲」에는 표류하지 않는 아버지들이 등장한다. 어린이집 페인트칠을 하고 대안 학교를 만드는 아버지들이다. 이들은 아기가 태어날 때 아내와 함께 진통을 겪으며 지켜보았고 아기 기저귀를 채우고 목욕을 시키고 이유식을 먹이며 깊은 정을 쌓아 간 남자들이다. 이들은 아기를 안고 있을 때 밀려오는 사랑의 감정을 우주의 축복으로 기억하며, 아기가 도마뱀처럼 쏜살같이 기어 다닐 때 울타리가 되어 주었다. 아이가 원숭이처럼 어디건 올라가려고 발버둥질할 때 기어오를 나무가 되어 주고, 아기가 걸음마를 시작했을 때 아이보다 더 자랑스러워했을 사람들이다. 이들은 아이들과 보낼 시간을 확보하려고 노동 시간을 줄이고, 아내와 의논하여 가정의 소비를 줄여 가기도 한다. 아이들과 보낼 시간을 확보하기 위해 직장을 옮기거나 동네 안에서 일거리를 만들어 낸 아버지들도 있다.

이들은 아이들의 주요 놀이터인 동네 숲이 훼손될 위기에 처하자, 서슴없이 공사 현장에 텐트를 치고 나무 위에 올라가서 포클레인과 대치해 싸운다. 어처구니없는 싸움의 와중에 지역 정치의 중요성을 깨달은 이들은 부모 중 한 명을 구의원에 출마시키기도 한다. 세상일이 힘으로만 되지 않는다는 것을 일러주려고 아버지들은 아이들과 산에 올라 숲을 지켜 달라는 정성스런 기도를 올리기도 한다. '노찾사'의 노래와 비틀스의 '렛 잇 비'Let it be를 '냅둬요'로 개사해서 부르는 100인 합창 공연이 영화의 클라이맥스다. 아이들과 노래하는 유쾌한 모습에서 나는 아름다운 남자들을 보았다.

아버지들이 사랑과 존경을 받는 날이 오기를 고대한다. 아버지들은 사악한 공공 영역에 더는 목매지 말고 아이들 편에 서서 선한 공공 영역을 만들어 내야 한다. 숲을 지키기 위해 싸우는 아버지의 모습을 보면서 자란 아이는 잉여 인간이나 좀비가 되지 않을 것이다. 아이들을 괴물로 만들어 가는 '폭력이 구조화된 학교'를 바꾸어 내기 위해 마을을 '발견'할 때가 왔다. 가정과 공공의 경계에서 아버지들이 해야 할 일이 적지 않다. 우선 주민 자치 회관에 모여 「춤추는 숲」부터 함께 보면 어떨까? 2013.06.05 한겨레신문

조제와
카모메 식당

　　주변의 젊은 싱글들로부터 「조제, 호랑이, 그
리고 물고기들」^{이누도 잇신 감독, 2004}을 꼭 보라는 말을 자주 들었는데, 어젯
밤에야 보게 되었다. 이 영화를 보면서 내 주변 '젊은 여자들'이 왜 여
자 싱글이 주인공인 일본 인디 영화들을 그렇게 좋아하는지 감을 잡았
다. 사실 그중 어떤 영화들의 감성은 '늙은 여자'인 내게 꽤 부담스러운
데 반해, 세 독신 여자가 차린 「카모메 식당」^{오기가미 나오코 감독, 2007}은 두어
번 더 보라고 해도 볼 수 있을 만한 영화였다.

　　「조제……」같은 영화는 많은 여자들의 판타지를 충족시키는 영화
이다. 이런 영화들이 많이 나오면 좋겠다. 당당하고 똑똑하며 요리를
잘하는 장애인 소녀가 영리하고 착하고 감수성 좋은 남자의 지순한 돌
봄 속에서 온전한 여자로 성장하는 것. 그리고 그 성숙한 여자는 이제
남자를 곁에 둘 필요가 없다. 그녀는 '무소의 뿔'처럼 혼자서 간다.

　　이 영화를 몇 번씩이나 보았다는 후배는 이 영화가 자신이 원하는

바를 잘 드러내고 있다고 말한다. 나는 그런 세상이 온 것이 반갑다. 그러면서 또 한편으로는 어릴 때부터 남자에 매달리지 않도록 훈련된 나는 그들이 품은 판타지가 조금 불편하기도 하다. 같은 여자이지만 세대에 따라 판타지가 다른 것이다. 우리 세대, 그러니까 오륙십 대는 직업이 있는 여성이 드물던 세대이다. 결혼을 하지 않으면 먹고살 길이 막막한 시대였으므로 대부분이 적령기에 결혼을 해야 했다. 그런 면에서 우리 시대 전문직 여성은 예외적인 사람이었고, 특히 남자 중심으로 짜인 세상의 규범에 거역하고 싶은 욕구가 있는 사람들이다. 남자에게 휘둘려 온 삶을 후회하는 자의식 강한 어머니의 무의식을 물려받은 경우도 많다. 그래서 일에 더 몰두하고 남자에 대해서는 신경을 꺼 버린 편이다.

가깝게는 나의 외할머니도 그런 경우다. 그녀는 내 어머니에게 "한 남자를 섬기지 말고 나라를 섬기는 사람이 되어라." 하면서 의사가 되기를 권했다. 내 어머니의 꿈은 무의촌에 가서 독신 의사로 봉사하며 사는 것이었다. 꿈을 이루지 못한 어머니는 결혼을 하고 세 딸을 낳았는데, 딸들에게 결혼보다 중요한 것은 평생 즐겁게 할 일을 갖는 것이라고 가르쳤다. 나는 결혼을 해서도 계속 방해받지 않고 일을 할 수 있다는 확신이 섰기에 결혼을 했다. 실제로 나와 같은 세대 여성 동료들은 '중성적'이라는 평을 듣는다. 우리들은 아예 남자에게 그리 기대를 하지 않는 편이다.

그런데 경제·사회적 자립이 가능해진 지금 시대에, 자립한 여성들은 끝없이 연애를 꿈꾼다. 특히 요즘 잘나가는 '골드 미스'로 불리는 제 자들은 서른이 넘어가면서 불안해하기 시작한다. 나는 모든 것을 가지려 하고 조급해하는 그들에게 핀잔을 주기도 했지만, 최근 조금씩 그들을 이해하게 된다. 이들은 우리처럼 어머니의 한을 풀어 주는 세대가 아니라 텔레비전이 키운 세대라는 것, 그리고 이제는 사회적 자립이 의미하는 바가 '자아실현'이라든가 '사회적 공헌'과는 거리가 멀다는 사실에 주목하면서 말이다. 일 자체로는 대단한 만족과 삶의 의미를 느끼기 어려운 '탈진보'의 시대, 평생직장이 보장되지 않는 '불안정 고용' 시대, 인간관계가 고도로 분절되어 모두가 아주 외롭고 불안한 시대가 낳은 현상이다. 늘 부유하고 불안할 수밖에 없는 시대이다 보니, 변치 않는 지순한 사랑이나 절대적으로 합일하는 순간을 열망하고 평생을 보장할 것만 같은 결혼 제도에 매달리고 싶어지는 모양이다.

연애와 결혼이란 엄밀하게 경제·사회적으로 자립한 이들에게 어떤 의미일까? 일에 몰두하다가 혼기를 놓쳤다고 몹시 불안해하는 후배들에게 두 친구를 소개해 볼까 한다. 내 절친한 또래 친구는 주변 사람들이 '결혼 안 하냐'며 성가시게 굴 때마다 아이를 낳지 않아도 되고 시집살이를 하지 않아도 되는 마흔다섯 살에 결혼할 거라더니, 정말 그 나이에 결혼을 했고 지금 기혼 친구들 중에 가장 행복한 부부 생활을 하고 있다. 한편 대학생인 '친구'는 아르바이트를 해서 자신의 생활비를 마련한다. 일찍부터 음악 일을 하면서 가난하지만 행복하게 살 작정을 한 이 당찬 친구는 지금 네 명과 동거 생활을 하고 있다. 그중 둘은 남자이다. 밥은 밥 잘하는 사람이 하고, 반찬도 각자 잘하는 것들을 때에 따라 준비한다. 주말에는 다 함께 빨래하고 청소하고 시장 보고 때때로 외식을 한다. 무엇보다 훌륭한 것은, 나가고 들어올 때 서로 허그hug(껴안기)를 해 주기로 했다는 것이다. 그는 지금 자기 생의 어느 시점보다 행복한 '동거 가족' 생활을 하고 있다.

시대적 불안이 전염병처럼 번지면서 따뜻함과 여유가 급격히 사라지고 있다. 자녀 양육도 시장이 하고 결혼도 시장 바닥에서 이루어진다. 모든 종류의 돌봄과 배려가 상업화되는 가운데, 그간 가정에서 밀접한 상호 작용을 통해 길러지던 신뢰와 사랑과 존경은 길러지지도 못하고 있다. 돈으로 모든 것을 보장받을 수 있다는 신화가 강하면 강할수록 사람들은 서로를 속이고, 결국 외롭고 불행해진다.

쉬운 답이 없는 시대다. 시대가 그러하니, 불안해도 허둥대지는 않았으면 한다. 조급하게 애인을 찾아 헤매지 않았으면 한다. 오히려 불안이 엄습해 오면 「조제……」나 「카모메 식당」 같이 따뜻한 영화를 친구들과 함께 보면서 순간을 즐기는 거다. 애인이 없다는 타령만 하기보다 홀로 당당하게 서는 것이다. 그러면서도 관계에 대해 무감해지지 않기 위해 친구들을 많이 만들 수 있는 마을로 이사를 가거나 맘 맞는 친구 간에 동거 가족을 만들어서 살다 보면 애인도 생기고 행복감도 들 것이다. 성급한 욕심이나 상대적 박탈감에 시달리지 말고 서로를 배려할 줄 알고 돌볼 줄 아는 사람들끼리 '따로 또 같이' 사는 주거 공동체를 만들어 하루하루 즐겁게들 지내면 좋겠다. 2007.09.02 시사저널

동성 **결혼,**
돌봄과 **환대**의 지수

지난 12일 프랑스 하원은 '동성 결혼 및 동성 커플의 입양 합법화' 법안을 통과시켰다고 한다. 4월에 상원도 무난히 통과할 것이라고 하는데, 그렇게 되면 프랑스는 1989년 처음으로 동성 결혼을 허용한 덴마크와 스웨덴, 벨기에, 스페인, 네덜란드 등에 이어 11번째로 동성 결혼을 합법화한 나라가 된다. 나치 정권 아래 동성애자를 심하게 처벌했던 독일도 1984년 동성애자의 동거 권리를 인정했고, 2002년 '평생 동반자법'을 통해 동성 커플의 권리를 확장했다. 동성애자와 관련한 이런 법제화 움직임은 무엇을 시사하는가?

2001년 미국 골든글로브상 드라마 부문에서 바네사 레드그레이브가 여우조연상을 받은 「더 월」마사 쿨리지 등 감독, 2000의 주인공은 동거 중인 두 여성이다. 애비와 이디스는 노년기에 접어든 오래된 파트너인데, 애비가 갑자기 심장 마비 증세로 입원하게 된다. 이디스는 가족이 아니라는 이유로 병원에서 그를 간호하지 못하고 애비는 홀로 쓸쓸한 죽음을 맞는다. 애비의 낯선 조카 부부는 사무적으로 장례를 치른 뒤, 이디스와 함께한 세월이 묻은 애비의 유품이며 그녀 이름으로 등기된 집을 팔고 가 버린다. 그리 오래되지 않은, 1961년을 배경으로 한 이야기다.

유럽 국가들이 줄이어 통과시키고 있는 동성 결혼법의 핵심은 바로 애비와 이디스 같은 동반자 관계를 보호하는 제도이다. 서로 돌보고 의지하는 동거 파트너 관계가 기존의 가족 관계와 다를 바 없음을 인정하고 안정성을 보장하려는 의도이다. 그래서 상속 및 건강 보험 수급권, 배우자 입원 때 병원 면회권 등이 주를 이룬다. 또한 동성 커플의 양육권도 보장하고 있다. 입안을 주도한 토비라 법무장관은 "이성 부부가 동성 부부보다 아이 성장에 더 나은 조건을 보장한다고 누가 장담할 수 있느냐"며 아이를 제대로 키우겠다는 성인 커플의 소망을 성적 지향성을 이유로 묵살할 근거가 없음을 명기했다.

이 법안과 관련해 정자은행을 통하거나 다른 여성의 자궁을 빌려 시험관 아이를 낳는 출산 윤리도 논란이 되었다는데, 사실 이 문제는 동성 결혼 이전에 이성애 불임 부부들의 문제였다. 이미 시험관 아기들이 자라 자신들의 성장에 관한 영화를 만들 정도로 시일이 지난 사안이다. 만일 출산 윤리를 문제 삼고자 한다면, 돈을 벌기 위해서라면 언제든 '판도라의 상자'를 여는 생명공학계가 책임 추궁을 받아야 할 것이다.

사실 프랑스에선 이미 시민연대협약PACS이란 형태로 결혼을 하지 않고 동거만으로 동등한 권리를 누릴 수 있어 동성애자들도 살아가는 데 큰 불편함은 없다고 들어 왔다. 근대를 넘어서는 좀 더 획기적인 방안을 추구하는 나로서는 꼭 부부 중심이어야 하는지, 좀 더 공동체적인 해법을 내놓을 수는 없는지 아쉬운 마음이 없진 않지만, 이런 주제로 국민들이 시대 공부를 하는 걸 보면 부러운 마음이 앞선다. 자기와 다르다는 이유만으로 타인을 배제해서는 안 된다는 것, 공연한 적대적 감정이 생길 때면 먼저 자기 내면의 폭력성을 들여다봐야 한다는 것, 오랫동안 사랑하고 돌보아 온 관계와 다음 세대를 키우고자 하는 그들의 의사 또한 존중해야 한다는 것. 이 모든 원칙에 대한 합의 과정으로서 공부 말이다. 동거권과 양육권을 합리화하는 이 법제화는 개인의 고립화와 사회적 재생산 문제를 해결하기 위한 매우 실질적인 방안이다.

유럽의 동성 결혼 합법화 소식을 들으며 성소수자의 시민권 문제가 얼마나 긴밀히 우리 모두의 생존과 연결되어 있는지를 확인한다. 남성 부양자와 전업주부 아내, 자녀 둘로 구성된 이성애 핵가족 제도는 급속히 붕괴하고 있고, 그 와중에 재혼·비혼·동거 등 다양한 형태의 가족들이 출현하고 있다. 이러한 삶의 방식들이 서로 충돌하지 않고 공존하도록 질서를 만드는 것이 격변기를 살아가는 우리가 해내야 할 일이다. 압축적 근대화 과정을 거치며 더욱 '핏줄'에 매달리게 된 한국의 시민들은 관용의 마음을 품어야 할 시점에 오히려 더 강박적이며 획일화되고 있지는 않은지? 돌봄과 환대의 지수를 높일 때다. 밥을 나누고 서로를 돌보는 내 동반자(들)는 누구인가? 2013.02.20 한겨레신문

자녀를 평생
데리고 **살** 것인가?

        언제부턴가 대학생들이 매우 온순해졌다. 모두가 그렇다는 것은 아니지만 다수가 그렇다. 사춘기를 거치지 않은 듯해서 물어보면 초등학교 5학년 때 "잠시 거쳤다"고 한다. 중3 아들을 둔 제자가 "요즘 애들은 사춘기도 안 거치나요?"라고 물어 온 적이 있다. 그는 성공적인 비즈니스맨이다. 그때 나는 답했다. "부잣집 아이들은 그런 거 없어. 강아지처럼 잘 따르지." 또 다른 제자는 자기만 아는 남편에 질려서 이혼을 하려고 아이에게 의논을 했더니, 놀란 기색도 없이 아이가 곧바로 지금 사는 집에 누가 살 것인지만 알고 싶어 하더라고 했다. 자기만 아는 아이를 보고 기가 막혀 버린 그는 지금 남편과 계속 살고 있다. 누군가의 표적이 될까 봐 조신하게 굴고, 적의 없음을 드러내기 위해 늘 유순한 표정을 짓는 아이들. '생존'과 '안전'에 대해 강박이 있는 아이들이 자라고 있다. "누가 날 낳으랬어요?"라며 부모에게 대들던 90년대 학번 형이나 언니들과는 너무나 대조적이다.

최근『속물과 잉여』지식공작소, 2013라는 책이 나왔는데, 그 책에서 백욱
인 교수는 "애비는 속물이 됐고 그 자식들은 잉여의 나락에" 빠졌다고
말했다. 가난에서 벗어나고자 했던 베이비붐 세대의 자녀들은 노크도
없이 방문을 덜컥덜컥 여는 부모가 참을 수 없어 부모에게 반항하고 또
래만의 문화를 만들어 가고자 했다. 그러나 지금 아이들은 부모의 속물
성에 편승한다. 운동은 자기들이 대학 때 다 했으니 너희는 공부만 하
라는 아버지의 이중성에 놀라지만 이내 그에게 순종하기로 하고, 중학
교 때 록 공연에 데려가 준 '쿨'한 부모의 '관리'가 고맙다며 그들의 기
에 눌려 산다. 이들 삶의 목표는 안정된 직장을 얻고, 제때 결혼하고, 탈
없이 사는 것이다. 그러나 경제 구조로 보면 그들은 잉여적 존재가 될
확률이 아주 높다.

　얼마 전 일본 도쿄에서 '니트NEET의 날' 행사가 열렸다. 니트족이란
학교에도 직장에도 다니지 않고 취업을 위해 트레이닝조차 받지 않는
이들을 일컫는다. 서른 살 가까운 한 은둔형 외톨이는 대학 졸업 뒤 겨
우 직장을 얻었지만 힘들어서 퇴사해 버리고는 집에 틀어박혀 산다고
했다. 아버지가 자신을 쫓아내려 했지만 잘 버텨서 지금은 꽤 편하게
지낸다고 했다. 부모의 연금에 빌붙어 사는 이 친구에게 짓궂은 평론가
가 물었다. "부모가 돌아가시면 어떻게 하려고? 자살을 해야 할지도 모
르겠네." 그는 그렇게 되면 자살을 해야 할 것 같아서, 사실 어떻게 자
살할 것인지 진지하게 연구하고 있다고 답했다. 이 청년의 모습은 일본
에서나 볼 만한 사례일까? '핫'한 운동권 부모와 '쿨'한 신세대 부모들

은 자기 방식의 사랑과 투자로 자녀들을 열심히 키웠다. 그리고 앞으로 는 그들을 평생 먹여 살려야 할지 모른다. 당신은 그만한 경제력과 널 브러져 있는 성인 자녀를 참아 낼 덕성을 충분히 쌓아 놓았는가? 아니 라면 지금부터 그들의 자활을 위해 뭔가 해야 하지 않을까?

지난 주말 서울의 한 청소년 센터에서는 '지속가능한 삶을 위한 전 환과 연대'라는 주제로 청소년 축제가 열렸다. 그 행사에서 청소년들 은 폐자전거로 멋진 자전거를 조립하고, 버려진 목재로 의자를 만들며, 태양광 음식물 쓰레기 건조기를 제작했다. 퇴비 만드는 법을 배우고, 손작업 워크숍에서 소품들을 만들고, 요리를 해서 임시 장터에서 팔기 도 했다. 노동하는 몸을 발견하고 자신이 쓸모 있는 존재임을 확인하는 자리, 그리고 함께하는 즐거움을 확인하는 자리였다. 아이를 평생 먹여 살릴 자신이 없는 부모들은 슬슬 동네에 작업장을 만들고 작업을 시작 해야 하지 않을까? 동네 빈터에 펼쳐 둘 평상을 만드는 목공방이나 자 전거 공방을 협동조합으로 차려도 좋을 것이다. 청소년들이 자신이 만 든 자전거로 동네 심부름도 다니고 직접 만든 소품을 구청 열린 장터에 서 팔며 동네 어른들과 친해진다면, 이들도 자신감 있는 어른으로 성장 하지 않을까? 이를 위해 어른들은 아이를 좀비로 만드는 제도 교육을 바꾸어 내면서 동시에 새 일거리들을 만들어 내는 일도 해야 할 것이 다. 새 일거리란 실종된 '상호 돌봄 사회'를 찾아내는 일, 그리고 지속 가능한 삶을 가능케 할 산업, 곧 에너지와 물, 농사, 집짓기 등과 관련된 적정 기술 분야가 아닐까 싶다. 2013.10.30 한겨레신문

성년, '**여름살이**'를 시작하는
자손들에게 **축복**을!

　　5월 어린이날을 맞아 놀이동산은 초만원을 이루었고 어버이날은 카네이션과 선물 꾸러미로 풍성했다. 5월 셋째 월요일은 또 하나의 가정의 날, '성년의 날'이다. 성년이 된 자녀, 손주, 조카, 친구, 이웃을 위해 우리는 어떤 준비를 하고 있나? 소규모 부족 사회에서는 온 부족이 모여 여자아이는 초경을 할 나이, 남자아이는 사냥에 따라나설 나이에 성년식을 거행한다. 조선시대에는 과거 시험을 보러 갈 만한 나이에 갓을 씌우는 관례를 거행했다. 근대화 과정에서 전통적 성년식이 사라진 대신 고등학교 졸업식이 성년식의 기능을 했고, 결혼식을 통해 온전한 성인으로 인정받았다.

　지금은 어떤가? 대학 신입생은 고등학교 4학년이라 불리고 대학을 다니면서도 부모의 품 안에 있다. 삼사십 대에도 결혼하지 않은 사람들이 수두룩하다. 어른이 되어 고생을 하느니 "부모의 자아실현을 도우며 조용히 살겠다."고 말하는 청년들도 있다. '캥거루족', '파라사이트

싱글'(기생하는 독신 자녀) 등의 신조어가 전하듯 스스로 삶을 감당할 결심을 하기 힘든 시대가 온 것이다. 부모의 '성공적' 기획에 따라 자란 경우는 더욱 그러하다. 그러나 얼마나 많은 부모가 자녀의 삶을 끝까지 책임져 줄 수 있을까?

경제적 자립이 어렵더라도 성인이 되는 길로 접어든 사실을 함께 인지하고 청년들이 살아갈 날을 응원하는 의례가 어느 때보다 필요한 시대다. 노르웨이에서 성년의 날을 참관한 적이 있다. 전야제는 고등학교를 졸업한 18살 청소년들이 호루라기를 불며 동네방네를 뒤흔들어 놓는 시간이었다. 거리로 뛰쳐나와 밤새 몰려다니며 고성방가하는 이들을 시민들은 귀엽게 바라보고 참아 주었다. 아침이 되자 이들은 시청 광장으로 모여들어 시장 및 시민들과 함께 엄숙하게 식을 치렀다. 그러고는 자신들이 꾸민 휘황찬란한 퍼레이드 트럭을 타고 나팔을 불면서 시내 곳곳을 둘러보았다. 전날까지 망나니처럼 놀았지만 이날부터는 자신들이 그 도시를 지킬 어엿한 성인이 되었음을 선언하는 의례인 것이다. 우리에게도 이런 식의 매듭이 필요한 시점이 오지 않았는가?

모든 생명은 스스로 감당할 만한 삶을 살아가게 되어 있다. 누구도 남의 삶을 대신 살아줄 수 없기에 부모는 적절한 시점에 자녀가 스스로의 인생 여정에 오르도록 떠나보내야 한다. 사람은 태어나고 싶어서 태어난 것이 아니라, 그냥 태어났다가 죽어 가는 존재다. 봄이 오는가 하면 여름이 오고 가을이 오고 겨울이 온다. "인생을 팔십으로 보면 여러분은 지금 인생의 봄을 지나 막 여름을 맞고 있습니다. 나는 여러분들이 오늘 성년식을 계기로, 인생의 여름을 맞은 사람답게 생각하고 살아가기를 당부합니다. 열매가 빨리 맺지 않는다고 조급해 말고 가장 아름답고 푸르른 계절 여름에 맞게, 잎을 무성하게 할 때입니다. 다가오는 이십 년을 그렇게 살면, 여러분은 풍성한 열매가 열리는 가을을 기쁘게 맞이하게 될 것입니다." 이것은 내가 사는 동네에서 치른 성년식 주례사의 일부다.

봄을 살아 내어 드디어 여름을 맞이하는 청소년들을 위해, 추수하는 가을을 사는 부모와 추수를 끝낸 조부모들이 모인 자리. 각자 스무 살 그때로 돌아가, 낳아 주고 키워 주신 분들과 그간 함께 놀아 준 친구들에게도 감사하며 성년을 맞은 청년에게 비빌 언덕이 되어 줄 것을 약속하는 자리. 성년의 날은 바로 이렇게 사계절의 세대들이 만나는 우주적 공간, 개개인의 미래와 과거가 만나는 역사적 의례의 장이다. 인류 사회는 바로 이런 약속과 축복의 의례를 통해 지금껏 유지되어 왔다.

가정의 품을 떠날 청소년들에게 필요한 것은 부모가 아닌 멘토와 친구들의 축복이다. 우호적인 분위기의 친척 모임, 종교적 의례, 그리고 이웃 모임이 활발한 곳에서 훌륭한 어른들이 나오는 이유도 바로 여기 있다. 지금, 올해 성년이 될 아름다운 청년의 얼굴이 떠올랐는가? 그렇다면 성년식을 준비하자. 세대가 냉소하지 않고 만나는 자리, 겨울과 가을이 여름을 축복하는 자리는 그 자체로 오래된 미래를 기억하는 따뜻한 희망의 자리일 것이다. 2013.05.15 한겨레신문

선거에서 **은퇴**하는
할머니를 위하여

        친구 어머니는 선거날이면 새벽에 목욕재계하고 정성껏 치장을 한 후에, 누구보다 일찍 투표장으로 향하셨다고 한다. 올해 여든이 되신 그분은 앞으로 투표를 하지 않겠다고 선언하셨다. 최근의 여러 가지 사건들, 특히 4·16 세월호 사태를 지켜보면서 위정자들에 대한 실망이 컸고 자신이 그런 지도자를 뽑은 것에 대한 자책 때문에 투표장 발걸음을 끊기로 하셨다는 것이다. 이분 세대에게 투표의 의미는 남다르다. 나라 잃은 설움에서 벗어나 자주 독립 국가의 성원이 된 감동, 나라를 살필 지도자를 직접 자기 손으로 뽑게 된 감격의 순간을 경험하셨기 때문이다. 이분에게 투표는 가족을 포함한 누구의 영향도 받지 않고 오로지 자기만의 명철한 판단으로 자신과 가족, 이웃과 나라를 위해 최선의 선택을 하는 비밀스럽고 엄숙한 시간이었다. 우리는 오늘 이분처럼, 이분을 대신해, 이분을 위해 목욕재계하고 투표장으로 향한다. 자신의 판단력을 더는 믿을 수 없다고 판단하신 지혜로운 할머니의 편안한 노후를 위해 이제 그 자녀와 손주 세대가 현명하게 판단해야 할 때이다.

해방 이후 태어난 세대에게 투표권은 저절로 주어진 것이었고 요즘 선거는 눈살 찌푸릴 일만 많다. 표심을 사는 회식 자리며, 하루에도 몇 번씩 걸려오는 특정 후보 지원 전화나 지지도 조사 전화도 이런 성가심 중 하나다. 이번에 서울에서는 시장과 교육감 후보 2세들의 발언으로 한바탕 술렁이기도 했다. 자고로 추장이나 부족장을 뽑는 대결의 장은 공동체적 삶의 핵심을 한눈에 보여 주는 드라마틱한 사건들이 터져 나오는 장이지만, 현대판 선거판은 '찌질'하다 못해 비열하고 사악한 무대가 되어 버렸다. 국정원 선거 개입설에서부터 댓글 알바꾼, 지킬 수도 없는 정책 남발에 막장 네거티브 공세, 스스로 '킹메이커'라 칭하는 홍보 전략가들, 여기에 선거철이 대목인 여론 조사 업체가 가세해 각종 통계와 선정적 카피, 세련된 홍보물로 국민들을 헷갈리게 해왔다. 선거판이 승리를 위한 고도의 심리전이며 팬덤의 산물이라는 것은 지난 대선에서 자명해졌다. 팬덤이라 함은, 강력한 권력자에 대한 선망과 동일시, 존경이 아닌 숭배 등으로 사적 욕망을 대중문화적 투시의 장을 통해 풀어내는 것을 말한다. 누가 돈이 많고 권모술수에 능하며, 무시와 모욕의 언어에 능통한지 겨루는 싸움판으로 전락한 선거판을 보며 국민들의 피로감은 극에 달했다.

다행히 그 대한민국은 이제 바닥을 친 듯하다. 작년 말, 국민들은 "안녕들 하십니까?"라는 질문으로 술렁이기 시작했고 이번 4·16 사태를 기점으로 '국가 낯설게 보기'를 본격적으로 시작했다. 한국은 OECD에 가입하면서 '선진국'으로 전환해 냈어야 했다. 근대 체제의 붕괴가 역력한 '위험 사회'와 '재난 사회'에서 안전에 대비한 체질 개선을 해야 했는데, 무지하고 미력한 정부는 '747', '474' 등의 구호를 외치면서 시대를 역주행하고만 있었던 것이다. "윗물이 맑아야 아랫물이 맑다"고들 하지만 지금은 아랫물부터 맑게 할 때다. 적대적 국민을 양산하는 '불량 국가'의 틀에서 벗어나 환대의 국민/시민/주민과 함께 새로운 시대를 만들어 갈 후보를 가려내야 한다.

부산 지역은 고리 원전 1호기를 중심으로 지자체장 선거가 치러져야 하고, 거대 도시 서울은 삶의 회복력과 지속가능성을 중심으로 새판을 짜야 한다. 산적한 국제적, 국가적, 지역적 차원의 문제들을 해결하기 위해서는 무엇보다 협동과 연대의 감각을 지닌 지도자가 필요하다. 오늘은 목욕재계하고 막장 선거판에서도 품위를 유지한 이들에게 귀중한 한 표를 드리자. 저녁에는 삼삼오오 모여 신뢰를 쌓는 시간을 보내면 좋겠다. 지역 살림을 맡을 인물도 두루 물색할 겸 자주 회동하면 더욱 좋겠다. 새로운 정치는 실핏줄이 제대로 돌기 시작할 때 가능해지며, 이는 시민과 주민들이 일상적 삶의 위험과 가능성을 세심하게 파악하는 일에서 시작된다. 2014.06.04 한겨레신문

도쿄 도지사 선거에서 배운다

　　　　　　일본에서 마스조에 요이치 전 후생노동상이 '즉각적 탈핵'을 내건 후보들을 누르고 당선됐다고 한다. 그는 "도쿄를 세계 최고의 도시로 만들 것"이라며 "복지, 재해 방지, 그리고 무엇보다 도쿄 올림픽을 착실히 준비해 나가고 싶다."고 했다. 후쿠시마 재앙이 터진 나라의 수도인데도 탈핵이 주 쟁점으로 떠오르지 못한데다 탈핵 후보들이 단일 후보도 내지 못했다니 얼마나 실망스러운 일인가? 2011년 선거에서 탈핵이 주요 이슈로 등장한 독일에서는 그즈음 후쿠시마 사고가 일어나 대대적인 국민 공청회와 여론화 과정을 거쳐 전면 탈핵을 선포한 바 있다. 나는 내심 도쿄에서 그런 일이 일어나 주기를 기대하고 있었기에 실망이 컸다.

　　당선자는 노령층에게서 압도적인 지지를 받았고 투표율은 46.14%, 역대 세 번째로 낮았다. 인구 20%의 지지도 받지 못한 마스조에가 인구 1천3백만 명에 연간 예산 13조3천억 엔(약 140조 원)을 집행하는 일본 수도의 행정 책임자가 되는 것이다. 50%도 넘지 않는 투표가 그런 효력을 발휘하는 것은 문제적이지 않은가? 피곤해서건 무관심해서건, 유권자 절반 이상이 자신들이 낸 세금으로 자신들의 운명을 좌우하는 투표에 나서지 않았다면 그 책임은 누구에게 있는 걸까? 저조한 투표율에 대해 정치판 모두가 책임지고 대책을 찾아야 하지 않을까?

어쨌든 이번 도쿄도의 운명을 결정하는 데 핵심 역할을 한 유권자들은 선거 참여를 자신들의 가장 신성한 의무이자 권리라는 교육을 받고 자란, 국가와 자신을 동일시하는 권위주의적 태도에 젖은 이들일 가능성이 높다. 전쟁을 치르듯 산업 역군으로 일했고, 일본이 몰락하고 있지 않다는 것을 보여 주기 위해 올림픽과 같은 국제 행사는 어떻게든 잘 치르고 싶어 하지만, 자신들이 기여한 기형적 경제 성장이 미래 세대에 대해 어떤 문제를 야기했는지에 대해서까지는 생각해 본 적이 없었을 것이다. 반면 투표장에 가지 않은 유권자들은 탈핵 이슈 하나로 지자체 장을 바꾸려 투표장에 나올 정도로 이념적이고 싶진 않고, 경기 침체로 나날이 불안한 삶 가운데 점점 더 신중해져만 가는 청장년 인구일 가능성이 높다. 계속 죽을 쑤고 있는 민주당에 거는 기대도 없고, 그렇다고 예전 총리들이 벌이던 이벤트성 선거도 기대하지 않는다.

고도의 압축 경제 성장에 주력한 동아시아, 특히 일본과 한국 사회에는 이렇게 한 나라 안에 아주 다른 문화적 문법으로 세상을 보고 판단하는 두 진영이 생겨났다. 현재는 집단주의 진영이 선거에 지대한 관심을 드러내면서 그 판을 주도하는 중이다. '기본 소득' 논의가 본격적으로 일기 시작한 스위스나 프랑스 등지의 움직임을 보면서, 그런 제안이 발의되고 투표에 부쳐지는 '선진국'의 연륜을 무시할 수 없다는 생각을 새삼스럽게 하게 된다. 거대한 국가와 동일시하는 집단적/권위적 자아에서 스스로 상황을 파악하고 성찰하고 결단내리는 개인/시민/국민/세계인으로서의 연속적 자아를 갖게 되는 데까지 걸리는 시간은 그리 쉽게 단축되기 어려울 것이다.

투표율과 투표에 대해 새롭게 생각해 볼 때가 되었다. 선거날은 축제의 날이고 선거 과정은 함께 시대를 배우는 즐거운 학습의 시간이어야 한다고 생각한다. 최근 지자체 선거에서 선거를 축제처럼 치르는 곳들이 나오기 시작했는데, 얼마 전 서울 성미산마을이 그랬고 이번 선거에는 신촌에서 청년들이 후보를 낼 거라고 한다. 공자에 이어 맹자의 정치를 공부하던 전주의 마을 공부방 주민들도 이번에 청년들과 함께 시장 후보를 내며 벌써 축제판을 벌이고 있다. 신나게 선거 운동을 하던 일본의 생태 전환 도시 이토시마 시에서는 청년 후보가 별문제 없이 당선되었다는 소식을 보내 왔다. 거대한 국가나 시장에 기대지 않고 스스로 '공공'을 만들어가는 사람들이 맹자를 읽고 탈핵 공부를 하며 자신들의 삶을 토론하고 당면한 문제를 함께 해결해 가는 곳. 그런 주민들의 '살림 정치'가 선거로 이어지는 곳에서부터 '선진국형' 선거가 시작되지 않을까? 일본 도쿄 도지사 선거는 그런 면에서 우리에게 괜찮은 교재가 되어 주었다. 2014.02.12 한겨레신문

동네 나눔 부엌에서
시작하는 세상

　　　　　　한국 중산층 가구의 55%가 주택 구입 대출금
과 자녀 사교육비로 적자 인생을 살고 있다는 한 컨설팅 회사의 조사
결과가 발표됐다. 대기업 임원이 암에 걸렸는데 자녀 유학비 때문에 직
장을 그만두지 못한다는 말을 전해 듣거나, 고액 연봉을 받는 조카사위
가 거액의 아파트 대출금과 갓 태어난 아들 유학비 걱정에 잠을 제대로
못 자고 상사와 술 마시는 빈도가 늘어났다는 조카의 불만을 듣노라면,
실제로는 한국 중산층의 55%가 아닌 99%가 지속 불가능한 삶을 살고
있다는 생각이 든다. 이 조사를 수행한 매킨지 연구진은 담보 대출 방
식이나 고등 교육에 대한 인식, 고부가 가치 서비스 산업 활성화 등과
관련된 제안을 해법으로 내놓긴 했지만, 사실상 이 난감한 문제는 우리
삶을 지배하는 독점 원리와 화폐 중심성을 넘어서야 풀릴 문제다. 적자
인생으로 돌아가도록 구조화된 거대한 롤러코스터 체제를 넘어설 탁
월한 혜안이 필요하며, 삶의 전면적 구조 조정을 다루어 낼 수 있어야

한다.

정말 돈이 없어 문제인가? 살펴보면 지금 우리 주변에는 돈이 너무 많아 탈이고 남아도는 집과 공간도 적지 않다. 지금 우리에게 없는 것은 나눔의 지혜, 살아가는 힘을 주는 우애의 관계가 아닌가? 문제의 핵심은, 호혜성과 창의성같이 삶과 경제를 풍성하게 만드는 비물질적 자원들이 순환되는 영역이 사라진 데 있다. 십 년 전까지만 해도 일터와 가정 영역 중간에 친지들이 어우러지는 제3의 공간이 있었고, 학교와 학원 사이 아이들이 즉흥적으로 어울릴 놀이터가 있었고, 지불 노동과 생애에 걸쳐 하는 일 사이에 다양한 경험과 활동이 펼쳐지는 또 다른 활동 공간이 있었다. 경제와 삶의 지속가능성을 이야기하려면 바로 이 제3의 영역, 눈으로 볼 수 없고 돈으로 살 수 없는 가치를 생산해 내는 삶의 장을 회복해야 한다.

'동네 나눔 부엌'이라는 장소를 상상해 보자. 동네마다 주민 자치 회관이나 동사무소가 있고 그곳에 직원 식당이 있다. 점심시간에만 사용하는 그 공공 공간을 주민들에게 개방한다고 생각해 보자. 독점이 아닌 공유의 원리를 삶 속에 뿌리내려 보자는 것이다. 여유가 생긴 주부들과 요리에 취미가 있는 프리랜서들이 일주일에 한 번씩 동네 부엌에서 국을 끓인다고 생각해 보자. 아마도 동네에 사는 대학생들이 가장 환영할 것이다. 4년 내내 공짜로 밥과 술을 얻어먹으며 대학 시절을 보냈다는 이야기는 호랑이 담배 피던 시절 이야기가 되어 버렸다. 돈이 없어서, 또는 바빠서 밥을 대충 때우거나 아예 못 먹는 청년들이 늘어나고 있다. 모두가 '집밥'을 그리워하게 되었고, 대학가에는 '함께 밥 먹자'는 동아리까지 생겨났다. 반찬 만드는 법을 가르쳐 준다면 동네 부엌은 더욱 붐비지 않을까? 국을 제대로 끓일 줄 모르는 나도 회식이 없는 날이면 배달 온 꾸러미 채소를 가지고 그곳에 가서 밥을 얻어먹고 부지런히 설거지를 할 것이고, 끼니를 제때 챙겨 먹기 어려운 젖먹이 아기 엄마가 오면 엄마의 식사 시간 동안 아기를 돌볼 것이다. 마을 학교를 다니는 아이들이나 딱히 갈 곳 없는 아이들이 방과 후에 동네 부엌에서 밥을 먹고, 정이 가는 동네 형들이며 언니들에게 숙제 좀 도와 달라고 하는 일도 벌어지지 않을까?

냉장고에 쌓인 식자재 때문에 골머리를 앓는 골드미스는 유통 기간이 끝나기 전에 식재료를 가져다 줄 곳이 생겨 행복할 것이고, 옥상 텃밭에 남아도는 파와 상추를 가져다 줄 아저씨도 기꺼이 단골이 될 것이다. 동사무소 직원들과 동장님, 구청장님, 시장님도 가끔 국을 끓이고 나누면서 민심을 들을 수 있을 테고, 자주 만나는 아이의 멘토가 되어 삶이 풍성해진 동네 어른들도 생길 것이다. 동네 아티스트가 식당을 따뜻한 분위기로 만들어 줄 것이고, 이런저런 마실로 마을은 안전하고 화기애애한 분위기가 될 것이다. 이런저런 이야기를 나누다 보면 마을에 필요한 일거리도 생기고 협동조합도 생기고 골목 카페도 생겨날 것이다. 이것이야말로 최고의 고부가 가치 산업 아닌가? 이웃과 함께하는 밥상 공동체로 지속가능한 삶의 시대를 열어가 보자. 오늘 저녁 가까운 주민 자치 회관으로 슬슬 산보를 나가 보실까? 2013.04.24 한겨레신문

'블록 어택'에 맞선
'도시 마을'의 산들바람

　　　　　　　집은 살기 위한 곳이지만 동시에 그 자체로 시대를 말한다. 서울 토탈미술관에서 서울을 낯설게 보는 전시회가 열렸다. 전시장에는 수직 뼈대 안에 다양한 모습의 집들이 위로 포개져 올라가는 특이한 구조물이 있다. 이 전시는 네덜란드 건축가 그룹 MVRDV와 글로벌 싱크탱크 '와이팩토리The Why Factory'가 3년간 아시아 도시들을 조사한 뒤 준비한 아시아 순회전이다. 이 전시회에서 작가들은 '블록 어택'(아파트나 초고층 건물 등 블록의 공격), 그리고 '버티컬 빌리지'(수직 마을)라는 개념을 제시한다.

　전시의 디렉터 위니 마스는 "동아시아 지역 조사를 통해 우리가 확인한 것은, 주거 공간이 주민이 진정으로 원하는 삶의 모습, 즉 공간적 풍부함과 사회적 다양성 같은 것을 담아 내지 못한 채 재산 증식의 수단에 머물러 있다는 점이었다."며 '블록'들에게 포위된 현실을 '블록 어택'이라 불렀다. 도시들이 삽시간에 "대량 생산된 주거 양식의 침략"

을 받았다는 말이다. 그는 홍콩과 싱가포르, 그리고 서울은 이미 블록들이 마을을 거의 휩쓸어 버린 상태이고, 베이징과 상하이는 블록들이 빠르게 퍼져 나가는 단계라고 말한다. 그중에서도 130만 아파트 단위를 기록한 서울이 가장 강력하게 블록 어택을 당한 도시이다.

이들은 고층 건물이 계속 만들어질 수밖에 없는 조건이라면 그나마 주민들의 다양한 삶의 욕구를 담아 내는 '수직 마을'을 만들어 보면 어떠냐는 제안을 한다. 건축 공법적으로도 충분히 가능하다는 것이다. 흥미로운 제안이다.

그러나 살고 싶은 집과 마을에 상상하며 그림을 그리는 주민들이 얼마나 될까 생각해 보면 걱정이 앞선다. 게다가 이것은 또 다른 토건 사업이 될 우려가 있지 않은가? 이들이 '수직 마을'이라는 발상을 통해 진심으로 하려는 말은 사람 사는 주거 공간, 곧 마을을 되찾자는 말이라고 생각한다. 여기서 마을은 농경 마을이 아니라 근대 초기부터 만들어졌던 도시 마을이다. 철근 콘크리트의 고층 주거 타워들이 들어서기 전에 존재하던 온기 있는 동네, 삶의 지혜가 묻어 있는 공동체적 삶의 그릇 같은 장소 말이다.

편리하고 평등한 주거를 외쳐 온 서울은 지난 10여 년 동안 사실상 속수무책으로 블록 어택을 당한 도시의 표본이다. 재개발 물결 속에서 서울은 물리적, 문화적으로 만신창이가 되어 버렸다. 엄밀하게 말하면 공격을 당했다기보다 정부와 시장과 주민이 합세해서 "닥치고 경제!"를 외치며 삶의 터전을 팔아넘겼다. 다양성이 포용되는 활기차고 친밀한 지역 사회를 건강한 커뮤니티라고 본다면 서울은 그런 커뮤니티를 꿈꾸지 않은 지 오래다. 서울은 친척도, 이웃도, 때론 가족도 없는, '한 몸' 관리하기에 바쁜 '무연'의 개인들이 분주하게 밥벌이를 하면서 살아가는 공간일 뿐이다.

이런 서울에 다행히 마을 만들기 바람이 불고 있다. 사업성과 수익성 기준으로 계획된 도시 건설의 파괴력을 간파한 시민들이 도심에서 마을 만들기로 반격을 시작한 것이다. 이들은 아이들이 뛰노는 골목, 항상 열려 있는 동네 미장원의 수다, 형들과 어울리는 만화 가게와 헌책방, 흥겨운 마을 주막과 진지하게 마을 이야기를 나누는 어른들의 사랑방을 기억한다. 개인성과 집단성이 상치되지 않는 삶, 돈이 전부가 아닌 삶, 품앗이와 단골 개념이 살아 있는 동네를 기억하는 이들이 모여, 공동 육아와 어린이 도서관, 녹색 도시 등을 주제로 새로운 도시 공동체를 꾸려 가고 있다.

"도시 공기가 자유롭다"며 도시로 간 이주민 2, 3세대는 이제 "도시 공기는 정겹다"면서 도시 안에 마을을 만들겠다고 나섰다. 이 신선한 도시 마을 만들기 바람을 서울시도 전격 지원하겠다고 한다. 이 바람이 아시아에 부는 블록 어택의 광기도 잠재우기를 바라면서 자, 천천히 내가 살고 있는 도시를 둘러보자. 2012.08.15 한겨레신문

自助　助

共助　助

公助　助

숲이 타고 있었습니다.
숲 속 동물들은 앞 다투어 도망을 갔습니다.
하지만 크리킨디란 새는 주둥이에 물고 온 물 한 방울로
불을 끄느라 분주했습니다.
도망가던 동물들이 그 모습을 보고 비웃었습니다.
'저런다고 무슨 소용이 있어?'
크리킨디는 대답했습니다.
'그냥 내가 할 수 있는 일을 할 뿐이야.'

2부

자공공 마을로 가는 길목에서
시대 공부를 위한 교재 몇 편
전환 시대에 부치는 편지

자공공 마을로 가는
길목에서

불량 **국가**를
탈출하다_적대적 국민에서 자율적 시민으로, 그리고 환대의 주민으로

누가 이 시대 흐름을 바로잡을 주체일까? '자율적 시민'은 '적대적 국민'인 부모 세대와 불화하면서 새로운 세상을 꿈꾼다. 복종을 강요하는 '불량 국가'를 탈출해 자기 결정권을 존중하는 '나라'에서 살고 싶어 한다. 그런 '나라'는 어디에 있을까? 그 나라는 자율적 시민이 스스로 도우면서 서로를 돕는 '환대적 주민'으로 변신할 때 만들어질 나라이다. 국가에 대한 맹신을 넘어서 근대 국민 주권 국가에 대해 질문을 던져야 할 때인 것이다.

국가를 낯설게 보기

우리는 조만간 큰 사고가 날 거라는 사실을 알고 있었다. 은행에 다니는 은행원도, 국가에 봉사하는 공무원도, 학생을 가르치는 교사와 대학 교수들도 자기가 몸담은 조직이 껍데기라는 사실을 알고 있었고, 4대

강 파괴 사업을 거침없이 감행하는 나라가 무사할 리 없다는 것도 알고 있었다. 그리고 드디어 엄청난 사고가 났다. 세월호 사건. 돈을 조금 더 벌겠다고 위태롭게 과적한 배가 버젓이 운행되다가 계약직 선장의 관장 아래 침몰하기 시작했다. 선장은 먼저 탈출했고, 승선한 고등학생들은 가만히 있으라는 방송만 들으며 정말로 가만히 있다가 세상을 떠났다. 이 비상사태에 대처하는 모습을 통해 해양경찰과 정부의 본얼굴이 드러났다. 모든 상황을 텔레비전 화면으로 지켜보면서 국민들은 말했다. "승객을 버린 선장이나, 국민을 버린 대통령이나⋯⋯"

누구도 책임지지 않는 사회, 우리는 위에서부터 아래까지 불량인 사회에 살고 있었던 것이다. 그간 선진국이 되면 모든 문제가 해결이라도 될 듯 화장을 진하게 하고 OECD에도 가입했지만, 결국 돈을 먹고 튀는 '먹튀 공화국,' 국민 안전과 생명을 보호하는 임무를 저버린 '불량 국가'에 살고 있었음을 이제 깨달았다. 인터넷 강국에다 '한류 대박'이라며 호들갑을 피우지만, 한편에서는 세월호 참사와 같은 황당한 사고들로 국민들이 무고하게 죽어 가는 나라, 위험천만한 고리 1호 원자력 발전소를 내버려 두는 나라를 여전히 믿으며 하소연하고 성토하고 있었던 것이다. 지금 정부와 국가 기구는 공략 대상이라고 하기에는 너무 낙후된 시스템이기에 그 시스템을 바꾸어 내기 위해서는 근원적 시각에서 변화가 필요하다는 사실을 알게 되었다.

돌이켜 보면 서구에서 출현한 '근대' 문명은 농경 사회를 무너뜨려 희망의 '국민 국가' 시대를 열었고, 그 '근대' 주역들은 세계를 누비며

민주주의(시민)와 국가주의(국민을 보호하는 어머니 국가), 그리고 자본주의(시장)를 퍼뜨렸다. 어느 정도 새로운 근대 체계를 갖춘 나라들을 '선진국', 아직 그렇지 못한 나라들을 '후진국'으로 부르면서 말이다. 이 근대화 과정은 두 힘의 각축전이기도 했는데, 하나는 이윤 추구가 목적인 시장의 힘이고 다른 하나는 더불어 잘 살자는 '공공'의 힘이다. 때로는 '돈으로 본 제국과 시장의 역사'와 '뜻으로 본 공공과 민주의 역사'로, '도구적 합리성'과 '소통의 합리성'이라는 원리로 구분하기도 한다. 좋은 사회란 이 두 힘이 균형을 이루는 사회이다. 최근 주목을 끌고 있는 『21세기 자본』글항아리, 2014의 저자 토마 피케티는 이 두 힘을 가리켜 "한쪽 방향으로는 지식, 교육, 기술의 확산을 통해 불평등을 감소시키는 힘이 있는 반면, 다른 한쪽 방향으로는 자본 이익률이 경제 성장률을 상회하면서 불평등을 심화시키고 있다."고 표현했다. 피케티는 공공 부채가 급속히 늘어나는 반면 사적 자본은 급격히 증가하는 최근 현상에 주목하면서, 이 결과로 만들어지는 '세습 자본주의'가 현 체제를 심각한 위기로 몰아넣고 있다고 말한다. 2차 세계 대전 이후 탐욕의 시대에 대해 진지한 성찰이 일었던 반세기가 있었으나, 지금은 일방적 자본이 질주하는 매우 위험한 시점이라는 것이다.

국경을 자유롭게 넘나들게 된 자본으로 인해 늘어나는 실업률과 경제 침체를 감당하기 어려워진 선진국들은 국가에 있는 공공 영역을 시장에 팔아넘기기 시작했다. 1980년대에 미국 레이건 대통령과 영국 대처 수상이 의기투합해 불러일으킨, 이른바 신자유주의 바람이다. 고삐 풀린 자본은 절묘한 장치들을 동원해 모든 사람들이 돈을 욕망하게 만들었다. 한편으로 자본과 결탁한 국가는 국민을 극소수의 부자와 다수의 빈자로 나누며 경제 파탄의 위기를 낳았다. 권위도 존경도 상실한 권력자들은 공권력까지 동원해 힘을 유지하기에 급급할 뿐, 국가가 당면한 문제를 풀 의지도 능력도 상실해 가고 있다. 철학자 지그문트 바우만은 지금의 혼란기를 가리켜, 오래된 질서가 죽어 가는데 새것은 태어나지 않은 '인터레그넘interregnum'(공백기)이라고 부른다. 이는 국왕이 죽고 다음 왕이 세워지기 전의 시점으로, 사회 질서의 연속성이 파열을 경험하는 시기이며 갖가지 혹세무민의 변란이 일어나는 춘추 전국 시대이다. 사회학자 브루노 라투어는 현재 질주하는 자본의 체제가 마치 불변하는 질서처럼 버티고 있지만 그것은 무사유 시스템이기 때문이며, 이 체제를 거대한 시스템이 아닌 "배려와 조심스러움, 사람들의 일상적 삶에 드러나는 위험들과 가능성들"로 파악할 때 해체가 가능하다고 말한다. 신자유주의적 발전은 결국 국제 테러와 기후 변화, 환경 오염과 종자 독점 등 전 지구적 위기를 초래했고 그 암울한 모습에 우리는 종종 인류 종말을 보는 듯 절망하기도 한다. 산적한 문제를 풀기 위해 인류는 전 지구적 차원에서 협동해야 하는데, 영토주의와 약육강식의 원리를 고수하려는 적대적 국가주의는 그런 문제를 풀 역량을 전혀 키우지 못한다. 이제 그것을 해낼 새로운 '나라'의 출현이 불가피한 것이다.

불량 국가를 꿰뚫어 보는 자율적 시민

이번 세월호 참사는 '정부란 무엇인가', 더 근본적으로는 '국가란 무엇인가'라는 질문을 던져, 국민들이 대대적인 시대 학습을 하게 했다. 초고속 경제 성장과 불균형 발전의 결과, 질주하는 자본의 횡포와 공공성을 상실한 국가의 실체를 적나라하게 본 것이다. "대한민국의 주권은 국민에게 있고 모든 권력은 국민으로부터 나온다."는 헌법 제1조가 더 이상 사실이 아님을 알아차린 이들이 처음으로 보인 반응은 이민을 가겠다는 것이었다. 사실상 이제 우리는 마치 부족 사회처럼 국적을 쉽게 바꿀 수 있는 시대를 살고 있다. 세월호 참사 이후 엄마들이 모이는 인터넷 까페에는 호주 이민을 가려면 36억, 동남아로 가면 17억 정도가 필요하다는 등 자세한 견적들이 올라왔다. 그러나 이들은 냉정한 계산 후에 이민을 가지는 않기로 했다. 대신 이 땅에서 자신과 자녀들을 위한 나라를 새로 만들어 내겠다고 했다. 이들이 애국주의 때문에 고국에 남기로 하는 것은 결코 아니다. 오히려 민족과 국민을 말하는 부모 세대의 국민 콤플렉스나 권위주의, 배타성, 그리고 적대감과는 거리가 멀다. 이들은 타산적이고 개인적이고 의심 많고 삐딱한 시민들로, 자신은 오로지 개인일 뿐이라고 말할 가능성이 높다.

일제 압박 아래 나라 잃은 서러움을 겪었던 저항적 민족주의자들의 애국심을 의심하는 바는 아니다. 그들에게 조국 광복과 경제 발전은 가슴 벅찬 일이었음을 우리는 부모님이나 조부모님의 모습을 떠올리는 것만으로도 쉽게 공감한다. 하지만 스스로 자율적 인간이고자 하는 청년들이 부모 세대를 부담스러워하는 이유는, 바로 그런 국가주의가 파시즘을 닮아 가기 때문이다. 한편으로는 민족의 이름으로 문화 상품을 만들어 어떻게든 돈만 벌려 들고, 다른 한편으로는 자신들이 당한 그대로 다른 사람을 지배하려는 욕망을 펼칠 때, 그 '애국'은 추해지고 국가는 불량해진다. '구글'이라는 한 회사가 보유한 현금이 미국이 가진 현금 보유액보다 많은 현실에서, 국가의 파산도 언제든 일어날 수 있다는 사실을 아는 세대에게 국가주의는 이제 어떤 효과도 내지 못하는 낙후한 이념일 뿐이다.

　문제는 이 '불량 국가'가 여전히 '국가'의 이름으로 온갖 장치를 동원해서 이들을 회유하고 탄압하려는 시도를 포기하지 않는다는 점이다. 함께 지혜를 모으는 공공 지대를 없애는 한편, 공권력을 동원해 정보 통제 수위를 높이면서 독재 시대로 회귀하여 그 불량성을 더하고 있다. 다양성의 공존을 유도해야 할 국가가 단일한 국민 정체성을 강조하며 외려 국민을 분열시키고 권위주의 국가로 회귀하고 있는 것이다. 지난 대통령 선거에서 불거진 국정원 댓글 사건과 댓글 알바꾼들의 등장은 이런 흐름이 낳은 현상이다. 최근의 대대적 여론 조작을 보며 나치 독일 시대 선전부 장관을 지낸 요제프 괴벨스의 어록을 떠올린다. 괴벨스는 "충분한 반복과 사람들의 심리 파악을 통해 네모가 실은 동그라미라고 믿게 할 수 있다. 말은 단순한 말일 뿐이므로 얼마든지 옷을 입히고 위장하여 새롭게 만들 수 있다."거나, "선전은 원하는 것을 이루면 좋은 선전이고 원하는 것을 이루지 못하면 나쁜 선전이다. 선전의 목표는 제대로 알아 가는 데 있는 것이 아니라 성공하는 데 있다.”고 말하며 유럽을 파시즘의 폭풍으로 몰고 간 인물이다. 21세기 대한민국 국가가 그 괴벨스의 유령을 불러오고 있다.

세월호 사태는 자본을 비호하고 적대적 국민을 양산하여 유지해 가는 '불량 국가'의 민낯을 보여 주었다. 그리고 꽃다운 아이들은 더 이상 불량 국가를 신뢰하지 말고 자체적으로 새로운 거버넌스를 만들어 가라는 교훈을 남기고 떠났다. 재일교포인 내 남편은 아이들에게 여행 중인 나라의 국기를 선물하자는 말에 알레르기 반응을 일으킨 일이 있다. 국기를 펄럭이며 끔찍한 세계 대전을 치른 일본에서 성장하고 전후 평화주의자 교사들에게 교육받은 영향이었을 텐데, 나 역시 그때 생각한 바가 많았다. 그리고 지금 다시 태극기 펄럭이며 등장한 국가주의에 우려의 눈길을 보내지 않을 수 없다. 어느 때보다 공공성과 개성의 조화를 이루어 가야 할 시점에 집단주의와 공권력 확보에나 주력하는 이런 퇴행적 움직임을 어찌할까? 신뢰 사회를 만들어 내고 글로벌 협력을 이루어 낼 이들은 어디에 있을까? 나는 그런 작업을 해낼 이들이 국가주의에 매몰되지 않은 자율적 시민이라 생각한다. 그 자율적 시민들이 책읽기를 좋아한다면 임지현의 『민족주의는 반역이다』소나무, 1999라는 책을 읽었을 것이고, 국가를 낯설게 보여 주는 정희진의 『페미니즘의 도전』교양인, 2005을 통쾌해하면서 읽었을 것이다. 노명우의 『혼자 산다는 것에 대하여』사월의책, 2013를 반갑게 읽은 독신이거나 자녀를 타율적 교육 체제에서 탈출시켜 좀 다른 길을 가게 한 부모일 수도 있다. 나는 자율성을 중시하는 이 개인들이 '환대의 주민'으로 진화할 때 새로운 시대가 열린다고 본다.

최근 엄기호는 『단속사회』창비, 2014에서 "편만 남고 곁이 파괴된" 단속 사회를 넘어서 다름과 만나며 삶의 연속성을 이어 가자고 말하는데, 이들이 스스로를 돕는 차원을 서로 돕는 차원으로 높여 갈 때 새로운 거버넌스가 만들어지리라는 뜻이다. 많은 시민들이 애도의 마음으로 진도를, 안산을, 서울시청 분향소를 찾아 나서고 있다. 이 시민들은 섣불리 애도를 마감하지 않을 것이다. 누구도 명령하지 않았지만 꼭 기억해야 할 것은 반드시 기억하고 국가가 무엇인지, 내가 누구인지 질문하기를 그치지 않을 것이다. 하루하루 살기 바쁘고 피로해서 생각을 접어 버리게 만드는 신자유주의적 덫에 빠지지 않기 위해 서로 돕고 손을 잡을 것이다.

살림/살이 경제를 일구는 마을과 환대적 주민

"원고료는 따로 드리지 못하고 유기농 현미 4킬로그램을 보내 드립니다."

글쓰기가 허망하게 느껴지는 요즘, 굳이 이 글을 쓰겠다고 한 것은 청탁의 글 끝에 달린 이 문구 때문이었다. 내가 자주 가는 동네인 하자센터 허브카페에서도 돈을 주고받지 않는다. 허브지기들이 회의 끝에 쌀을 받기로 했단다. '동네 부엌'이라는 이름을 걸고 자주 가마솥을 걸어 국을 끓이고 밥을 나눠 먹기 때문에 쌀이 필요하고, 또 쌀은 쌓아 놓으면 보기만 해도 푸근하기 때문이라고 한다. 이 지기들은 '노머니 경제'를 주창하는 팀으로 '화폐 사회'에서 탈출하는 방법을 찾아내고 익히는 중이다. 그곳에 들릴 때마다 돈에 구애되지 않고 행복하게 지내는 '마을살이' 또는 '부족살이'에 가까이 가는 내 모습이 뿌듯하다. 내가 좋아하는 청년들 중에 이와 비슷한 카페를 운영하는 사람들이 또 있다. 이들은 조용조용히 함께 카페를 운영하다가 사람이 많아지면 또 다른 카페를 찾아내고, 집 문제를 궁리하다가 셰어 하우스share house를 꾸려 함께 살고, 먹거리를 해결하려고 자연스럽게 텃밭을 가꾼다. 자기들에게 필요한 것보다 더 큰 텃밭을 구하면 다른 이들에게 분양해서 자연스럽게 생태운동도 하게 되었고, 그렇게 지내다 보니 한 달에 50만 원 정도면 살 수 있다는 것도 깨달았다. 화폐에 매이지 않는 이들의 삶이 내게는 참 훌륭해 보인다.

나눌 줄 아는 사람은 아주 적은 돈으로도 즐겁게 지낼 수 있다. 어떤 이유에서건 더불어 살 줄 모르는 사람은 사는 데 많은 비용이 든다. 자본주의 사회에서는 돈만 있으면 많은 것을 쉽게 해결할 수 있지만, 이 체제는 돈을 버는 만큼 쓰게 만드는 '오묘한' 체제인 까닭에, 버는 액수와 관계없이 늘 결핍된 상태를 살아가게 된다. 게다가 그 돈을 벌기 위해 타율 노동을 하지 않으면 안 되고, 점점 그 양이 늘어나면서 일에 매몰된 삶을 살게 되며, 의논하는 것을 잊어 가다가 결국은 협력하는 법조차 잊으면서 '사람' 아닌 '괴물'이 되어 버리기 십상이다. 나 자신이 화폐 공화국의 국민이고 싶지 않기에, 불량 국가의 국민이고 싶지 않기에, 고료 대신 쌀을 주겠다는 잡지사 글메김꾼의 청탁서가 반갑고 돈을 받지 않는 카페의 단골임이 자랑스럽다. 돈이 끊어지면 관계도 끊어지는 세상, 주는 것 없이 남을 미워하는 적대의 세상과 결별하고 우정과 환대의 마을을 만들기 시작하자. 당신은 부르면 언제든 달려올 이웃사촌과 때때로 공짜로 밥을 먹을 수 있는 단골 식당이 있는 마을에서 살고 있는가? 안심하고 살아갈 수 있는 비빌 언덕 없이 우리는 아무것도 새롭게 도모할 수 없다. 그래서 나는 30% 정도는 대국민 뉴스를 잘 보지 않는 국민으로 지내고 있다. 그러면서 또 다른 30%는 글로벌 시민, 나머지 40%는 마을 주민으로 균형 잡힌 삶을 살아가 보려고 노력 중이다. 2014.06 월간『작은 것이 아름답다』

작고도 **큰** 시작,
마을살이_『서울시 마을 공동체 사업 백서』 발간사

인류는 늘 '마을'을 이루어 살았습니다. 인구의 다수가 도시로 이주한 '근대'에도 사람들은 '마을'을 이루어 살았습니다. 이웃 간에 인사하고 경조사를 함께 치르고 급할 때면 서로 도왔습니다. 최근 잠시, 마을 없이 바쁘게 살던 시대가 있었는데 사람들은 아주 불행해했습니다. 서울에서도 요즘 부쩍 돌봄, 단골, 품앗이, 전환 도시, 살림/살이 경제에 대한 이야기들이 오가고 있습니다. 다시 '마을살이를 하자'는 '마을 만들기' 논의가 일고 있는 것입니다.

개인주의를 강조해 온 근대 역사를 보면 도시의 '마을 만들기'는 배가 고픈 시기를 지나면서 '양보다 질적 수준이 높은 삶,' 곧 '물질과 정신이 균형 잡힌 삶'을 찾으려는 자각에서 시작되었습니다. 이른바 선진국인 서양의 경우는 18, 19세기경 이런 움직임에 따라 '근대적 마을살이'가 정착합니다. 정원을 부지런히 가꾸고 창가에 제라늄 화분을 걸어 두는 도시 풍경이며, 동네 책방과 작은 가게들이 고즈넉한 옛 모습으로 단장하고 단골을 맞이하는 모습, 도심 광장에서 정기적으로 열리는 '농부들의 시장'이나 주민이 모두 참여하여 준비하고 즐기는 마을 축제, 일상생활에서 문제를 겪을 때면 시민들이 모여서 진지한 회의를 통해 해결해 가는 관행은 모두 주체적인 시민들과 지방자치체가 함께 지속적으로 마을 만들기 운동을 벌여 이루어 낸 산물입니다.

서구를 좇아가느라 급급했던 아시아는 마을보다 국가가 좀 더 강력한 추동체 역할을 한 경우입니다. 그래서 마을을 만들려는 움직임은 좀 늦게 시작됩니다. 고도의 경제 성장을 이룬 일본은 1964년 도쿄올림픽을 거치면서 삶의 질을 이야기하기 시작했고, 경제 성장이 절정에 달한 1970년대에 관과 민이 협력하여 '마을 만들기(마치즈쿠리) 운동'을 일으켰습니다. 한국도 비슷한 패턴을 따라 경제 성장률이 최고에 이른 1988년 서울올림픽 이후, 그리고 1990년대 성수대교와 삼풍백화점이 붕괴하는 충격을 겪으면서 삶의 질에 대해 이야기하기 시작합니다. 특히 입시를 목적으로 한 제도권 교육을 거부하면서 공동육아를 하려는 부모들 중심으로 마을 만들기와 비슷한 움직임이 일기 시작했습니다. 1990년대 말부터는 서울시에서도 주민 참여형 도시 계획에 대해 관심을 기울이기 시작하였습니다. 아파트 투기 열풍이 채 가라앉지 않은 상황에서 이런 움직임은 별달리 주목받지 못했지만, 2000년 북촌 한옥 마을 사업을 시작으로 주민들과 함께 담장을 허물고 골목길을 개선하는 '살마지(살기 좋은 마을 만들기형 지구 단위 계획 시범 사업)', '서울 휴먼 타운 사업', '주민 참여형 주거 재생 사업' 등의 마을 만들기 사업이 이따금 시도되었습니다.

마을 만들기는 딱히 국가별 경제 사정에 따라 좌우된다고 보기 어렵습니다. 그 움직임은 총체적 난국이라 할 수 있는 상황에서 전 지구적으로 동시에 일고 있기 때문입니다. 1980년대 말부터 지구상의 자연 자원은 한계에 도달했으며 환경 변화와 함께 경제 성장에 대한 불확실성도 높아지기 시작합니다. 자연적, 사회적 위기가 일상이 되고 돌이킬 수 없는 심각한 사고들이 발생하면서 거대 국가나 전 지구적 단위가 아닌 지역 단위의 중요성이 강조되기 시작합니다. 불확실성이 높아지는 '위험 사회'에서 주체적인 시민들이 자구적 움직임을 일으킨 것이지요. 기술의 진보, 민주적 제도, 제대로 된 분배가 따르지 않는 물질적 풍요로움만으로는 재앙만 커질 뿐, 좋은 사회가 오지 않는다는 사실을 시민들이 자각하기 시작했습니다.

실제로 무리하게 성장주의적 전략을 펼치면 지자체도 파산할 수 있다는 것을, 2006년 일본 유바리 시가 여실히 보여 주었습니다. 2013년 미국 디트로이트 시가 파산한 경우를 보아도 거대 도시들은 전면적 방향 전환이 필요한 시점에 왔습니다. 다행히 지금과 같이 복합적인 문제가 산적한 상황을 타개하는 방법은, 국가나 기업이 아니라 문제를 안고 있는 당사자들이 함께 지혜를 모으면서 적극적으로 해결해 가는 방법밖에 없다는 것을 알아차린 이들이 늘고 있습니다. 국가와 국제기구에서도 인류의, 그리고 개별 도시의 지속가능한 삶을 위해 '지역 회복력 regional resilience'이라는 개념에 초점을 맞추어 어떤 충격에도 잘 대응하고 회복하는 인프라와 높은 학습 능력이 있는 주민 공동체 형성이 무엇보다 중요함을 강조하기 시작했습니다. 지속가능한 삶을 함께 고민하고 만들어 가는 탄력성 있는 공동체만이 예상치 못한 재난 가운데서도 흔들리지 않는다는 사실을 인식하고 그런 방향으로 대대적 전환을 이루어 내려는 것입니다.

서울은 지금 그 대대적 전환이 일어나고 있는 주요 도시 중 하나입니다. 최근까지 서울 도시 정책의 근간은 '개발'이었습니다. 모든 것을 허물고 새로 지어 버리는, 돈으로 해결하는 방식이었습니다. 거대한 아파트들이 들어서고 시민들은 자주 옮겨 다녀야 했습니다. 국가나 기업에서 주는 수입원을 바탕으로 돈을 빌려 아파트를 사고 적절한 투자와 부채를 굴리고 핵가족 단위로 소비 생활을 하면서, 시민들의 삶은 날로 각박해지고 이웃 간 거리는 소원해졌습니다. 그 와중에 서울은 어느 도시보다 급속도로 비빌 언덕 없이 파편화된 개인들의 도시가 되어 갔습니다. 특히 서울에서 자주 일어나는 '층간 살인 사건'이나 성범죄, 그리고 '은둔형 외톨이'의 삶은 서울에 살고 있는 시민들의 긴장 상태, 또는 적대 심리를 적나라하게 드러내는 지표입니다.

"위기는 기회"라는 말이 있습니다. 다행히 상황의 심각성을 인식한 시민 사회와 개혁 성향의 시장이 의기투합하여 대대적인 전환의 움직임이 시작되었습니다. 2011년 10월, 시장이 바뀌고 '마을 공동체'를 서울 시정의 핵심으로 삼으면서 본격화된 움직임입니다. 우선 관에서는 그간에 자생적으로 일고 있던 마을 공동체 활동들이 더 활성화될 수 있도록 지원하는 일에 주력했습니다. 민간 중심의 '서울시 마을공동체 종합지원센터'라는 중간 조직을 만들어서 이 사업을 추진하게 하였고, 관과 민이 협력하면서 언어를 조율하는 기간을 거치고 있습니다. 자기 동네에서 풀뿌리 활동을 해 온 지역 활동가와 후기 근대적 문명 전환을 연구해 온 전문가들, 그리고 서울시의 개혁적 공무원들이 주체적으로 참여하면서 '도시 전환'의 토대를 닦아 가는 것입니다. 서울시는 대도시에 산적한 문제를 풀 해법으로 '관계망'과 '공유 공간'을 제시합니다. 이제는 서울시 25개 자치구에서 수천 개의 다기 다종한 마을 커뮤니티들이 함께 배우고 일하고 즐기고 공부하면서 '지역적 회복력'을 높이는 작업에 활기를 더하고 있습니다.

마을 공동체는 단지 서울시 주요 정책 중 하나가 아니라 '애벌레가 나비가 되는' 패러다임 전환, 즉 총체적 도약을 위한 사업입니다. '지역적 회복력' 분야에서 사용하는 용어를 빌리면 '지역 경제 역량' 및 '인구 사회적 역량'과 함께 '커뮤니티의 학습과 연결 역량'을 키우는 사업이며 '나' 개인이 아닌 '우리'의 내공과 소통력, 창의력, 지혜로움과 보살핌, 그리고 공동 작업 능력을 키우는 사업입니다. '결과' 못지않게 '과정'을 중시하고 '성과' 못지않게 '학습'을 중시하여, 근대 초기 확립된 행정에 개혁을 불러오리라 기대하고 있습니다. 1960년대 빈곤에서 벗어나려 애썼던 '새마을 운동'은 협력하는 사회적 분위기 덕분에 가능했습니다. 2010년대 서울시가 추진하는 마을 공동체 사업은 시민들이 서로 돌보는 플랫폼을 만들어 냄으로써 스스로 역량을 키우고 지속가능한 도시 서울을 만들어 가려 합니다.

　이 책은 이 거대한 시도에서 첫 2년간의 기록입니다. 다시 강조하건 대, 마을 공동체 활동은 거대한 문명 전환을 향한 작은 시작입니다. 이 책에 실린 서울시의 다양한 '돌봄 공동체', '문화 공동체', '경제 공동 체'와 '주거 공동체'들을 가만히 들여다보면 새로운 세상이 보일 것입 니다. 그들이 어우러져 '오래된 미래'를 만들어 낼 때 행복한 '서울살 이'가 시작됩니다. 사람살이의 다양함을 기록하고 정리한다는 것은 쉽 지 않은 일이지만, 이 책에는 왜 이런 활동을 시작하게 되었고 어떤 흐 름으로 왔는지, 그리고 현황은 어떤지 소상하게 정리하고자 최선의 노 력을 기울였습니다. 이 분야에는 아직 제대로 된 전문가가 없습니다. 기존 패러다임에 익숙한 '전문가'들은 이러한 활동을 이해하기 어렵기 때문에, 일단 실제 마을에서 활동하는 실천적 전문가들이 중심이 되어 서 현장 보고서를 정리했습니다. 기존 기록만을 보아 온 이들에게는 낯 선 면이 있겠지만, 새 전문가들의 출현에 앞서서는 아마추어 작업이 활 발하게 이루어져야 한다고 생각합니다. 풍부한 상상력과 애정 어린 시 선으로 읽어 내시기 바랍니다.

　모쪼록 우리의 이러한 노력들이 하드웨어에 치우쳐 온 서울의 '토건 국가살이'를 행복한 '마을살이'로 전환해 내기를 바랍니다. 더 나아가 출구가 보이지 않는 현 '지구살이'에 새로운 출구를 제시하기를 바랍 니다. 이런 작지만 거대한 전환의 발걸음에 각자 선 자리에서 각자의 방식으로 참여하시며 즐겁고 유익한 나날 보내시기 바랍니다. 2014.02

전환 **마을**을
노래하다_일본 이토시마 마을 방문기

　　　　　　　　　새해를 시작하는 주간에 학생들과 함께 행복
한 사람들이 많이 살고 있는 한 마을을 다녀왔습니다. 일본 규슈 해변
'이토시마'라는 지역에 모여 사는 이들은 과거와 미래, 자연과 사람, 생
명과 생명의 끈을 이어 온 '오래된 미래'가 계속되길 바라는 주민들입
니다. 이들 중에는 정규 직장에 다니며 돈을 버는 이들도 있지만 자신
이 원하는 만큼만 일하는 프리랜서도 있고 전혀 돈벌이 노동을 하지 않
는 이들도 있습니다. 공통적인 점은 이들이 텃밭을 가꾸거나, 옷을 만
들거나, 집을 고치거나, 요리를 하거나, 예술적 활동을 하거나, 집 관리
를 하거나, 아이를 키우고 아픈 이들을 치유하는 일에 꽤 많은 시간을
바친다는 것입니다. 마을 곳곳에 자연 농법을 활용한 크고 작은 밭이며
건강한 먹거리를 파는 가게 겸 식당, 마을에 필요한 것들을 만들어 내
는 공방들이 있고, 마을 장터도 정기적으로 열립니다. 대부분이 아이가
있는 부모들이지만, 독신으로 지내거나 결혼을 하지 않은 청년들도 많

습니다. 청년들 중에는 공동으로 큰 집에 모여 살면서 마을에 활기를 불어넣어 주는 이들도 있었습니다.

마을 안에서 실천하는 살림살이 경제의 다양한 모습

우리가 간 첫날은 마침 지역 신사들을 방문하는 신년맞이 순례의 마지막 날이었습니다. 순례를 이끄는 스님은 아름다운 바닷길을 안내하면서 앞으로 태어나 이곳을 걷게 될 다음 세대를 위해 마음을 모으며 걷자고 순례자들에게 당부했습니다. 그는 북미 원주민들이 중요한 일을 결정할 때 늘 7세대 앞을 내다보면서 결정했다는 점을 주지시키면서 우리도 그렇게 살자고 했습니다. 이들이 부활시키려는 전통은 일본 전통만이 아니라 전 지구상에 존재했던 전통 중 지금 시대 사람들이 되살려야 할 가치였습니다. 농부, 컨설턴트, 공정 무역 회사 직원, 제과사, 접골사, 보육사, 엄마, 아빠 등 필요한 여러 가지 일을 하는 이들은, 2012년 마을 활성화를 위해 '이토나미'라는 비영리 법인을 만들기도 했습니다. 이들은 "나누지 않으면 사는 게 아니다"라는 오래된 진리를 자발적이고 느슨한 관계망 속에서 실현해 가고 있습니다. '돈벌이 경제 활동'도 하지만 '살림살이 경제'에 더 비중을 둔 마을살이를 하는 분들이라 하겠습니다.

제가 만난 주민 몇 명에 대해 이야기를 좀 해 볼까요? 27년 전에 이곳으로 이사 온 50대 중반의 가가미야마 에쓰코 씨는 자연 농법으로 가족의 먹거리를 자급하는 주부입니다. 1986년 첫 아이를 임신했을 때 체르노빌 원전 사고가 터져 버렸는데, 당시 일본에서는 방사능 오염을 막기 위해 유럽산 수입 과자를 모두 내버리는 등 난리가 났다고 합니다. 가가미야마 씨는 아기에게 위험한 먹거리를 먹일 수 없다는 생각에 자연 농법을 시작하기로 결심했습니다. 그래서 남편 일터와는 멀지만 텃밭을 마련할 수 있는 이곳으로 이사를 왔고, 밭이 딸린 큰 집에서 두 딸을 키웠습니다. 큰 딸은 중학교 때 학교가 싫다며 등교하지 않겠다고 했는데, 자신은 별로 걱정이 되지 않았다고 합니다. 그냥 함께 즐겁게 농사를 짓다가 4년이 지나자, 딸이 먼저 공부가 하고 싶다며 대학에 들어가더라고 합니다. 학교에 가는 것을 좋아한 둘째 딸은 보육 교사가 되어서 독립해 살고, 가가미야마 씨의 텃밭은 이제 우리 같은 방문객들을 위한 자연 농법 학교가 되고 있습니다.

마사토 가와구치 씨는 여섯 아이를 키우는 아버지이자 건축설비사입니다. 아이들과 함께 있는 것을 매우 좋아하는 그는 마흔이 넘어 보육사 자격증을 땁니다. 아이들을 위해 남자 보육사가 필요하다는 생각이 들어 직업 전환을 하기로 했답니다. 살고 있는 집 아래층을 아이들 공간으로 개조한 뒤, '와쿠와쿠(두근두근)' 과자 가게를 운영하는 두 아이의 어머니와 의기투합해서 세 아이가 다니는 '와쿠와쿠 보육 클럽'을 열었습니다. 이 보육 클럽은 3년이 지난 지금 19명의 아이들이 씩씩하게 자라는, 그 지역이 자랑스럽게 생각하는 보육원이 되었습니다.

마사토 씨는 정부 지원을 받으면 간섭이 많아서 지원을 받지 않기로 하고 정부에 '보육원'이 아닌 '보육 클럽'으로 등록했습니다. 운영은 아이와 가족의 필요에 따라 유연하게 이루어집니다. 정부 지원을 받지 않아 경제적으로는 여유가 없는 편이지만, 부모와 이웃들이 함께 만들어 가는 에너지가 살아 있기 때문에 보육원은 늘 풍성하고 행복한 기운이 가득합니다.

회사를 다니며 혼자 자유롭게 살던 비혼 여성 이마무리 사토코 씨는 은퇴 후 일주일에 한 번 이곳에서 아이들 식사 준비를 맡아 합니다. 원래 아이를 좋아하지 않던 편인데, 보육 클럽에서 시간을 보내며 아이들이 얼마나 예쁜 존재인지를 알았다면서 아이들 덕분에 노후 삶의 기쁨을 만끽하게 되었다고 했습니다. 부모들도 자신의 일정에 따라 수시로 보육 활동을 돕고, 프리랜서 부모들 중에는 일당을 받고 이곳 일을 함께하는 이들도 있습니다. 보육 클럽은 아이들을 행복하게 키우는 곳이자 많은 사람들을 엮어 주는 마을 허브hub인 것입니다.

그 지역 멋쟁이인 후지몽 부부는 자연 농법으로 농사를 지으며 사는 예술가 부부입니다. 생태주의적 전환의 삶을 살다가 최근 남편 후지이 요시히로 씨가 녹색당 후보로 시의원에 출마하기로 했습니다. 별명이 '후지몽'인 그는, 일본 정치가 좌우로 대립한 상태에서 굳어 버렸다면서 다시 사람들이 만나 이야기를 나누는 장이 필요하다고, 그것이 바로 정치라고 말했습니다. 이토시마에는 물론 생태주의적 전환을 하려는 새로운 주민들만이 아니라 예전부터 대대로 그곳에 터를 닦고 살아온 전형적인 농부 가족도 있고 일반적인 회사원 가족도 있습니다. 그는 지역 주민들이 자민당과 반反자민당으로 양분되어 있지만, 적어도 자연을 회복시켜야 한다는 것, 그리고 아이들을 건강하게 키우자는 점에서는 같은 생각을 한다면서 이 두 가지를 중심으로 새로운 정치를 시작할 것이라고 했습니다. 마을 장터에서 펼친 그 선거 운동의 하이라이트는 후지몽 씨의 기타 반주에 맞추어 아내 레이코와 동료들이 평화를 기원하면서 추던 아름다운 훌라춤이었습니다.

망가진 세상에 대항하여 '지속가능한 전환 마을'을 노래하다

이토시마의 이야기는 먼 나라 이야기일까요? 아닙니다. 이토시마에서 우리가 보고 온 '마을살이'의 모습은 전 세계적으로 일고 있는 '지속가능한 전환 마을'의 모습입니다. 영국에 있는 토트니스Totnes 마을 주민들은 2020년경에 석유 생산이 정점Oil Peak을 이룬다는 소식을 접하며 석유 없이 살아가는 마을살이를 시작했습니다. 에너지 전환이라는 목적 아래 다양한 삶의 활동이 벌어지기 시작했습니다. 자연 농법으로 텃밭을 만들고, 토종 종자를 보호하며, 집과 정원을 공유하고 그 지역에 맞는 나무들을 심고, 가까운 지역에서 나오는 먹거리를 이용하는 '푸드 마일리지' 운동도 합니다. 이런 지역에는 어김없이 조금 일찍 이런 전환의 중요성을 인식하고 활동해 온 촉매자animator/촉진자facilitator들이 있습니다. '이토나미'라는 비영리 단체를 만든 분들처럼 말입니다. 다양한 목적을 위한 품앗이와 두레 등 단골 관계가 활발해지다 보면 때로는 협동조합과 마을 기업으로 발전하기도 합니다. 자연스럽게 지역 경제가 튼실해지고 사람살이가 안정되는 것이지요. 이런 전환을 해낸 분들이 사는 것에 대해 별로 불안해하지 않는 이유입니다.

세상은 생각보다 훨씬 빠른 속도로 망가지고 있습니다. 2011년 9월 11일 2,996명의 목숨을 앗아간 세계무역센터 폭격 사건, 2008년 뉴욕발 서브 프라임 모기지 사태, 2011년 3월 11일 후쿠시마 사건은 모두 단순한 사고가 아닙니다. 물신주의와 맹목적 과학 기술주의와 토건주의가 초래한 결과이지요. 보이는 성과와 효율만 강조하면서 돌봄과 양육을 무시해 온 근대 '사냥꾼들'에 의한 역사는 이제 그 종말에 다다랐습니다. 그 체제가 여전히 굴러가고 있다는 사실에 절망하는 이들이 있지만, 거대한 역사의 수레바퀴를 단번에 멈추기는 어렵지요. 서서히 그 수레바퀴는 멈출 것입니다. 그리고 그를 멈출 힘은 지속가능한 전환 마을을 만들어 가는 사람들로부터 나올 것입니다.

서울에서도 전환 마을 운동이 일어나고 있습니다. 근대화 과정을 압축적으로 거친 한국의 경우, 노동 강도와 불행 지수 등 여러 OECD 지표가 말해 주듯이 그 위기의 정도가 더욱 심한 편입니다. 층간 소음으로 살인 사건이 일어나기도 하고 멘붕 상태로 외톨이의 삶을 살아가는 사람들이 폭증하는 현실이 사태의 심각성을 말해 주고 있습니다. 부모들은 사교육 시장이나 보험 회사의 경쟁에 휘말려 과도한 학원비와 보험료를 내느라 과로하고, 아이들은 학교와 학원을 오가는 셔틀에서 피로해하고, 나날이 '하우스 푸어house poor'니 '워킹 푸어working poor'니 하는 불행한 신조어들만 생기는 피로한 '토건 국가'에서 '마을'이라는 단어가 떠오르는 것은 다행한 일입니다. 우리에게 위기를 직시하고 소통하려는 의지, 곧 지역적 삶의 회복력이 있다는 증거이니까요.

불행한 '토건 국가'에서 행복한 '마을살이'로

위기의 정도가 심각해서인지 서울시에서 시민들의 마을살이를 적극적으로 지원하겠다고 나섰습니다. 앞서 '와쿠와쿠 보육 클럽'이 정부 지원을 받지 않는다고 한 점과 대비되는 점이지요. 무언가를 새로 만들고 살려 내기보다 관리 감독에 익숙한 관이 얼마나 '마을살이'를 잘 지원할지 의심의 눈초리를 보내는 이들이 많지만, 기본적으로 앞으로의 국가는 토건 사업이 아니라 '사람살이' 쪽을 적극 지원하는 방향으로 가는 것이 옳습니다.

이토시마의 전환적 마을살이가 키워 낸 젊은 주민 후지몽 씨가 1월 말 시의원 선거에 당선되면 '와쿠와쿠 보육 클럽'도 관의 지원을 기꺼이 받는 식으로 제도를 바꾸어 내려고 노력하겠지요. 그런 면에서 서울시가 산적한 대도시 문제를 '마을살이' 개념으로 잘 풀어낸다면 위기에 처한 현 지구 주민들을 위해 커다란 공헌을 하는 것일 테지요. 인구 천만 명이 넘는 초超대도시에 웬 마을이냐고 의아해하는 분들이 적지 않지만, 십여 년 전까지만 해도 대부분의 서울 사람들은 동네에서 아이들을 함께 키우고 노인을 돌보고 호혜적 경제 활동을 해 왔습니다. 그런 기억이 있기에 오히려 서울에서 전환 마을 운동이 생각보다 쉽게 이루어지리라는 희망이 있습니다.

이토시마에 함께 간 학생들이 작별의 시간에 말했습니다. "이렇게 행복해하는 사람들이 가득 모인 곳에 있어 본 기억이 없습니다." "'안 된다'고 말하지 않고 아이들을 키울 수 있다는 것이 신기했습니다." "셰어 하우스에서 키운 닭을 잡기 전에 따뜻하게 안아 보라고 했습니다. 그리고 고통 없이 세상을 떠나게 했습니다. 그 닭 한 마리를 구워서 30여 명이 나누어 먹었습니다. 이 기억들을 안고 돌아갑니다." "행복하기 위해 돈이 그렇게 많이 필요하지 않다는 것, 필요한 것은 신뢰하는 사람 관계라는 것, 세상을 아름답게 하는 일이 멀리 있지 않다는 것을 알고 갑니다."

이제 우리는 일상을 보기 시작합니다. 일상의 실천 속에서 에너지 문제를 풀고 안전한 삶을 살아가려 합니다. 마을의 안전은 CCTV나 고용된 순찰대원들이 아니라 서로 믿고 사는 이웃들이 함께 지켜 내는 것이지요. 좋은 교육은 비싼 돈을 내야만 받을 수 있는 것이 아니라 놀이터에서 친구며 동네 형, 언니, 할머니, 할아버지와 만나서 신나게 놀고 관계를 맺는 와중에 이루어지는 것이고요. '경쟁과 적대의 자아'를 형성한 사람은 '멘붕'에 빠지기 쉽지만 '협동적 자아'가 발달한 사람은 자존감이 높고 안정적이며 창의적입니다. 자연 농법을 이용한 지혜로운 텃밭 일구기부터 요리, 아이 보기, 집수리하기 등 각자 남들과 나눌 재능을 키워 가는 주민들, '자기 계발'과 '자기 책임'이라는 프레임에 갇히지 않고 남과 고민을 나눌 줄 아는 젊은이들, 대대로 이어질 탄생과 죽음의 의례에 참여하며 7대 후손들을 위해 자원을 보존하고 풍성하게 가꾸어 가는 행복한 사람들을 만나고 싶습니다.

　새해에는 더불어 함께하는 기쁨을 만끽하는 나날이기 바랍니다. 누구에게나 친절한 미소를 짓는 시간보다는 진심으로 친한 관계를 맺는 시간을 더 많이 누리면 좋겠습니다. 이웃과 함께 상부상조하면서 서로가 비빌 언덕이 되어 오순도순 지내는 '마을살이'의 한 해가 되기를 기원합니다. 2014.01 서울시 마을공동체 종합지원센터 웹진

일상을 만나는 건축,
착한 일 하면서 먹고살기_2013 정림학생건축상 심사평

훌륭한 건축가는 모두 인류학자라고 생각한다. 인류학은 사람들 사이의 관계와 그들이 지향하는 가치, 그리고 그런 상호 작용이 만들어 낸 권력 구조를 특정한 시간과 공간의 틀 안에서 탐구하는 학문이기 때문이다. 인류학자가 현장에 가서 (원)주민과 만나는 것은 건축가가 건축주들을 만나는 과정과 기본적으로 같다. 상대를 만나기 위해 둘 다 참여 관찰과 심층 면접법을 적극적으로 활용한다. 그래서인지 나는 건축계 분들과 오래전부터 친분을 쌓아 왔다. 그쪽에서 부르면 몸을 아끼지 않고 달려가서 기꺼이.협업을 하는 편이다. 이번 공모전도 그런 맥락에서 참여했고, 또 참여하면서 아주 많은 것을 배웠다.

그간 나의 협업 이야기를 좀 해 보면, 1980년대에는 연세대 건축학과 김성우 교수와 연세대 앞 신촌 거리를 바꾸어 보자며 공동 수업을 했다. 우리는 수업에 건축가들과 신촌 문화 운동가들을 초대했고, 건축학도와 인류학도들로 팀을 짜서 신촌 탐사를 하게 했다. 신촌 주민들을 심층 인터뷰하며 현장 조사를 다니게 한 것이다. 팀 작업을 하면서 내 학생들은 건축학과 학생들이 사람에 대한 호기심도 없고 기술적이라며 불만을 드러냈고, 건축학과 학생들은 반대로 문과 사람들이 말만 하고 작업할 것들은 갖고 오지 않는다며 불만스러워했다. 어쨌든 학기 말에 학생들은 신촌 기차역을 새롭게 단장하고 연대 앞 신촌 거리를 차 없는 거리로 만드는 등 대단한 설계도를 만들어서 공개 발표회도 열었다. 모두가 뿌듯해하며 헤어진 기억이다. 그때 함께한 친구들 중 아직도 신촌 문화 관련한 일을 하는 친구들이 있다. 그 설계도는 활용되지 못했지만, 공동 수업을 통해 몸속에 쌓인 기억은 지금까지 효력을 발휘하고 있는 것이다.

인류학적인 감수성이 아주 풍부한 건축가 고故 정기용 선생을 만난 것도 그 수업에서였고, 그 이후 나는 그분을 문화인류학 수업에 자주 초대했다. 우리 학생들 중에는 정기용 선생님 팬이 아주 많았다. 1990년대 중반, 그분은 '서울건축학교'라는 곳에 나를 초대해 주었고, 나는 그곳에 가서 종종 강의를 했다. 주로 탈식민주의에 대한 강의였는데, 그곳 '학생들'의 인문학적 수준은 인문학도들 못지않게 높았다. 이 학교는 김수근문화재단에서 지원하는 실험적인 건축 학교였는데, 나는 그런 학교가 건축 전문 대학이나 대학원으로 정착한다면 우리나라 건축계의 미래가 아주 밝으리라고 생각했다. 당시 그곳에 의기투합해 있던 건축계 분들을 보면 그것을 해낼 수도 있을 것 같았다. 그들은 나라에 대한 애정과 열정이 가득했으며 후배를 잘 키워 보겠다는 열의도 대단했다. 그들은 기성 대학에서 가르치는 건축학이 토건 사업에서 크게 벗어나지 못한다는 점을 반성하면서 건축학의 새 지평을 열어 가고자 했고, 그래서 탈근대주의와 탈식민주의에 대한 공부를 열심히 한 것이다. 아직 이 학교는 원래 목적하던 시대적 전환을 전격적으로 해내지는 못한 것 같다. 1990년대 말 경제 위기를 기점으로 한국 사회는 거대한 전 지구화의 물결, 특히 금융자본주의와 신자유주의의 소용돌이 속에 휘말렸고, 건축계만이 아니라 1990년대 들어서 시도되었던 다른 분야의 실험적 작업들도 상당히 위축되었다. 정부는 시장을 살려야 한다면서 거대한 국토 개발 사업과 아파트 건설 등 '난개발' 공사들을 강행했고 '부익부 빈익빈' 현상이 곳곳에서 벌어졌다. 건축학도들이 취직하기 어려워진 것도 이러한 승자 독식 체제가 정착했기 때문이다.

다행히 최근 들어 많은 사람들은 이것이 더는 지탱하기 어려운 체제임을 알아차리기 시작했다. 특히 2008년 뉴욕발 금융 위기로 인한 세계 경제의 파탄과 2011년 후쿠시마 핵 발전소의 재난은 이제 인류의 삶이 이대로 굴러가서는 안 된다는 점을 분명히 해 주었다. 곳곳에서 사회적 경제와 협동조합 논의가 일고 있고 공생과 나눔의 가치가 부각되기 시작한 것도 바로 이런 맥락에서이다. 시장(도구적 합리성)이 식민화해 버린 일상적 삶(소통의 합리성)을 회복하지 않으면 경제도 회복될 수 없고 지구상의 모든 생물체가 오래 살아갈 수 없다는 사실을 인식하는 이들이 늘어나고 있는 것이다.

1960년대 후기 근대에 관한 논의가 일어나던 당시, 앙리 르페브르는 『현대 세계와 일상성』기파랑, 2005이라는 책을 통해 '일상성'에 주목하자고 촉구했다. 일상성은 사람들이 만들어 내는 일상의 흐름이며 간주관적 현실을 구성해 내는 과정이다. 일상성 연구자들은 그간 근대 문명이 강조해 온 거대주의, 추상주의, 이론주의, 과학 기술주의의 한계를 넘어서서 개인들의 일상이 어떻게 사회 구조와 연결되는지를 밝혀내고자 한다. 전기 근대의 사회 과학이 뒤르케임이 말한 사회 구조(집단의식)의 발견에서 시작되었다면, 후기 근대의 사회 과학은 그 구조적 관점이 지나치게 지배하여 사라질 지경에 이른 개인과 일상을 재발견하며 다시 시작되었다. 문화인류학자들은 르페브르의 일상성 논의를 크게 환영했다. 그간 자신들이 해 온 일이 바로 일상성 연구였기 때문이다. 인류학자들은 낯선 사회에 들어가면 제일 먼저 그곳 지리와 공간 구성을 살펴보고 세밀하게 인구 구성을 파악해 간다. 그 동네에 숟가락이 몇 개인지를 아는 사람은 인류학자인 것이다. 그를 통해 한 사회의 물리적 환경과 경제, 그리고 일상적 상호 작용 아래에 깔린 욕망과 신념의 심층 구조를 파악해 나간다. 마치 추리를 하는 탐정처럼. 이는 곧 개인과 사회, 미시와 거시, 일상과 제도, 구체와 추상을 연결하는 일이고, 특정 시간과 장소에 주목함을 의미한다. 바우만이 '액체 근대'라는 말로 표현했듯이, 현재의 삶은 너무나 복잡하고 유동적이며 불확실한 상태로 굴러가고 있다. 구조기능주의나 데카르트적인 세계관으로는 설명이 불가능한 상황이 온 것이다. '프랙탈' 원리로 작은 것들의 총체성과 움직임을 제대로 파악하고, 그 움직임의 원리를 통해 전체 생성 원리를 다시 찾아내야 한다. 다시 기본으로 돌아가는 것, 일상을 되찾는 것, 사람에 주목하는 것이 중요해지고 있다. 이런 차원에서 이번 주제로 잡은 '일상의 건축: 삶과 공간의 관계 회복을 위한 건축'은 아주 시의적절한 주제다. 내심 나는 이 건축상 심사에 참여하면서 훌륭한 청년 건축학도들, 곧 훌륭한 인류학도이기도 할 청년들과 만나게 되리라 기대했다.

3월 23일 금요일, 아르코 강당의 공개 심사장으로 가는 길이 즐거웠던 것은 바로 그런 이유였을 것이다. 예상대로 나는 그곳에서 일상의 삶을 보고 사람을 접하는 청년들을 만났다. 창신동 봉제 골목의 작업장을 바꿔 보려는 「잃어버린 사계를 넣어주다」와 성수동 구두 공장 내부를 바꿔 보려는 「성수동 '주인공들'의 공간」, 홍대 앞 오래된 카센터 사장을 인터뷰한 「그 카 센터」, 여자 경찰들을 위해 경찰서 공간 개조를 시도한 「여경 탐구 생활」은 여러 차례 인터뷰와 현장 관찰을 통해 타자의 삶에 가까이 가고 있었다. 이미 관여해 오던 지역 아동 센터를 새롭게 구성해 본 작업 「만복이네 공부방」, 자기들이 다니는 캠퍼스 타운을 바꿔 보는 작업 「동네 일상 탈환」에서는 실제 문제를 풀어낼 현실 감각을 크게 키워 가는 모습을 엿볼 수 있었다. 특히 「동네 일상 탈환」 프로젝트에서 본 이동식 폴리 커뮤니티는 나 같은 인류학자에게 매우 신선하게 다가오는 발상이었다. 급변하는 시점일수록 그런 중간적 매개의 시공간이 필요한데 왜 그런 생각을 미처 못했을까 싶다. 구도심의 낙후된 상가를 다룬 작업 「Leave a Space and Infill Usual」이나 공동주거「Omnibus hAus」, 작업실 개조「사소 취대」, 엄마의 동선을 고려한 주택 개조「입헌 군주제」작업 등에서도 건축은 일상의 삶 읽기 작업에서부터 시작해야 한다는 점을 알아차리는 좋은 기회가 되었을 것이다.

학생들 작업에는 여전히 추상주의와 거대주의, 기능에 치중하는 결과주의 관성이 남아 있다. 그러나 일상의 의미, 그리고 작은 것의 의미를 알게 된 이 청년들이 성장하면서 변화가 올 것이라고 나는 믿는다. 사랑하는 할머니의 가게가 있는 장소를 새로운 생성의 장소로 만들어 가면서, 익숙한 봉제 작업장 배치를 좀 달리하여 여유롭게 숨을 쉬는 장소로 만들어 가면서 청년들은 점점 더 많은 것을 깨닫게 될 것이다. 일상을 가능하게 하는 돌봄과 애정에 대해, 축적된 시간과 기억, 욕망이 아닌 욕구, 그리고 착한 일을 한다는 것에 대해서 말이다. 그래서 나는 이번 공모전 작품들이 '스펙 한 줄'에 그치지 않고 실행 가능한 작업으로 이어지기를 바란다. 때마침 사회적 기업과 협동조합 등의 이름으로 이런 작업들을 지원하려는 분위기가 형성되었고, 관과 기업의 지원이 아니더라도 텀블벅(https://tumblbug.com)과 같은 클라우드 펀딩 등 다양한 지원들이 사회를 아름답게 하는 작업들을 뒷받침하고 있다.

당부하건대 건축학도들은 공학과 인문학 사이에서 그 본연의 자리를 찾아가면 좋겠다. 좀 더 두리번거리며 역사 속에서 살아가는 '나'를 알아 가려 한다면, 그리고 인문 사회 과학을 하는 동료들을 만난다면 이 작업은 좀 더 즐겁고 쉬운 작업이 될 것이다. 사회에 도움 되는 착한 일을 하려는 마음, 여러 사회 문제들을 해결해 보겠다는 동기에서 모인 다면 작업의 어려운 고비들도 잘 넘길 것이다. '나'라는 것은 고정된 주체가 아니라 내가 맺는 관계의 합이며 사회적 과정의 일부라는 것을 알아차릴 때 역지사지의 훈련을 해갈 수 있을 것이며, 외톨이가 아닌 '우리'로서 작업을 계속할 수 있을 것이다. 이는 곧 미시와 거시, 개인과 집단/문화를 연결하는 작업이며 역사를 새로 써 가는 작업, 건축계에 새로운 생명력을 불어넣는 일이다. 이 공모전의 자리가 바로 그런 가능성을 품은 이들이 만나는 자리였으리라 믿고 싶다. 착한 일을 하면서 즐겁게 먹고사는 건축가들, 그리고 일상의 감각이 있는 인류학적 건축가들이 늘어날 때, 우리는 다시 '즐거운 우리 집'과 '살기 좋은 우리나라/동네'를 노래할 수 있을 것이다. 2013.03

시대 공부를
위
한
교재 몇 편

베이비 붐 세대에게 **말** 걸기

『미래에서 온 편지』 리처드 하인버그, 2010, 부키

　　　　　　　　스스로를 '만물의 영장'이라고 불러 온, 지구상
에 꽤 늦게 나타난 인류는 이제 그 항로를 바꾸지 않으면 생존이 어려
운 지경에 도달했습니다. 문명은 번성과 쇠퇴를 거듭한다는 사실을 우
리는 일찍이, 아마도 중학교 교과서에서 배운 것 같은데, 현실에서는
이 사실을 잊곤 합니다. 이 책의 저자 리차드 하인버그는 현대 화석 연
료에 기반을 둔 문명이 빠르게 내리막길을 가고 있음을 보여 주면서 새
로운 시대를 만드는 일에 착수하자고 권합니다. 현대 문명이 한계에 도
달했고 지구가 사라질 운명에 처해 있다는 종말론 책은 그다지 새롭지
않습니다. 이 책이 그런 책들과 좀 다른 점이 있다면 과학, 문화, 생태
등의 분과를 넘나들면서 풍성한 이야기를 담았다는 점일 것입니다. 저
자는 '미래에서 온 편지'라는 장에서 역사가로, 엔지니어로, 때로는 농
부로, 그리고 게릴라적인 시민운동가로 살았던 한 가상의 인물, 2107년
에 100세가 된 노인의 입을 빌어 지금 시대를 말합니다. 그러면서 이 시

대의 시민은 역사가가 되고 농부가 되고 엔지니어가 되고 시민운동가가 되지 않을 수 없음을 보여 줍니다.

역사가로서 그는 특히 전후에 태어난 베이비 붐 세대에게 인류 문명의 회생을 위해 나서 달라고 당부하고 있습니다. 서구 역사로 보면 1차 세계 대전부터 1930년에 이르는 동안 자본주의가 커다란 위기에 봉착했는데, 그 시대의 주역들은 엄청난 곤경 속에서 자유와 민주주의를 지켜 내었고 인류사상 유래 없는 풍요의 시대를 열었습니다. 저자는 바로 그 생산주의 세대의 자녀 세대, 곧 베이비 붐 세대로 풍요를 누린 세대입니다. 지금 60세 전후가 된 그들은 지구 자원의 상당 부분을 소유한 세대입니다. 인류의 생존을 위해 시대적 전환이 시급하다면 지금 움직여야 할 주요 인구 집단은 바로 그 베이비 붐 세대일 것입니다. 그래서 이 책에서 저자는 베이비 붐 세대에게 변화를 이루어 내자고 간절하게 말을 걸고 있습니다.

실제로 생산주의 세대와 베이비 붐 세대 이후 그 자녀들은 풍요롭게 자랐지만, 서서히 쇠퇴하는 문명을 물려받았을 뿐입니다. 이들은 부모 세대처럼 자수성가해서 스스로 집을 마련하는 일이 자신들에게는 거의 불가능하다는 것을 알고 있습니다. 금융계의 흐름으로 부동산 값이 터무니없이 올라서, 베이비 붐 세대는 평생 먹고살 돈을 가진 분들이 적지 않지만 그 자손들은 집을 마련하는 꿈도 꾸기 힘들게 된 것이지요. 그래서 그들은 부모 집에 기생하는 세대가 되고 있습니다. 게다가 이 가난한 청년 세대는 국가가 진 엄청난 액수의 빚까지 물려받아야 하는 상황에 있습니다. 현재의 청년 세대가 '무기력한' 세대가 되어 점점 골방으로 숨어드는 현상은 바로 이런 역사적 과정 때문입니다. 상대적으로 많은 경험을 하고 많은 것을 소유한 베이비 붐 세대는 여전히 활기가 넘칩니다. 어려웠던 어린 시절에 대한 기억과 함께 나날이 나아진 삶의 경험도 있기에 이분들은 삶에 애착이 많습니다. 이분들은 여전히 과학이 모든 것을 해결해 줄 수 있다고 믿으며 에너지가 무한정 있다고 착각하기도 하고 영원히 살고 싶어 하기도 합니다. 이 책의 저자는 "전례 없는 파티를 즐긴" 그 세대에게 인류를 구할 마지막 기회이니 함께 나서자고 말합니다.

이 책에는 현대 문명의 주인공들과 그에 반발하는 베이비 붐 세대 히피들에 대한 이야기도 있습니다. 그 히피들은 평화롭고 정의로운 문명적 전환을 노래했지만 산업 에너지에 뿌리를 둔 문명과 '기업 국가'에 대한 이해가 부족했기에 그들의 운동이 결국 불발탄에 그쳤다는 것이지요. 저자는 시대의 심각성을 인지하지 못하는 것을 '문화적 혼수상태'라고 표현하고 있습니다. 저는 이 책이 우리에게 '문화적 혼수상태'에서 벗어나 항로를 바꾸어 가는 촉진제가 되기를 바랍니다. 특히 자녀와 손주 세대의 미래를 염려하는, 일선에서 물러난 지혜로운 베이비 붐 세대에게 일독을 권하고 싶습니다. 가진 것이 많은 부모 세대의 영향과 압력이 갈수록 심해지고 있는 한국 사회이기에 더욱더 "전례 없는 파티를 즐긴 세대"의 역할이 중요하고, 그들이 해낼 시대적 학습 내용이 중요합니다. 한정된 화석 연료를 무한하다 생각하고 사용해 온 세대가 자연과 새로운 계약을 맺어야 할 때입니다.

　이 책의 번역을 맡은 분은 베이비 붐 세대인 아버지와 그 딸입니다. 과학과 자본을 섬긴 기성세대 부녀가 손주/자녀 세대를 염려하면서 시대를 넘어서자는 생각으로 이 책 번역에 착수하였다고 합니다. 나는 책 내용도 중요하지만, 건설 세대에 속하는 공학도 아버지와 근대 절정기에 자란 과학자 딸이 함께 번역해서 한국 독자들에게 소개한다는 점에 큰 의미를 두고 싶습니다. 지금은 세대 간의 소통과 협력이 무엇보다 필요한 시점이기 때문입니다. 특히 정신없이 달리는 삶을 살면서 많은 것을 이루고 지금은 좀 편히 지내는 은퇴하신 베이비 붐 세대 어른들이 이 책을 읽고 문명 전환에 앞장서 주었으면 하는 바람이 있습니다. 인류의 미래에 터무니없이 낙관적이었던 성장주의 세대와 베이비 붐 세대의 필독서가 되었으면 하는 바람입니다. 이제 우리는 무한 경쟁에서 살아남은 자녀가 아니라, 농부의 삶을 지향하고 타인을 돌보는 일을 즐거워하며 '가난한 의사'와 '생활 속의 과학자'가 되려는 자녀를 자랑스럽게 생각해야 합니다. 이 책에서도 이야기하듯 지속가능한 삶은 인구의 20%가 '창의적 농부'가 될 때 가능한 일이기 때문입니다. 그럴 때 아마도 우리는 다시 희망을 이야기할 수 있을 것입니다.

　백발이 성성한 나이의 고교 동창들이 모여 이 책을 읽고 둘러앉아 토론하는 모습을 상상해 봅니다. 그분이 자녀와 함께 이 책을 읽으며 손주가 살아갈 세상에 대해 염려하는 장면도 그려 봅니다. 자신들이 망친 문명을 고쳐 안으면서 자존을 회복해 가는 아름다운 모습을 보고 싶습니다. 그런 날이 올 것을 예상하면서 먼저 그 관계의 모델을 보여 준 이 책의 번역자 송광섭, 송기원 부녀께 고마운 마음을 전하고 싶습니다. 2010.03

게으른 부모가 되자

『즐거운 양육 혁명』 톰 호지킨슨, 2011, 랜덤하우스코리아

　　딱딱한 이야기를 좀 해 보려 합니다. 요즘 아이를 키우는 부모들의 고충이 보통 심한 게 아닌지라, 시대 이야기부터 짚고 넘어가야 할 것 같습니다. 요사이 날이 갈수록 왜 아이를 낳았는지 모르겠다는 말을 하는 부모들이 늘어나고 있습니다. 돌이켜 보면 지금보다 훨씬 가난한 시절에도 부모들이 그런 말을 하지 않았는데 말이지요. 농사짓던 때를 생각해 보면 서로 다 아는 마을에서, 그것도 대가족으로 살면서 '양육'에 대해 고민한 사람은 별로 없었습니다. 그나마 아이를 키울 안전한 시공간이 있었고, 아이들이 기대고 좋아할 어른들이 주변에 꽤 많이 있었으니까요. 그 당시 젊은 부부였던 분들은 어른들 눈치 보느라 아이를 대놓고 예뻐하지 못한 것이 마음에 걸린다거나 고된 시집살이가 힘들었다는 말을 털어놓기는 하지만, 아이를 키우기가 너무 힘들었다고 하늘이 꺼지듯 한숨을 내뱉는 일은 별로 없었던 것 같습니다.

산업화와 핵가족화로 아이 키우는 것은 전적으로 부부의 일이 되었습니다. 그래도 경제 성장기에는 좀 나았던 것 같습니다. 1980년대에 내가 관여했던 '또하나의문화'라는 모임에서는 육아 문제를 두고 『평등한 부모, 자유로운 아이』또하나의문화, 1985라는 동인지를 펴낸 적이 있습니다. 자녀를 민주적인 소통이 가능한 환경에서 키워야 한다는 내용을 담은 책이었지요. 이어서 『누르는 교육, 자라는 아이들』또하나의문화, 1989이라는 동인지도 펴냈습니다. 아이들이 성적을 비관하여 자살하는 제도 교육을 부모들이 힘을 합쳐 바꾸어야 한다고 주장하는 책이었습니다. 그때만 해도 가정과 학교에 만연한 가부장적 권위주의와 비뚤어진 관료 문화만 잘 바꾸면 아이들이 자유롭고 창의적으로 자랄 것이고, 그러면 세상도 아주 좋아질 거라고 생각했습니다. 그래서 '참교육'과 '열린 교육'을 위한 교사와 학부모 운동이 활발하게 일기도 했습니다.

그런데 세상은 생각처럼 되지 않고 있습니다. 경제 성장과 더불어 일상의 민주화가 일정하게 이루어지기는 했는데, 부모들이 무서운 복병을 만난 것이지요. 그 사이 일터 자체가 변해 버린 것입니다. 직장에서는 강도 높은 노동을 해야 하고, 동시에 조기 은퇴의 불안을 감수해야 하는 상황에서 어른과 아이들의 삶이 점점 어려워지고 있습니다. 특히 '선진국형 실업 사회'로 변하면서 부모는 부모대로 시간에 쫓기고 아이는 미래에 먹고살 일에 대한 불안감에 내심 쫓기고 있습니다. 그런 불안감 때문에 직장을 그만두고 아이를 세심하게 매니징하는 어머니들이 늘어나고 있지만, 사실상 이 시대는 그런 매니징이 통하지 않는 불확실성의 시대입니다. '다음 세대를 돌보는 과제'가 제대로 수행되지 못하는 사회가 되어 버린 것이지요. 어머니들은 각자 그 문제를 풀어 보려고 안간힘을 쓰지만, 그런 노력을 사적으로 하면 할수록 혼돈 상황이 더욱 커지고 있습니다.

자기 삶을 기획하여 자수성가한 부모들이 기획 관리하며 키운 아이들이 명문대에 입학할 확률은 높아졌습니다. 어쩌면 버젓한 회사에 입사하는 것까지는 부모와 조부모의 능력으로 가능할지 모릅니다. 그러나 어느 날 갑자기 "쉬고 싶다"며 모든 것을 때려치우는 일도 일어날 겁니다. '떡실신' 청년들이 나타나는 것이지요. 이들은 그간 부모가 해준 힘겨운 '투자'를 되돌려 주기 어렵다는 것을 알기에 부모에게 늘 미안한 마음이라고 말합니다. 이런 현실은 자녀 개인의 능력이나 노력의 문제가 아니라 현재의 '고용 없는 성장' 시대가 청년들에게 적절한 일거리를 제공하지 못하는 구조적인 문제 때문이지요. 서구에 비해 더욱 소비를 부추기는 일본과 한국에는 명품을 비롯해 소비에 집착하는 '돈 먹는 하마' 자녀 때문에 힘들어하는 부모들이 상당수 있습니다. 반면 집 밖으로 나가는 것 자체를 두려워하는 무기력한 성인 자녀들 때문에 가슴앓이를 하는 부모들도 늘어나고 있습니다. 모성애를 잘못된 방향으로 부추기는 사교육 시장은 강박증과 편집증에 걸린 '매니저 엄마들'을 양산합니다. 매니저 엄마와 입시 전문가가 합심하여 '트랙을 달리는 경주마'를 키워 내는 데 성공을 하기는 하지만, 그 성공은 한시적인 것입니다. 최근 '사교육 걱정 없는 세상'을 위한 학부모 운동이 일기 시작했습니다만, 여전히 해결책을 찾기란 그리 쉽지 않습니다. 혼자서 잘한다고 해결될 문제가 아니기 때문이지요.

이런 딜레마 상황을 인지한 부모들에게 좋은 선물이 될 책이 나왔습니다. 작가이자 세 아이의 아버지인 톰 호지킨슨 씨는 '과잉보호'와 '소비문화'에서 아이들을 살리는 길이 '게으른 부모'가 되는 것이라고 합니다. 호지킨슨 씨는 첫아이가 탄생할 때 무조건적 사랑의 의미를 깨닫게 되지만, 그건 한순간일 뿐이라고 말합니다. 아이가 태어난 지 얼마 되지 않아 유명 상표가 붙은 턱받이며 값비싼 요람을 선물 받으면서 부모라는 존재는 평생 자식에게 '돈 쓰는 사람'으로 착취당하는 덫에 걸려들고, 그 덫에 걸려든 부모들은 끊임없이 허둥대면서 '부모됨'의 고생길에 대해 불평하게 된다고 그는 말합니다. 이런 상황에서 아이들이 아름다운 성인으로 자랄 거라고 기대하기는 힘들지요.

호지킨슨 씨는 게으른 부모가 되자고 권유하지만, 가만히 책을 읽어보면 실은 '시장 사회'와 기존 규범에서 벗어나면서 부모됨을 부지런히 즐기라는 말을 하고 있습니다. 적어도 아이가 어린 몇 년 동안만이라도 "좋아"라고 말하면서 스트레스에서 해방된 육아를 하자고 말합니다. 소비 사회의 압박과 스스로의 불안, 강박에서 벗어나 아이들과 함께하는 삶을 즐기고 활기 있는 시간을 보내라는 것이지요. 그는 돈과 텔레비전과 인터넷에 매달리지 말고 아이들을 내버려 두는 긍정적 외면과 격려가 필요하다면서, 아이들을 진심으로 존중하면서 그들 곁에서 뒹굴라고 말합니다. "미래에 대한 걱정은 접어라. 지금은 아이들과 함께 즐겨라"고 주문합니다. 그러면서 아이가 집안 심부름도 하고 설거지도 하게 해서 존중받는 사회의 한 성원으로 키우라고 말합니다.

그가 제시하는 첫 번째 게으른 부모 강령은 "우리는 양육이 고된 노동을 필요로 한다는 생각을 거부한다."는 것입니다. 양육을 즐거운 노동으로 바꾸라는 것이지요. 그는 또 강령에 "우리는 태어나는 순간부터 아이들의 삶을 침범하는 광적인 소비주의를 거부한다.", "우리는 가족끼리 외출을 하거나 여행을 떠나는 데 돈을 낭비하지 않는다."라고도 쓰고 있습니다. 그는 단란한 가족의 대명사가 된 가족 여행을 거부하고 창조적 부모가 되라고 말합니다. "게으른 부모는 창의적인 부모다." "게으른 부모는 알뜰한 부모다." "우리는 들판과 숲에서 뛰어논다." "우리는 일을 적게 한다. 특히 아이들이 어릴 때는 일을 적게 한다." 그는 또한 "학교는 부차적이다."라고 말하면서 예술을 이야기합니다. "우리는 음악과 춤의 유쾌함으로 집안을 가득 채운다." "우리는 건강과 안전에 관한 이런저런 지침을 거부한다."면서 그는 게으른 부모가 실상은 제대로 "책임을 지는 부모"라고 말하고 있습니다.

저자는 아이들에게 노동을 돌려주어야 한다고 말합니다. 일이 곧 놀이이고 배움이 곧 즐거움이라는 것을 아는 사람으로 성장하도록 하는 것이지요. 그는 아이가 스스로 쓸모없는 존재, 누군가에게 짐이 되는 존재라고 생각할 때 '징징 짜는' 아이가 된다고 우려를 표합니다. 그러니 어릴 때부터 기꺼이 심부름을 하고 즐겁게 설거지도 하는 아이로 키우라고 권합니다. 또 좋은 양육은 고통을 피하는 것이 아니라 고통에 대처하는 능력을 키우는 것이라고 합니다. 그러니 아이가 넘어져서 무릎이 까지고, 신발이 물에 젖고, 흙투성이가 되어도 내버려 두라고 말합니다. 삶에는 위험이 따른다는 것, 즉 즐거움과 마찬가지로 고통 역시 삶의 일부라는 것을 알게 해야 한다는 뜻이지요. 그는 또 "아빠(엄마)는 네 학비와 이런저런 비용을 벌기 위해 하기 싫은 일을 한다"는 투의 탄식을 작은 아이 귀에 뿜어내지 말라고 말합니다. 그런 아이는 커서 아버지처럼 '노예 노동'을 버틸지는 모르지만, 스스로 일을 만들어 내거나 일터를 즐거운 곳으로 만들 능력은 갖지 못하게 된다고 말합니다. 그래서 호지킨슨 씨는 부모에게도 "완벽을 구하지 말라", "자연을 중요시해라", "잠을 푹 자라", "식사 시간을 즐겨라"는 조언도 건네고 있습니다.

　최근 들어 주변에서 아이를 '내버려 두기'로 했다는 부모들을 종종 만납니다. 현명한 젊은 부모들이 늘어나는 모양입니다. 자녀를 0.1% 안에 드는 승자로 키울 자신도 없고, 설령 '트랙을 달리는 경주마'로 키워도 그 아이가 행복하게 산다는 보장이 없다는 것을 알았기 때문이겠지요. 어쩌면 그보다 사회(시장)가 요구하는 부모 역할을 더 이상 해낼 의미를 찾지 못했거나 해낼 수 없어서일지도 모릅니다. 최고가 되기보다는 그냥 자기답게 살고 싶다는 이야기도 듣곤 합니다. 설령 경쟁에서 살아남아 연봉 1억 원을 받는다 해도, 40대 중반이면 퇴출당할 가능성이 매우 높고, 그 이후의 삶을 제대로 살아 내기 힘들다는 사실을 부모들이 간파한 것이겠지요.

이 책에는 바로 그런 젊은 부부들이 읽으면서 "맞아, 맞아!" 하고 공감할 부분이 많습니다. 무엇인가를 기획한다고 해서 그 결실이 보장되지 않는 '불확실성의 시대'에 자녀를 '마이크로 매니징'하는 것만큼 위험한 짓도 실은 없을 겁니다. 자존감, 자생 능력, 자활 능력을 키워 갈 조건을 마련하는 일이 훨씬 더 중요하니까요. 호지킨슨 씨는 즐기는 능력을 무력화하는 부모 노릇은 이제 그만 하고, 스스로 자신을 돌보자고 말합니다. 주말 가족 여행 따위 번거로운 일을 일부러 계획하지 말고, 아이들과 함께 마당이나 베란다에 완두콩을 심고 책상도 만들어 보라고 권합니다. 아이에게 "물 마실래? 싫다고? 그럼 주스? 사과, 아니면 오렌지 주스? 파란 컵에?" 따위의 말은 절대 하지 말고 식탁 위에 놓인 소박한 음식에 감사하며 먹게 하라고 말합니다. 그냥 함께 사는 작은 존재를 존중하며 그들의 행동을 관심 있게 지켜보고 곁에 있어 주면 된다는 것이지요. 호지킨슨 씨의 말처럼 돈 많이 드는 가족 나들이, 고가의 장난감, 학교에서 받는 높은 성적이나 화려한 '스펙'은 일차적인 것이 될 수 없습니다. 아이에게 필요한 것은 거래하지 않는 사랑과 안정감일 것이고, 나중에 커서 "나는 행복한 어린 시절을 보냈어."라고 말할 수 있는 자존감과 '좋은 삶'을 살아가고자 하는 의지일 것입니다. 이는 자신의 삶에 만족하는 조금 여유롭고 '게으른 부모들'이 줄 수 있는 선물일 테지요.

물론 이 책은 많은 것을 생략하고 있습니다. 그중에서 부모가 게을러지려면 좋은 친구들을 만들어 두어야 한다는 점, 주변에 좋은 어른들과 함께 또래 친구들이 많아야 한다는 점을 놓치고 있습니다. '내버려둔' 아이를 위한 꽤 괜찮은 마을, 곧 우정과 환대의 시공간이 필요합니다. 호지킨슨 씨처럼 아이가 셋이 아니라 하나일 때는 더욱 다양한 사회적 관계망 속에서 아이가 자라도록 신경을 써야 할 테지요. 사회 경제적 활동을 하는 어머니들은 전업주부보다 '게으른 부모'가 되기에 오히려 좋은 조건에 있다는 이야기도 여기에는 빠져 있습니다. 그러나 한국 상황을 보면 취업을 한 어머니들은 그런 상황을 적절히 활용하기보다, 너무 바쁜 나머지 조급증과 불안에 사로잡혀 더욱 사교육 시장에 의존하는 경향을 보이고 있습니다. 일터의 변화에도 신경을 써야 하는 것이지요. 결국 게으른 부모가 되기 위해서는 인생철학이 분명해야 함과 동시에 부지런히 이웃과 친지들과 어울리고 나누는 '사회적 인간'이 되어야 합니다.

이 책이 흥미로운 또 다른 이유는 이런 주장을 생생한 자기 경험과 함께, 11세기 이래 유럽 성인과 현자들의 이야기까지 섞어서 풀어내기 때문입니다. 박학한 호지킨슨 씨는 17세기에 이미 아메리칸 원주민들의 삶을 보면서 서구식 근대 육아법을 반성하는 존 로크, 18세기에 새로운 육아론을 제시했던 장 자크 루소, 20세기 초반의 자유주의자 D.H. 로렌스, 1960년대 교육사상가인 서머 힐의 A.S.닐과 이반 일리치, '고립된 개인'의 시대를 넘어설 것을 촉구한 바바라 에렌라이히 등을 끌어와서 이야기를 풀어 갑니다. 그는 서구의 청교도적인 전통과 근대 계몽주의, 특히 자연을 정복 대상으로 삼았던 과학 기술주의 시대와 소비 시대를 넘어서야 한다면서 그런 주장을 해 온 선배 철학자들의 이야기들을 끌어와 이 책에 풍성하게 담고 있습니다.

한국 독자들은 호지킨슨 씨가 배부른 소리나 한다는 느낌을 받을지도 모릅니다. 살 집이 있고, 먹고살 기본 경제가 되고, 프리랜서 작가니까 가능한 일이라고 말입니다. 세계에서 가장 노동 강도가 높고 실업에 대한 공포가 심한 한국에서, 자녀 양육을 위해 돈벌이를 줄이고 게을러질 사람이 얼마나 있겠냐고 반문할 것입니다. 그러나 사실 이 책에서 말하는 양육법은 한창 탈학교 학생들이 급증하던 1990년대 중반에 출간된 박혜란 선생님의 『믿는 만큼 자라는 아이들』웅진지식하우스, 1996에 실린 내용과 상당히 유사합니다. 세 아들을 모두 서울대학교에 보냈다고 인기를 끈 책이기도 하지만, 주된 메시지는 아이를 '대충대충' 키우라는 것이었고 그 책은 그런 양육을 실천한 보고서와도 같았습니다. 아이들을 키우려 들지 말고 아이들이 커 가는 모습을 그저 바라보고 함께 놀면 된다고, 주변 사람들이 보기에 그냥 '내팽개쳐져' 자란 것 같지만 실은 그런 여유로운 시공간 안에서 아이들은 사회성을 길러 가고 자신이 하고 싶은 일을 스스로 찾으면서 중심을 잡는다는 말을 박혜란 선생님은 하고 있습니다.

그런 면에서 호지킨슨 씨의 책은 우리에게 그리 새롭지 않습니다. 그냥 자기주장이 강한, 어쩌면 옛 성현들의 글을 멋대로 해석하는 치기 어린 한 젊은 영국인 남자 작가가 소비 사회의 덫에 걸려들지 않고 초경쟁 사회의 기계가 되지 않기 위해 안간힘을 쓰면서 쓴 책이어서 또 다른 재미가 있는 것이지요. 심각한 곤경에 처한 부모들에게 풀어내는 어느 아빠의 수다라 생각하고 읽으면 즐거운 독서가 될 것입니다.

　활기 있는 삶을 지속적으로 살아 낸다는 것은 쉽지 않은 일이 되어 버렸습니다. 이제 우리는 다시 가족이 무엇이며, 학교는 무엇인지, 자녀는 왜 낳고, 결혼은 왜 하는지를 물어야 하는 시점에 와 있습니다. 특히 이 시대에 아이를 낳겠다는 '선택'을 한 부모들은 앞장서서 그 질문에 대한 답을 찾아야 하지요. 이런 시대에 부모가 된 분들에게 우선 부부끼리 이 책을 읽고 토론해 보기를 권합니다. 토론을 위한 가벼운 육아서로 학부모 모임에서, 대안 학교와 일반 학교 교사 모임에서, 동창 모임에서, 직장 부모들의 스터디 모임에서, 또 대학생 수업에서도 읽으면 좋겠습니다. 삼삼오오 모여서 읽고 토론을 하다 보면 자연스럽게 발상의 전환도 이루어지고 지혜가 모아지기도 할 것입니다. 서양 고전 철학자들의 고민을 듣다보면 우리의 전통 육아 책도 찾아보게 되고, 할머니들의 지혜도 빌리게 되고, 그러다가 이와 비슷한 책을 쓰는 부모들도 나오겠지요. 아이(들)와 함께 일과 놀이와 삶에 대한 근본적 질문을 던지면서 새로운 실천의 장을 열어 가시기 바랍니다. 2010.12

전환기, **배운다**는 것에 **대하여**

『로드스꼴라, 남미에서 배우다 놀다 연대하다』로드스꼴라, 2013, 세상의모든길들

커다란 배움, 대학의 새로운 시작?

"부모와 시장이 키운 '스펙 세대'는 포기해야 하는 걸까?"

대학생들을 가르치면서 요즘 들어 자주 던지게 되는 질문이다. 사회 현상을 관찰해 오라고 하면 대부분이 남 이야기하듯 논술을 써 온다. 자기 이야기에서부터 풀어 보라고 하면 개인의 테두리를 벗어나 스스로를 바라보며 쓴 글을 찾기 힘들다. 어릴 때부터 어머니와 학원 강사들이 시키는 대로 하면서 자라서일까? 자기 고집대로 하던 '신세대'에 비해 이들의 세상은 너무나 작고 성격 역시 너무나 온순하다.

특히 일류 대학에 입학한 학생들은 입시 공부를 할 때가 행복했다고 하고 '스펙 쌓기'를 할 때 마음이 편하다고 한다. 단기적으로 수행해야 할 작업은 숙련공처럼 잘 해내지만 금방 답이 나오지 않는 질문은 듣기도 싫다. 친구와 오랜 관계를 맺어 가는 것, 물론 어렵다. 그래서 엄마가

가장 친한 친구라 말하고 가장 존경하는 사람도 엄마라고 한다. '초딩'처럼 순진하고 즐거워 보이던 학생이 어느 날 갑자기 '멘붕'이 왔다면서 사라지는 일도 비일비재하다. 현재와 같은 상황에서 핵 발전소를 짓는 것은 위험한 일이므로 안전 보장이 확실해질 때까지 탈원전 운동을 펼쳐야 한다는 내 말에, 학생들은 기본적으로 동의하면서도 움직이기 어려운 수십 가지 이유를 생각해 낸다. 그래서 대안은 무엇이냐고 물으면 아무런 말이 없다. 아예 그런 질문 자체를 해 본 적이 없는 것이다. 움직이지 않는, 또는 움직일 수 없는 청년들! 나는 그들을 '초합리적 바보'라고 놀린다. 인사도 잘하고 늘 착한 표정을 지어 보이고 말도 곧잘 듣지만 막상 정말 해야 할 일은 피하는 학생들에게는 '귀여운 강아지'라는 별명을 붙여 주었다. 이 '강아지'들은 재산이 제법 있는 부모님에게 사랑받으면서 그냥 좀 편하게 살아가겠노라고 서슴없이 말하는 친구들이다.

인문 사회 과학의 기본인 자신과 남의 경계를 들고 나는 경험, 자신을 객관적으로 보는 훈련을 이들은 지금껏 받은 적이 없다. 그것은 사실 열 살 무렵이면 이런저런 책을 읽고 친구들을 사귀면서 저절로 하게 되는 훈련이었다. 그러나 이들은 대학에 들어와서도 스펙을 쌓느라 그런 경험을 하지 못한다. 이런 식으로 해서 취직을 한들, 대학을 졸업하고 사회에 나간들, 제대로 세상을 살아갈 수 있을까? 불확실성의 시대에는 점점 더 곤란한 상황에 처할 일이 많아질 텐데 무슨 힘으로 그 덫에서 빠져나올 수 있을까? 부모에게 기획되고 관리된 아이들은 어른이 되기 어렵다. 특히 스스로 어려움을 헤쳐나간 경험이 없으면 어른이 되지 못한다. 반응reaction은 하지만 창조적인 움직임proaction을 할 줄 모르는 소극적 인간으로 남게 된다.

이는 딱히 일류 대학을 가느라 12년간 입시 공부에 몰두한 경우에만 해당되지 않는다. 부모들이 입시 교육의 무상함을 깨달아 자녀를 대안 학교에 보낸 경우도 크게 다르지 않다. 자기 앞가림 못한 채 하루하루를 어영부영 보내고, 마음 깊은 곳에 있는 불안과 강박을 어쩌지 못한다는 면에서는 기존 학교에 다니건 대안 학교에 다니건 마찬가지다. 그렇다면 이 세대는 '잃어버린 세대'가 되는 것인가? 조만간 잃어버릴 세상이 시작되는가?

이런 암울한 질문을 하고 있을 때 원고 뭉치가 날아왔다. 『로드스꼴라, 남미에서 배우다 놀다 연대하다』라는 책이 나오니 추천의 글을 써 달라는 것이었다. '로드스꼴라'는 열다섯 살부터 스물두 살의 청년들이 다니는 대안 학교로, 하자센터의 네트워크학교 중 하나다. '트래블러스 맵'이라는 사회적 기업이 지원하는 학교이기도 하다. 나이의 경계를 허물고 서로 별명을 부르면서 꽤 '빡센' 글쓰기 훈련을 받는 곳으로도 알려져 있다. 나는 봄 학기 강의 준비로 꽤 분주하던 중에 원고를 집어 들었다가 단숨에 글을 읽어 내려갔다. 그리고 즐거운 마음으로 이 추천사를 쓰기 시작했다. 읽는 동안 밑줄 친 구절들을 나누면서 이야기를 풀어 볼까 한다.

시간의 발견, 시공을 초월한 만남을 통해 온전해지기

'여치' 서지현은 여행 준비 과정에서 남미 작가 이사벨 아옌데의 『운명의 딸』을 읽으며, "기존에 정해져 있던 길, 제도를 벗어나 종횡무진하며 마침내 자유를 얻은 그녀의 모습에 기가 죽었다"고 한다. 그리고 고등학교를 그만둔 뒤 "내가 선택한 길이 잘못되지 않았다는 걸 보여 주고 싶어"하는 초조한 마음에서 "난 왜 이렇게 헤맬까?" 하는 질문을 던진다. 그러다 그 대단한 작가 역시 바로 그런 두려움 속에서 이 소설을 썼다는 사실을 알게 된다. 작가의 아버지가 해 준 말, "다른 사람들은 너보다 더 두려워하고 있단다."에 밑줄을 친 여치는 외로움과 열등감, 다시 일어서지 못할 것 같은 두려움이 일면 이 말을 되새기면서 기운을 차린다고 한다. 여치는 페이스북을 탈퇴하는 선취적인proactive 행동을 한다. 페이스북에서 다른 사람과 끊임없이 비교하며 불안해하는 '나'를 끊고 그냥 불안해하고 두려워하기로 한 것이다. 누구나 헤매고 넘어지는 순간이 있다고, 원래 삶은 헤매고 넘어지는 순간의 연속임을 알아 버렸다고 그는 이제 큰소리를 친다.

'아띠' 또한 여행과 책과 글쓰기를 통해 얻은 깨달음을 나누어 주고 있다. 아띠는 대학에 입학해서 "둥둥 떠다니다가 따분한 대학 수업에 실망하며 학교를 듬성듬성 다니다"가 조금 더 흥미로운 전공으로 바꾸어 보기도 하며 마음을 다잡으려 몇 번이나 애쓰지만, 그마저도 여의치 않던 친구이다. 결국 그는 공무원 시험 준비를 한다고 아빠를 속이고는 로드스꼴라를 찾았다. "대학도 싫고 집구석도 싫고 혼자 여행하는 건 무섭고 아무것도 안 하자니 불안한 터여서 도망치되" 잠시 속할 집단을 찾으려 했다고 회고한다. 막상 로드스꼴라에 입학해서는 또 환상이 깨지는 순간들을 경험한다. 냉소도 아니고 무기력도 아닌, 마냥 부유하는 상태가 바로 자신의 모습이었기 때문이다. 그러나 세 학기를 다니고 여행 경험을 책으로 펴내면서 "내 손으로 무언가 완성해 나가며 발바닥부터 차곡차곡 힘이 쌓여 가는" 것을 느끼게 된다. 또한 동료 작업자들에게 애정과 신뢰를 느끼게 되면서 같이 작업하는 일이 괴로우면서도 즐겁다는 것도 알게 된다. '공동 작업자의 품성을 기르고 스토리 텔러의 능력을 함양한다'는 교육 목적이 자신의 몸속에서 피어남을 알게 되었다는 것이다. 로드스꼴라의 여행 과정은 일단 적어도 두 명에게 '기적'을 일으켰다.

한때 소심했고 가난했던 청년 파블로 네루다가 스페인 내전을 겪으며 세상과 사람들을 만나고 "끝내 모든 걸 노래했다"며, 아띠는 이런 질문을 던져 본다. "그의 청년 시절이 나의 지금과 같고 후의 삶이 내가 살아갈 삶이지 않을까?" 분초를 계산하면서 고도 압축적인 근대를 살아가느라 시간 감각을 잃어버린 시대에, 용케도 이들은 여행과 책을 통해 시간을 되찾아 낸다. 그 시간과 함께 그 안에 갇혀 있던 선배와 스승과 동료들이 돌아온다. 긴 여행, 어쩌면 짧은 일생을 함께 해 줄 든든한 지원자들을 만난 것이다. 어찌 커다란 배움이며 큰 축복이 아니랴!

글쓰기를 통해 얻은 시선과 살아갈 힘

아띠는 이야기꾼이 어떤 것인지를 알게 된다. "동네 할머니와 백 년 전 살았던 소녀와 저토록 무심한 바위"가 건네는 이야기들을 듣고, 기억 하고, 글로 쓰는 가운데 "수없이 나와 마주해야 했고, 나를 겹겹이 둘러 싼 것들을 한 꺼풀씩 벗겨 냈다."며, "이제는 질질 짜지 않고 내 이야기 를 할 수 있게 됐다."고 한다.

한편, '가재' 서정현은 글쓰기의 힘을 일찍 알아차린 친구이다. 친구 들과는 조금 다른 정체성 덕분에 거리를 두며 자신과 사회를 보게 되었 고, 그런 시선으로 글을 쓴다는 것이 무슨 뜻인지 깨달은 경우이다. "순 전히 글을 잘 쓰려고 노력했을 뿐인데, 삶을 바라보는 시선과 살아갈 힘 같은 것이 생기는 게 신기했다."면서 '창의적 글쓰기' 수업을 하면 서 배우고 익힌 것은, 다름 아닌 '삶'이었다고 말한다. 그는 글쓰기의 첫 번째 단계가 "자신의 경험을 멋지게" 쓰는 거라면, 두 번째는 고통 스러운 순간이라 할지라도 '자기 연민'에 빠지지 말아야 하는 거라고, "자기를 불쌍하게 여기지 않으면서 특별하게 여기지도 않고 글을 쓰려 면 얼마나 힘들까" 반문한다. 아직 이십 대도 되지 않은 나이에, 글쓰기 를 통해 자신을 사랑하고 사회를 감싸 안는 아띠와 가재는 행복이 무엇 인지 안다. 시선을 갖는다는 것은 곧, 살아갈 힘이 생기는 샘을 갖게 되 는 것임을 안다. 이들은 신을 죽인 근대의 *끄트머리*에서 실은 분에 넘 치는 신의 선물을 받은 것이다.

서두르지 마! 그저 그렇게 함께 가 보자

'자기' 김지아는 "스물이 넘어서 대학이 아니라 대안 학교에 다닌 것도, 부모님에게 용돈과 학비를 타는 것도, 작은 체구와 별 볼일 없는 근력도 모두 자랑스럽지 않다"며 어서 빨리 "정신적 독립은 물론 경제적 독립도 해야 하고, 혼자서도 척척 뭐든 해 나가고, 뭔가 되어야 한다"고 생각하다가, 남미를 여행하며 각자 자신이 할 수 있는 일을 해 나가면서 행복을 느끼는 많은 사람들을 만났다. 그 과정에서 "왠지 모를 자신감"이 생기며 "살아갈 일이 너무 겁나고 두렵지만은 않겠다."고 생각한다. 독립적으로 산다는 것은 자기 일을 찾아 그것으로 생계를 꾸린다는 의미다. 사실 지금과 같이 마땅한 일자리도 일거리도 없는 사회에서 어른이 되기는 힘들다. 그런데 어른들은 그들에게 자기들과 같은 어른이 되라고 말한다. 어른과 아이의 경계가 허물어지고 어른과 아이의 개념, 학습과 놀이의 개념, 삶과 노동과 활동의 개념이 모두 새로워져야 할 때인데도 말이다.

어른이 되기 힘든 구조인데 어른이 되어야 한다는 강박이 심하면 병이 난다. 청년들이 자칫하면 잠수를 타거나 멘붕에 빠지는 이유다. 그렇다고 다들 아이로, 부모의 귀여운 '애완 반려 존재'로 살아갈 수 있는 것도 아니다. 그런 좋은 팔자를 타고났다고 만족하기에는 이미 모두 너무나 개체화되어 버렸다. 우리는 이토록 난감한 시대를 근대의 몰락기, 성장이 한계에 달한 탈근대 사회, 부가 아니라 위험의 분배가 문제인

'위험 사회,' 극소수만이 살아남는 '1:99의 사회', 그리고 '청년 실업 사회'라는 이름으로 부른다. 이런 어려운 구도 안에서 우리는 각기 불안하게 헤매고 다닌다. 여행을 떠나기도 하지만, 떠난다 해도 늘상 페이스북이며 카카오톡에 연결되어 있다가 돌아온다.

로드스꼴라가 남미를 간 목적은 네 가지였다고 한다. 첫째, 탈근대 문학이 시작된 남미 문학을 배우는 것. 둘째, 시장 중심 자본주의 속에서 일고 있는 공정 무역 현장을 둘러보는 것. 셋째, 잉카 문명과 스페인 문화가 충돌하며 형성된 라틴 사회의 근대와 하이브리드 문화를 이해하는 것. 넷째, 대자연 앞에 서 보는 것이다. 이들은 실제 이 목적을 위해 발품을 들이며 여러 가지 준비를 했다. 그곳에서 살아남기 위해 '서바이벌 스페인어'를 배우면서 머리에 쥐가 나도록 단어도 외웠고 서투른 말을 뱉을 뱃심도 키웠다. 한국 근대사와는 아주 판이한 라틴 아메리카의 근대사도 이해하려고 노력했다. 게다가 대학 문학 전공자들도 읽기 힘들어하는 마르께스의 『백년 동안의 고독』이나 마누엘 푸익의 『거미 여인의 키스』를 읽은 이들도 있었고, 파블로 네루다의 시집을 애송한 이도 있었다. 복잡다단한 근대사에 대한 감각 없이는 모두 제대로 이해하기 어려운 텍스트들이다. 그리고 이들은 거대한 자연 속에 겸손하게 서서 티끌 같은 인간의 존재감을 느끼며 영적 세계에 대해서도 생각하는 경험을 했다. 꼭 해야 할 배움의 내용을 하나도 놓치지 않았다. 어쩌면 영악하다는 생각이 들 정도로. 학원과 가정을 오가며 많은 시간을 보내야 하는 한국의 십대들에게는 매우 벅찬 학습이었을 텐데,

각자는 자기 수준에서, 그리고 자기 자리에서 아주 훌륭하게 해냈고, 그것을 기꺼이 우리와 나누기 위해 노고 끝에 이 책을 내놓았다.

최근 미국의 주요 대학 학부에서도 이런 방식의 세계 탐사 학습이 유행하고 있다. 교수 두 사람이 학생 열 명 정도를 데리고 하는 수업이다. 현장을 직접 방문해 그곳의 역사와 아름다움을 두루 체험함으로써 세계인으로서 질 높은 깨달음을 얻게 하겠다는 취지이다. 이들 역시 로드스꼴라처럼 두 달간의 현지 탐방을 위해 한 학기 내내 사전 준비를 하고 책을 읽고 언어를 배운다. 현지에서는 가장 현명하다는 이들과 접속해서 그들의 지혜를 듣고 생생한 일들이 벌어지는 곳을 찾아간다. 나는 우연히 지난 몇 년간 이런 방문자들을 종종 만나서 인터뷰를 해 주거나 방문할 만한 곳을 주선해 주기도 하였는데, 솔직하게 말해서 그들이 로드스꼴라가 하는 만큼 학습을 해 가는 것 같지는 않다. 왜 그럴까? 온몸을 싣지 않기 때문이 아닐까 싶다. 인솔 교사와 학생들도 로드스꼴라만큼 전인적이지 않다. 게다가 세계 최고 명문대 학생들이라는 자부심으로 가득한 이들은 기득권에 연연한다. 여전히 기존 사회에서 기회를 찾는 한, 비약적 학습을 이루어 내기는 힘들다.

학습이란 경험을 통해 얻게 되는 깨달음이고, 크고 작은 만남이 일으키는 기적이다. 교육이란 아무도 가르쳐 주지 않은 질문을 하게 되는 과정이고, 그런 질문 능력이 바로 수시로 변하는 환경에 적응하는, 때로는 그 환경 자체를 바꾸어 내는 힘이 된다. 학교는 아무리 힘들어도 자기 연민에 빠지지 않고 스스로를 낯설게 바라볼 수 있는 거리감과 혼자 멘붕에 빠져 허우적대지 않도록 서로 돕는 법을 가르친다. 사람은 함께 있는 것 그 자체에서 에너지를 받는다는 것을 일러주고, 어려운 난관이 닥쳐도 삶은 살아볼 만하다는 용기를 품게 하는 곳이다. 그런데 현재 한국의 학교는 어떤가? 함께 있는 것 자체로 스트레스를 받는 공간으로 굴러가고 있지 않은가? 폭력이 벌어진 곳을 외면하게 하여 어릴 때부터 폭력의 공범자들을 만들어 내는 곳은 아닌가? 일류 대학 입학으로 모든 것이 용서되는 한국의 학교 체제는 더는 학교가 아니다. 배움이 사라진 지 오래인 곳이다. 십 년 전에는 대안이 있다고 생각한 이들이 적지 않았지만, 이제는 대안조차 생각해낼 기력이 없을 정도로 병세는 심각하다. 1990년대 중반 나는 너무나 시시해지는 세상이 견딜 수 없어서 이런 주문을 책상머리에 붙여두었다. "공략하기보다 낙후시켜라!"그런데 세상은 날로 시시해지고 있고 낙후시킨 다음에 떠날 곳 또한 없어지고 있다. 그래서 지금은 좀 다른 주문을 외운다. 아웅산 수치 여사가 한 말, "무기력하다고 느낀다면, 다른 이를 도우십시오!" 인간은 참으로 묘한 사회적 동물이다.

새로운 교재를 쓰다

이런 시대에 로드스꼴라 같은 학교를 만나는 것은 행운이다. 기적의 학교, 배움이 불가능한 시대에 배움이 여전히 가능함을 보여 주는 학교이기 때문이다. 세대 간 소통이 가능한 만남, 시간성과 장소성에 대한 감각을 여전히 간직한 선생님들, 시공을 넘어서는 연대와 몸을 통한 훈련의 중요성을 아는 교장이 있는 학교. 온갖 체험이 한순간 사라지는 시대에 이를 몸에 온전히 남기고 책으로 펴낼 정도의 집중력을 키우는 학교이기 때문이다. 집단 지성의 힘을 확인하면서 어디서건 길을 찾아갈 나침반을 선물하는 학교이기 때문이다.

이런 학교들이 더 많이 늘어날 수는 없을까? 쉽지 않은 일일 것이다.

로드스꼴라의 '어딘' 김현아 교장에게 책 출간을 축하한다는 말을 하고 싶다. 그녀는 글쓰기의 힘을 누구보다도 믿는, 흔들림 없는 사람이다. 쉬운 일은 아니겠지만 학교를 더 잘 키워서 크고 작은 기적의 학교들이 주변에 많이 생겨나도록 해 보면 어떻겠느냐며 은근히 권하고 싶어진다. 십대들만이 아니라 대학에 실망한 대학생, 숨 가쁜 삶을 살다가 롤러코스터에서 내리기로 한 직장인들도 다닐 수 있는 학교 말이다. 옹기종기 모여서 시효가 지난 '어른' 개념을 해체하고 공생하는 삶과 역사에 대해 생각을 나누는 시공간이 여기저기 많이 생기면 좋겠다. 좀 다른 세상, 제대로 된 학교를 만들어 가려는 분들에게 이 책은 참 괜찮은 불씨를 전해 줄 것이다. 2013.03

우정과 명랑 사이

『혁명은 이렇게 조용히』우석훈, 2011, 레디앙

빨리 일어나
아니, 더 잘 거야
더 자
아니, 깨어 있을래
이거 꿈이야 진짜야

– '또하나의문화' 십대 소녀 공동 창작극 「빈 밤, 설치다」 중에서

이 시대의 수다쟁이, 언어의 연금술사

우석훈 박사(이하 '우박')는 새것과 만나면 금방 책 한 권이 나온다. 탈계
몽주의 시대인데도 계속 책을 쓸 수 있는 대단한 신통력이 있는 분이
다. 사실 나는 말이 세상을 배반하는 시대에도 계속 수다를 떠는 두 사
람을 흥미롭게 지켜보고 있는데, 한 사람은 진중권 선생이고 다른 한

사람이 바로 우박이다. 나는 이 두 연금술사들이 자기 속에 샘솟는 언어로 맑은 시내며 강을 이루도록 신나게 수다를 떠는 한, 우리 사회의 미래도 그리 암울하지만은 않으리라 생각하는 사람이다. 진중권 선생은 개인적으로 만난 적이 없지만, 우박과는 작년 봄에 만나 의기투합해서 이런저런 일을 좀 벌여 온 편이다.

그를 내게 소개해 준 사람은 십여 년 전에 "엄마는 겁도 없어. 어떻게 이런 세상에 아이 낳을 생각을 했어?"라며 대들어 내게 충격을 안긴 친구인데, 그 이후 환경 운동에 열을 올리던 그가 꼭 만나 봐야 할 분이라면서 접선하게 해 준 이가 우박이다. 지금 생각해 보면 그 친구가 우리를 연결하지 않았더라도 나는 필연적으로 그를 만날 운명(!)이었다고 생각한다. 그가 쓴 책, 특히 『직선들의 대한민국』웅진지식하우스, 2008이나 『괴물의 탄생』개마고원, 2008 같은 책을 읽고 감명을 받은 나는 분명 그에게 연락했을 것이기 때문이다. 세상 읽기의 즐거움을 선물한 그에게 감사하다는 말도 할 겸, 학생 키우는 욕심이 많은 나는 그를 수업에 초대하고야 말았을 것이다. 더구나 이제는 경제 분석을 빼놓고 사회 현상을 설명하기 어려운 시대라, 경제, 사회, 문화를 섭렵하는 '초능력자' 그와 연결된 것은 커다란 행운이 아닐 수 없다.

만난 지 얼마 되지 않아 다음 학기에 수업을 함께해 보자는 제안을 했고, 그가 흔쾌히 수락하면서 우리의 품앗이 관계도 시작되었다. 나는 그가 탈계몽주의 시대에 여전히 유효한 이야기들을 학생들에게 들려주고 그런 언어를 생산해 내는 비법을 전수해 주기를 바랐다. 대신 나는 아직은 어린(환갑이 지난 내게 막 마흔을 넘긴 그는 어린 사람이다.) 그에게 학생들과 소통하는 법을 조금은 일러줄 수 있으리라 기대하면서, 우리는 2008년 가을 학기에 매주 화요일 1시면 학생들과 함께 만나는 관계가 되었다.

가가멜의 아이들

우박은 수업에 자주 지각을 했다. 나도 실은 좀 지각을 하는 버릇이 있는데, 교수가 되고 나서는 그래도 지각을 덜 하는 편이다. 부스스한 머리에 샤워도 하지 않고 나타나는 그는, 학생들과 눈도 마주치지 않고 수줍게 "그간 잘 지내셨어요?"라는 인사말을 던진 후 동서고금을 망라한 석학들의 이름을 칠판에 적고는 곧바로 '수다'를 떨기 시작한다. (남성적 언어로는 '거침없는 열강에 들어갔다'고 표현할 것이다.)

　세계사적 사건들과 석학들의 이론을 한 쾌로 꿰면서 죽은 지식을 살아 숨 쉬는 지식으로 살려 내는 것이 그의 장기이다. 그가 읽은 엄청난 양의 책들, 그가 프랑스 유학 시절에 직접 만난 저명한 학자들의 리스트에 기죽을 내가 아니지만, 『몬테크리스토 백작』을 읽은 후부터 집 뜰 호박나무 아래에서 매일 귀신을 만났다는 이야기, 중학교에 들어가고는 언젠가부터 귀신을 못 보게 되어 버렸다는 이야기를 들으면서 나는 실상 기가 죽었다. 귀신을 본 적이 없는 나는 그 이야기를 들으면서 내가 결국 '관료적 인간' 편에 서 있다는 것을 인정하지 않을 수 없었다. 그가 엄청나게 책을 읽을 뿐 아니라(그에게는 그만의 특이한 독해법이 있는 것 같다.) 음악을 들으면서 책을 쓰는 예술가/미술사라는 것도 나는 곧 알게 되었다. 그는 또 요상한 영화와 만화들을 섭렵하고 있었다. 『해리 포터』는 말 잘 듣는 아이들의 이야기이고 부모들이 사 주는 책이라면서 제대로 사유하는 아이들은 『레모니 스니켓』을 읽는다는 말을 듣고, 나는 또 한번 기가 죽었다. 아니 또 한 수를 배웠다고 해야 할 것이다. 그에게는 독서와 관찰을 통해 파편화된 현실을 하나의 통합된 그림으로 그려 내는 비법이 있었다. 나는 그 비법들을 들으면서 기가 죽기도 했지만, 또한 아주 큰 행복감을 맛보았다. 학생들과 눈을 마주치는 스타일은 아니지만 그의 열강은 사람들을 휘어잡는 데가 있다. 배우는 즐거움보다 더한 것은 없지 않은가? 그리고 배움은 기가 죽을 때 오는 것 아닌가? 나는 학생들이 얼마나 열심히 배우고 있는지 상황을 점검했다. 다들 경청하고 있는가?

　당혹스럽게도 개강 후 한 달이 되어 가는데도 분위기가 뜨지 않았다. 초반에는 강사답지 않은 그의 옷차림과 말투에 흥미를 보이더니 강의에 익숙해져 가면서 오히려 좀 싸늘해지고 있기까지 했다. 무슨 일이 일어나고 있는가? 족집게 강사에게만 너무 익숙해서 그런가? 듣기에 따라 자기 자랑처럼 들리는 이야기도 좀 하긴 하고 '오타쿠'스러운 구석도 농후하긴 하지만, 우박이 하는 이야기는 늘 흥미진진하지 않은가? 왜 이들은 별로 관심 없다는 듯, 여전히 방어적인 태도로 그와 만나는가? 왜 적극적으로 그와 만나서 한 수 배울 생각을 하지 않는 것일까? 나는 곧 내가 학생들에게 잘못된 기대를 하고 있다는 사실을 깨달았다. 이 아이들은 배우는 것보다 이기는 것이 더 중요한 신자유주의 시대의 아이들이고, 우박의 표현대로라면 아무리 열심히 해도 더 나아질 것이 없는 '88만원 세대 아이들' 아닌가? 그들이 방어벽을 치는 것은 당연한 일이다. 그들에게 우석훈 박사는 한 수를 배울 스승이기 이전에 얄미운 '엄친아'였던 것이다. 베르나르 베르베르의 책을 읽듯 멀리서만 볼 때는 봐 줄 수 있지만, 바로 눈앞에 있는 그를 받아들이기는 쉽지 않았던 것이다. 승자 독식 시대의 경쟁을 내면화한 사람들은 아주 이지적으로 보이지만 실은 이렇게 감정적이다.

우리는 이 아이들이 그간 이기기 위한 공부만 해 왔지, 함께 잘 살기 위해 정의를 이야기하고 진리를 이야기해 본 적 없는 아이들이라는 사실을 잠시 잊고 있었던 것이다. 더구나 '잘난 사람'들이 세상을 망쳐 버렸다는 생각이 지배적인 탈계몽주의 시대에는 그간 사랑과 존경을 받았던 지식인들에게 원망의 화살이 옮겨 가기 마련이다. 지배 권력인 독재자와 가부장에게 향하던 예전의 적대감은 이제, 그들을 막아 보려고 했지만 성공하지 못한 지식인들에게로 옮겨 가고 있다. 그래서 이제 아무도 믿지 못하는 탈계몽주의 시대, 모두가 가장 잘난 지식인이자 우주의 중심인 대중주의 시대가 온 것 아닌가? 이 엘리트들이 모인 교실이라고 예외는 아닌 것이다. 열심히 자기 계발서를 읽고 자기 관리를 하고 자기 기획을 하면서 일류 대학에 들어온 이들에게, 우박은 감당이 안 되는 '엄친아'여서 복합적 감정을 자아내는 존재였던 것이다.

단수 높은 우박이 이를 그냥 지나칠 리 없었다. 그는 즉시 학생들에게 착한 스머프인 줄 착각하지도, 그런 척하지도 말라면서 '가가멜의 아이들'이라는 별명을 붙여 주었다. 나 역시 궁리 끝에 수업 온라인 게시판에 "고수에게 한 수 배운다고 손해 볼 것 있냐?"라는 말을 던져 놓았다. 다행히 우박의 팬클럽도 생겨났고 수업 분위기는 조금씩 풀려 갔다. 한 학기 내내 우박에게 가까이 가지 않은 학생들도 있긴 했지만, 학생들은 각자 나름대로 '성찰'이라는 것을 시작하였다. 학기가 끝나고 대학생과 만나는 데 재미를 붙인 우박은 계속 가가멜의 아이들을 데리고 프로이트며 칼 폴라니 등의 책을 읽게 했다. 인연이라는 것이 이래서 무섭다. '밤섬 해적단'이라는 요상한 팀이 탄생했고, 그들과 함께 우박은 뚝딱 이 책 한 권을 세상에 내놓았다.

사보타지하는 신체들을 깨우는 마법

집단에 대한 공포감이 있고 함께해서 좋은 결과를 얻은 경험이 없는 아이들이 목소리를 내기 시작했다. 그들은 이 책에서 "'쿨함'은 20대의 마지막 도피처다. 지금의 고립 상태가 집단에 대한 공포에서 발생했다는 것을 인정하지 못하는 알량한 자존심 때문에, 20대들은 차라리 '믿음 자체에 대한 불신'이 마치 자신의 정체성인 양 행동하게 되었다."고 말한다. 잘하면 말리고 즐거워하면 곧 더 힘들어지는 시대라는 것을 누구보다 잘 알기에 이들은 마음을 들키지 않으려 애쓰며 살아가고, 그들을 보는 어른들은 자꾸 오진을 하면서 상황을 악화시키는 것이 지금의 현실 아닌가? 가정에서, 직장에서, NGO 활동의 장에서, 정치에서 세대 간 적대감이 서로를 망가뜨리는 중이다. 소수의 영재들, 잠도 안 자고 선행 학습을 하면서 이기는 것에만 엔돌핀이 솟구치는 조증 증세의 우등생들, 낙관적 에너지가 넘치는 엄친아들은 세상 무서울 것 없다는 듯이 행동한다. 무서운 시대가 오고 있다는 사실을 전혀 감지하지 못하는 것이다. 이 책에서 우박이 쓰고 있듯, 동유럽의 몰락과 함께 적이 사라지자 더 눈치를 볼 필요가 없어진 '자본'은 신나게 달리기 시작했다. 돈이 돈을 낳는 세상이 왔고, 순식간에 시장은 '사회'를 식민화해 버렸다. 2000년 중반 대한민국 이천만 명이 '펀드교' 신도가 된 일이며 글로벌 금융 위기가 닥치며 벌어진 일들은 이런 고삐 풀린 자본주의가 만들어 낸 결과이다. 공존, 공동 운명체, 공생, 공고共苦 등의 단어는 골동품이 되어 버렸고, 청년들은 글로벌 인재가 되겠다며 아이비리그로 몰려가 수학과 경영학, 법학을 공부하고는 뉴욕 월가에서 몇 억 대 연봉을 받는 '인재'가 되었다. 헤지 펀드와 파생 상품을 주무르며 앞장서서 카지노 자본주의를 추진해 나간 이들이 세계의 지도자일까? 그들이 진정한 세계 경제의 일류 일꾼일까? 그들이 대학이 키워 내려는 인재들일까? "서민의 고통을 돌아보면 안 된다", "누구에게도 마음을 주면 안 된다"는 주문을 외우면서 승자 독식 시대의 '승자'들을 키우는 데는 대학이 필요하지 않다. 공산권과 경쟁할 필요가 없어지면서 화살은 내부로 옮겨졌고 약자에게 엄청나게 잔인한 신자유주의적 질서가 만들어지고 있는데, 국가 공동체의 운명이 걸린 사안을 결정하는 지도자들 중에는 이런 역사에 대한 감각이 있는 이들이 드물다. 결국 경쟁과 적대의 원리가 판을 치는 시대는 내부를 분열시켜 아무도 행복하지 않은, 무시와 모욕으로 점철된 사회를 만들어 낸다.

그래서 사람답게 살고 싶은 아이들은 말한다. "난 영재가 아니에요. 난 잠을 자야 해요. 난 그렇게까지 하면서 살고 싶지는 않아요." 이들이 이 체제에서 심하게 상처를 받으면 곧 이렇게 온몸으로 말하게 된다. "난 아무것에도 관심이 없거든요. 날 건드리지 마세요." 입술을 약간 내밀고 가면을 쓴 듯한 그들 특유의 모습은 거리에서 만나는 십대들의 얼굴과 몸에서 쉽게 볼 수 있다. 90년대 대표적 논술 강사로 '신세대' 아이들과 열정을 나누던 송재희 씨의 표현처럼 '사보타지하는 신체'를 가진 아이들인 것이다.

88만원 세대를 이해하기는 쉽지 않다. 아예 어떤 마법에 걸려 있거나 암에 걸려 버린 상태라고 보면 오히려 좀 이해가 된다. 최근 이삼십 대에 암에 걸린 사람들이 늘어난다면서 자신의 암 투병기를 『뉴스위크』에 실은 이바 스콕은, 자신들 세대의 투병 방법이 오로지 긍정적 사고와 영적 세계에 집중해서 병을 이겨 내던 이전 세대와는 다르다고 쓰고 있다. 냉소주의나 빈정거림 근처에는 얼씬도 않는 전 세대와 달리, 자신들의 병 앞에서 솔직함과 유머, 냉소를 그대로 드러내면서 암과 더불어 살아간다고 하였다. 오로지 삶의 세상만 알았던 전 세대와 달리 이들은 죽음과 삶의 세상을 함께 보면서 좀 더 현실적이 되어 가는 것이다. 사실상 우리 모두는 암 선고를 받은 시대를 살아가고 있다. 그런 면에서 지금은 마구 일을 벌이고 다니기보다 암에 걸린 청년들처럼 좀 달리 세상을 만나 갈 때가 아닐까? 일단 멈추어 서서 그간 쫓기며 살아 온 세상을 뒤돌아볼 때가 아닌가? 마구 달리는 고속 열차에 몸을 맡기는 것이 능사인지 물어야 할 때가 왔다. 데이비스 오어는 『학교를 잃은 사회 사회를 잊은 교육Earth in Mind』현실문화, 2009이라는 책에서, 받아들이기 너무 힘든 상황에 처했을 때 사람들은 상황 자체를 외면하거나 낙관적으로 생각하면서 자잘한 처방전을 계속 써 대거나 '타이타닉'호의 갑판에서 우아하게 연주하던 악단처럼 마지막 남은 시간을 품위 있게 보내려 한다고 하였다. 그러나 그는 아우슈비츠 수용소의 생존자 빅토르 프랑클이 말한 '비극적 낙관주의'가 가장 좋겠다고 한다. 현실이 너무 벅차기에 웃음 말고는 도리가 없다면서 삶을 희극적으로 볼 수 있어야 한다고, 자신의 한계를 인식하고 수용하면서 '그럼에도' 삶에 대해 "예"라고 말했던 빅토르 프랑클에게, 희극의 주인공 돈키호테에게 배워야 할 때라고 말한다.

20대, 상상을 시작하다

비슷한 맥락에서 '명랑'을 이야기해 온 우박이 이제 '혁명'이라는 단어를 선물로 가져왔다. 물론 여기서 그가 말하는 혁명은 그리 대단한 것이 아니라 "제발 쫄지 말라"는 것이다. 임금님이 발가벗은 광경이 보이면 그렇게 말하라는 것이다. 삶을 희극적으로 보라고, 삶은 사실 비극적이지만 '그럼에도' 즐겁게 가 보자는 말을 하려고 한다. 나는 우박이 던진 이 말이 조만간 효험을 보리라고 믿는다.

사실 최근 들어 미친 속도로 달리는 롤러코스터에서 내리기로 한 알파걸과 엄친아들을 나는 간혹 만난다. '명품 인재'였던 지니는 지난 달 헤지 펀드와 헤드 헌터의 정글에 이별을 고했고 세계 굴지의 포털에서 일하던 진석이도 쉬어 가기로 했다. 디자인 회사에서 다니던 정인도 그간의 직장 일을 접기로 했다. 그들은 사람들을 불행하게 만드는 체제에 더는 기여할 생각이 없으며, 초경쟁으로 몸을 망가뜨릴 생각도 없다고 했다. 사회에 악한 영향을 주진 않지만 비생산적 경쟁을 지속시키는 일에 기여할 의사도 생각도 없다고 했다. 헤드 헌터였던 지니는 구태여 『자본론』을 읽는 수고를 하지 않고도 자본주의의 심장에서 그 실상을 눈으로, 몸으로 똑똑하게 알게 된 것은 큰 성과이며, 그 자리를 홀가분하게 떠나 혁명을 꿈꾸게 된 것은 자기 생애에 둘도 없는 축복이라고 했다. '뺑뺑이'를 돌리면서 사람들을 쓰다가 버리는 체제에서 하차하는 것, 그래서 '정신 있는' 속도로 살아가는 것, 마음을 줄 사람들과 더불어 세상을 만들어 가는 것, 이것이 지니가 생각하는 '혁명'이다. 그래서 그는 사회적 기업 동네로 이사를 했다. 지니가 상상하는 혁명은 물론 80년대의 혁명과는 전혀 다른 어떤 것이다.

'혁명'이라는 단어를 두고 각자는 아주 다른 내용을 떠올리겠지만, 분명한 것은 그것이 꺼지지 않는 불씨라는 것이다. 인류가 불을 발견한 이후 계속 불을 활용해 왔듯이 인류가 인류로서 지구상에 살아남는 한, 그 불씨는 살아 있을 것이다. 그것은 작은 만남이나 한마디의 말, 책에서 읽은 한 문장을 통해서도 살아나는 불씨이고, 그 불씨는 한번 만들어지면 결코 꺼지지 않는다. 그것은 스멀스멀 사람과 사람 사이를 이으면서 크고 작은 기적들을 일으키고 절망을 희망으로 둔갑시키는 마술을 부린다.

이 책에서 우박은 88만원 세대에게 병주고 약주는 도사를 자청한다. 불안정 고용 시대, 비정규직, 재단의 시대를 살게 된 세대에게 '88만원 세대'라는 이름을 지어 준 후 못내 미안해하다가 이제 약을 주고 있는 것이다. 내가 이 약에 효험이 있을 것이라고 강력 추천하는 이유는 그의 통찰력을 믿기 때문이기도 하지만, 20대 당사자들의 목소리를 끌어내는 데 성공했다는 점이 더 크다. 교묘한 신자유주의적 질서는 세대 간의 협상이 제대로 일어야 할 때에 그 세대들을 자체 내에서 분열시켜 버림으로써 승승장구해 왔다. 세대 내의 경쟁에 내몰린 88만원 세대는 홀로 남은 늑대처럼 자기들끼리 싸우면서 잡아먹으려 하고, 그것을 감당하기 힘든 여린 친구들은 자발적 히키코모리가 되어 숨어 버린다. 자의적 타의적 '방살이' 인생이 되어 가는 것이다.

그런 이들이 방에서 기어나와 서로에게 다정하게 말을 걸고 있다. 우정과 환대의 공간을 만드는 일이 가능할지도 모른다고 말한다. 얼마나 놀라운 일인가? 우박은 '혁명'이라는 단어를 던지면서 악몽에서 깨어나 상상을 시작하라고 말한다. 공포에서 벗어나 그냥 자기가 되어 실

수도 하고 좌충우돌하라고 한다. 그것이 바로 '돈 귀신 세상'과 맞서는 주문을 찾는 일이라고 말한다. 한국의 시장 근본주의는 아주 짧은 시간 안에 일어났고, 그래서 그 돈 귀신의 힘은 아직도 아주 세다. 이 땅에 사는 사람들이 다른 어떤 사람들보다 서로를 미워하고 모욕을 주면서 불행해하는 이유가 여기에 있다. 각자 개별화된 외로움 속에서 불행해하고 있는 것이다.

나와 우박이 맺은 '우정'의 품앗이가 '환대'의 두레 마을로 둔갑하는 꿈을 꾼다. 그리고 청년들이 맺은 무수한 품앗이와 두레 공동체들이 돈의 순환 체계가 지배하는 사회를 무력하게 만드는 개벽의 날을 상상해 본다. '우박과 그 아이들'을 통해 혁명이라는 불씨를 선물 받은 친구들, 그들이 부는 피리 소리를 들은 이들은 그곳에서 다 함께 춤을 춘다. 부모가 돈이 없어서 알바 세 탕을 뛰느라 수업 시간에 졸아야 하는 일이 없는 세상, 남자도 여자도 모두 돌보는 즐거움을 만끽하는 세상, 하고 싶은 일로 돈도 벌고 사회에 좋은 일도 하는 이십 대 사회적 기업가들이 빛깔마저 바꾸어 버린 세상이다. 경쟁과 가시적 성과라는 주술에서 벗어나 느림, 멈춤, 우정, 환대 등의 주문을 외우면서 정의롭고 아름다운 세상을 발견한 이들이 사보타지의 신체를 바꾸어 내면서 새벽을 맞이하는 모습이 떠오른다.

이런 상상을 위해서는 겁 없이 시행착오를 하면서도 함께 웃을 수 있는 친구들이 필요하다. 서로 비빌 언덕이 되어 줄 사람들. 이 책 역시 든든한 비빌 언덕 중 하나가 되어 줄 것이다. 희극의 언어로 암울한 삶

을 바꾸어 낼 그대들은 이제 새 판을 짜기 시작한다. 사회를 소생시키
기 위해서……. 2009.08

삶의 **풍요로움**은
정성을 기울이는 **일**을 통해서 온다

『속도를 늦추면 행복이 보인다』코사카 마사루, 2012, 이스퀘어

사는 것이 점점 고단해지고 있다. 딱히 돈이 없어서가 아니라 너무 바쁘기 때문이다. 그리고 자신이 온 힘을 다해 하는 일이 어디에 쓸모가 있는지 알 수 없기 때문이다. 어쩐지 불안하고 불편하고 떳떳하지 않은 느낌, 그리고 어떤 임계점에 도달했다는 느낌에 시달리다가, 계기가 오면 우리는 결단을 내리게 된다. 코사카 마사루 씨는 그런 느낌이 가슴에 꽉 차오를 때 회사를 그만두었다. 그가 회사를 그만둔 것은 1999년, 일본의 거품 경제가 꺼져 가던 시점이었다. 회사에서 잘나가는 직원이었지만 그는 늘 사회에 뒤처지고 있다는 느낌, 빈 시간을 제대로 활용하지 못한다는 초조감에 시달리며 살았다고 회고한다. 경제가 계속 내리막길을 걷는 가운데, 다니던 회사도 대대적인 감원을 시행하면서 직원들은 모두 외로운 사투를 벌이고 있었다. 코사카 씨의 부친은 작은 회사를 운영하는 사장이었고 언젠가 아들이 회사를 맡아 주기를 바랐지만, 그는 그것도 쉽지 않다는 것을 알고 있었

고 그 일을 하고 싶지도 않았다. 결국 그가 택한 것은 작은 바를 여는 것이었다.

내가 코사카 씨를 만난 곳은 나무늘보 클럽(www.sloth.gr.jp, 일명 천천히 가는 이들의 모임)이 주최하는 포럼이었다. 나무늘보 클럽은 천천히 살아가는 삶을 실천하고 슬로 비즈니스를 활성화하는 사람들이 상부상조하는 모임이다. 도쿄 고쿠분지國分寺에 있는 '카페 슬로'에서 열린 포럼에서 코사카 씨는 자신이 서른 살에 회사를 그만두고 도쿄 이케부쿠로 지역 한적한 곳에 6평짜리 바를 열게 된 이야기를 해 주었다. 저녁 6시에 문을 열어 밤 12시 정도까지 일을 하고 일요일과 월요일은 논다는 그는 아주 평화롭고 자유로워 보였다. 낮이면 가게 베란다에 홈리스가 햇볕을 쬐러 온다는 말을 할 때 그는 더욱 빛나 보였다. 따뜻한 햇볕에 평화롭게 홈리스가 잠을 자고 간 후 슬그머니 가게 문을 여는 사람, 매력적이지 않은가? 노을이 질 무렵 어슬렁어슬렁 집에서 나와, 하고 싶은 요리를 정성껏 해서 정겨운 손님들을 먹이고 자정이 되도록 담소하며 지내는 삶. 멋지지 않은가?

기존 경제 체제가 망해 가면 사람들은 좀 다른 경제, 좀 다른 사회를 만들어 가려는 꿈틀거림을 시작한다. 물론 변화를 꾀하기보다 더욱 기존 체제에 집착하는 이들도 늘어난다. 하다못해 대학원에라도 진학하고 자격증이라도 하나 더 따기 위해 학원을 전전하면서도 롤러코스터에 타고 있는 자신을 확인하려 하는 최근 한국 상황은 그런 면에서 상당히 염려가 된다. 잘나가는 회사를 다니면서도 불안한 마음에 '투 잡

two jobs'을 뛰기도 하는데, 그런 불안과 공포감으로 유지되는 삶은 지속 가능한 삶이 아니다. 불확실성의 시대일수록 현실을 직시하고 더 넓은 시선으로 세상을 보아야 하며 긴 시간대에서 삶을 기획해야 한다. 코사카 씨는 이 점을 아주 분명히 간파하고 있다.

회사를 그만두고 코사카 씨가 제일 먼저 한 일은 여행을 떠나는 것이었다. 그는 세 가지 이유로 여행을 떠나는데, 첫 번째는 그간 우물 안 개구리처럼 살아온 자신에게 더 넓은 세상을 보여 주고 싶어서였다고 한다. 두 번째는 회사를 그만둔 자신의 결정이 현실 도피는 아닌지, 정말 잘한 일인지를 되짚어 보고 싶은 마음이었다고 하고, 세 번째는 돈이 없어도 살아갈 수 있다는 자신감을 얻기 위해서였다고 한다. 돈이 없으면 살기 어렵다는 불안감에서 벗어나 자신이 할 수 있는 일들을 찾아가는 과정으로 새로운 사람들을 만나고, 흙과 나무, 벌레나 동물과도 친해졌다. 그리고 불 피우기, 음식 만들기, 생선 만지기 등 삶의 기본인 일상적 활동을 부지런히 했다고 한다. 여행으로 시작된 제2의 인생은 날로 풍성해져 갔다. 불안한 마음을 안고 시작한 가게도 잘 운영되어 지혜로운 사람들을 아주 많이 만났고, 피스보트를 타면서 함께 새로운 세상을 만들어 갈 동료들도 만났다. 경제가 좋아지건 나빠지건 고용은 늘지 않는 대책 없는 시대, 특히 2008년 세계 금융 위기를 겪으면서 다수의 삶은 점점 고단해지고 있는데, 그의 삶은 오히려 풋풋하고 풍성해지고 있다. 이웃과 온 우주를 껴안는 지구촌 주민으로서 느림과 돌봄의 행복한 삶을 살아가는 그의 모습이 이 책에 고스란히 담겨 있다.

나는 내심 제자들에게 권할 책이 생긴 것 같아 반가웠다. 최근 들어 졸업한 지 십 년이 넘은 제자들의 문안 인사를 종종 받는다. 영화「건축학 개론」이나 TV 드라마「응답하라 1997」의 영향인 듯도 한데, 30대에 들어선 그들은 세상 돌아가는 꼴이 심상치 않다는 것, 탐욕적인 자본주의에 미래가 없다는 이야기를 하러 나를 찾아온다. 영리한 90년대 학번들이 이제 조금 다른 삶을 살고 싶어진 것이다. 30대 문턱을 넘으면서 세계 여행을 떠나거나 회사를 그만두고 카페를 차리겠다는 이들이 있는가 하면, 40대 문턱에 접어들며 일본으로 가서 목기 장인의 문하생이 되거나 비전력 공방 장인의 문하생이 된 제자들도 있다. 50세가 되기 전에 은퇴한 유능한 제자들도 종종 찾아온다. 이들은 한결같이 조금 다른 삶을 상상하고 싶어 한다. 지속가능하지 않은 '욕망의 롤러코스터'에서 내려야 한다는 것을 알아차린 지는 꽤 되는데, 언제, 어떤 방식으로 내려야 할지를 모르겠다는 것이다. 이들에게 이 책은 아주 좋은 길잡이가 되어 줄 것이다.

코사카 씨는 이 책에서 시간을 자기 것으로 하면 돈이 별로 많이 필요하지 않다고 말한다. 그가 생각하는 풍요로움과 즐거움은 '노력과 정성을 기울이는 일'을 하는 데서 온다. 돈을 들이는 일이 아니라 시간을 투자하는 일, 노력과 정성을 기울이고 싶은 일을 하면 행복해진다는 것이다. 소비하기 위해 정신없이 돈을 벌다가 세상을 마감하는 삶은 너무나 어리석은 삶이다. 많은 이들이 나이 사십에 백만장자가 되어 은퇴하는 꿈을 꾼다. 그러나 그 역시 실현 가능성이 희박하다. 코사카 씨는 그런 삶 대신 스스로 뭔가를 만드는 사람이 되어 보라고 말한다. 요리를 하거나 목공 작업을 하거나 농사를 짓는 일이 가장 전형적인 일들일 것이다. 그는 만드는 즐거움을 추구하다 보면 지출이 줄어들고, 지출이 줄면 수입이 줄어도 생활에 지장이 없고, 그러다 보면 일하는 시간도 줄어든다고 말한다. 일하는 시간이 줄어들면 노력과 정성을 기울일 시간이 늘어서 더욱 수준 높은 일을 할 수 있고, 또한 풍성한 삶을 살 수 있게 된다. 그는 이런 삶을 '일과 생활의 적정한 순환 관계'가 살아 있는 삶이라고 말한다.

어떤 면에서 이 책은 아주 오래전부터 인류가 살아온 삶, 인간적 규모의 삶, 무리하지 않는 삶이 어떤 것인지, 느리게 살기로 결단을 내린 한 청년의 삶을 통해 보여 준다. 사람들끼리 만나서 상부상조하고 서로의 존재를 축복하는 우정과 환대의 삶 말이다. 요즘 한국의 대학생들은 "부당성에 반발하기보다 빨리 순응해 '승자'가 되는 것이 낫다"면서 사회 문제를 외면하는 경향을 보이고 있다. 한국은 일본처럼 가지 않고 경제가 나아질 거라는 말도 한다. 그러나 경제 침체는 그저 한 국가 차원에서 일어나는 것이 아니라 전 지구적으로 일어나는 것이고, 청년 실업 역시 거대한 구조적 문제에서 비롯되는 것이다. 이대로 가다가는 거대한 글로벌 시장이 주도하는 체제 아래에서 모두가 머슴살이를 하며 고단한 일생을 살아가게 된다. 그래서 역사와 구조에 대한 인식이 어느 때보다 중요해진 것이다. 내가 아끼는 제자들에게 적절한 시점에 롤러코스터에서 내리라고 권하는 것도 이런 이유에서이다.

느림과 돌봄의 감각으로 삶을 살아가는 코사카 씨 같은 사람들이 늘어나면 좋겠다. 그리고 코사카 씨와 같이 슬로 비즈니스를 하는 사람들도 늘어나면 좋겠다. 슬로 비즈니스는 천천히 일하는 비즈니스가 아니라 사람에게 맞는 속도로 가는 비즈니스이고 경제 개념 자체를 바꾸는 경제 활동이다. 도쿄 '카페 슬로'의 주인 요시오카 아쓰시吉岡淳 씨는 "민民을 구제하지 못하는 경제는 경제라 할 수 없다"고 말한다. 경제 활동은 서로 협력하고 돌보는 것을 기본으로 하며, 지속하는 것, 그리고 고용을 창출하는 것이 중요하다는 뜻이다. 한 사람의 삶이 바뀌면 그들의 삶이 모여서 세계가 바뀌는 시대를 우리는 살아가고 있다. 어느 때보다 우리 한 사람 한 사람의 결정이 중요하다. 삶을 바꿀 결정을 해 나가는 과정에서 이 책을 읽으며 지혜를 얻길 바란다. 2012.11

3만 엔 **비즈니스**가 만들어 낼 **기적**

『적게 일하고 더 행복하기: 3만 엔 비즈니스』 후지무라 야스유키, 2012, 북센스

후지무라 선생을 만난 것은『플러그를 뽑으면 지구가 아름답다』북센스, 2011는 책 덕분이었다. 한국판 책 출간을 기념하는 자리에서 그분을 만난 후, 나는 마침 일본에 있던 남편, 그리고 탈핵 운동가 이원영 선생과 함께 나스의 '비전력 공방'을 찾아갔다. 도쿄에 있는 다국적 기업에 다니면서 '나무늘보 클럽'에서 자원봉사를 하던 김유익 씨가 우리 가이드 노릇을 해주었다. 나는 다국적 기업 일은 할 만큼 했으니까 더 늦기 전에 생애 전환점을 찍으라며 유익 씨를 꼬드겨 온 터였다. 그것이 효력이 있었는지, 그즈음 그는 후지무라 선생의 문하생이 될 결심을 굳혔다. '45세 은퇴 계획'을 앞당겨 39세에 결단을 내린 그는 나스의 공방으로 이사할 준비를 하고 있었다. 유익 씨는 이 책을 번역했을 뿐만 아니라 여러 면에서 후지무라 공방과 한국 청년들을 잇는 통신사 역할을 해 주고 있다.

나스는 아주 아름다운 산동네이다. 도쿄에서 두 시간 가량 전철을

타고 나스 역에 내리자 후지무라 선생이 기다리고 있었다. 차로 20분 정도 달리니 흙으로 빚은 하얀 해시계 탑이 나왔다. 그곳에다 차를 세우고 공방으로 이어지는 풀밭 길로 들어섰다. 작은 길을 따라가자 연못이 보였고, 꽤 넓은 터 이곳저곳에는 닭장과 온실, 작업실, 솔라 하우스 solar house, 목욕탕 등 다양한 비전력 건축물들이 드문드문 들어서 있었다. 현관 앞에는 몽골 유목민을 위해 고안했다는 유명한 비전력 냉장고가 놓여 있었고, 거실에 들어서니 대기 속 방사능 수치를 재는 계측기를 만드느라 여념이 없는 청년이 있었다. 바로 후지무라 선생의 아들 겐스케 씨였다. 그는 미국에서 석사 과정을 마치고 엔지니어로 있다가 돌아와 아버지 공방의 첫 번째 문하생이 되었다. 이 부자는 방사능 계측기가 터무니없이 비싸다는 것을 알고 일반인들이 싸고 쉽게 구입할 수 있는 계측기를 만드는 중이었다. 유익 씨를 포함해서 새로 모집한 문하생 네 명은 앞으로 일 년간 비전력 카페를 만들 팀이라고 하는데, 그 카페에서는 전기 없이 만든 아이스크림을 먹을 수 있을 것이라 했다. 후지무라 선생의 아름다운 피아니스트 아내와 가족처럼 지내는 문하생들이 차린 식탁에서 카레라이스를 먹은 후, 나스 지역의 생태적 삶과 주민 활동 현장을 둘러보았다. 물론 우리는 경치가 빼어난 온천탕도 놓치지 않고 즐겼다. 만난 지 얼마 되지 않아 의기투합한 우리들은 방문 계획을 짰고, 동행한 이원영 선생도 자신의 생태 강좌 특강에 선생을 모시기로 했다. 그 후 후지무라 선생 부부는 정말로 한국을 방문했다. 그리 자주 만난 것은 아니지만 이제 후지무라 선생을 떠올리면 '오래된 미래'를 함께한 동네 사람 같은 친밀감이 든다.

후지무라 야스유키. 1943년 일본에서 태어난 발명가이자 사업가. 시대를 훨씬 앞서 가는 작업을 함. 천여 개가 넘는 특허가 있음. 1847년에 미국에서 태어난 토마스 에디슨. 세상을 놀라게 한 천재. 천 개가 넘는, 당시 가장 많은 특허를 낸 발명가이자 사업가. 갑자기 나는 백 년을 사이에 두고 태어난 두 발명가를 비교하고 싶어진다. 두 분 다 일상적 삶에 적용할 다종다양한 기술과 상품을 개발했고 아이디어를 사업화하는 데에도 관심을 기울인 발명가들이다. 그런 면에서 아주 비슷한데, 차이점 역시 흥미로울 것 같지 않은가?

백 년 전 에디슨은 전기를 많이 사용하는 발명품을 만들어 내느라 아주 바쁜 사람이었다. 전화기, 축음기, 전등, 발전소, 전차, 축전지가 모두 그의 발명품이다. 그는 발명과 사업에 바빠서 자녀들과 별로 시간을 보내지 못했으며 그래선지 아들과의 관계가 좋지 않았던 것으로도 유명하다. 반면 후지무라 선생은 전기를 가능한 적게 사용하는 제품을 만드느라 분주하다. 천식을 앓는 딸을 위해 공기청정기를 만든 일을 계기로 대기업 연구소를 그만두고 '어린이들의 건강과 환경에 좋은 것'을 만드는 사업에 몰두하게 된다. 전력과 화학 물질을 지나치게 사용하는 바람에 아이들이 겪는 곤란한 상황을 타개하기 위해, 전기 사용을 줄이고 재생 에너지를 활용하는 발명품을 만들어 온 것이다. 『플러그를 뽑으면 지구가 아름답다』는 책에서 그는, 그간 우리가 얼마나 비효율적으로 에너지를 사용해 왔는지를 일러주면서 '유쾌한 비전력 생활

법'을 제시한다. 태양열 조리기, 달빛과 별빛을 활용한 냉장고, 청소기, 습도계, 무공해 탈취기, 제습기, 환기 장치, 면도기 등 그가 개발한 제품은 듣기만 해도 창의적이고 착해지는 느낌이 든다.

에디슨은 1878년, 그의 나이 31세에 제너럴 일렉트릭 회사를 설립했고 80여 세까지 살면서 연구자적 탐구심이나 사회의식을 드러내기보다는 상업주의를 추구한다는 평을 들은 편이다. 반면 후지무라 선생은 돈벌이와 상관없이 곤경에 처한 사람들을 위해 발명을 하고 자신이 만든 제품을 적정 가격에 제공해 왔다. 몽골 유목민을 위한 냉장고가 그 점을 단적으로 보여 주는 사례일 것이다. 전기가 없는 초원에서는 냉장고를 사용할 수 없어서 주식인 양고기와 양젖도 3일만 지나면 버려야 한다는 사정을 알고, 후지무라 선생은 전기 없이 맑은 달빛과 별빛만으로 작동하는 냉장고를 만들었다. 냉장고 가격은 양 두 마리 값이었는데, 유목민들이 흡족해하는 비용에 맞추어서 만든 것이다.

에디슨도 물론 인류가 행복해지기를 바라면서 발명에 몰두했을 것이다. 시장을 믿었고 인류가 지구상에 유토피아를 건설할 수 있다고 믿었을 것이다. 당시 사람들은 거의 그러했으니까……. 후지무라 선생은 유토피아를 믿지는 않는다. 그냥 소박하게 인류가 지구상에서 하나의 종으로 계속 살아남기를 바라는 마음에서 '비전력화 프로젝트'를 수행하는 분이다 조명 기구, 냉장고, 세탁기, 텔레비전, 컴퓨터, 휴대 전화가 없는 삶을 상상할 수 없게 된 지구인들은 과연 화석 에너지와 핵 발전 문제를 해결해 낼 수 있을까? 이 질문에 후지무라 선생은 그 여유 있는 미소를 띠고 이렇게 말할 것이다. "물론, 할 수 있지요! 쾌적함과 편리함만이 행복의 전부라고 여긴다면 어렵겠지만, 건강, 마음의 풍요로움, 따스함이 스며 있는 인간 관계가 행복의 소중한 일부임을 자각한다면 그건 그다지 어렵지 않을 겁니다."

인류에게 유토피아를 선물해 주리라 믿었던 근대 과학은 20세기 후반에 들어서서 엄청난 재앙의 원천이 되고 있다. 그런데 이에 대해 반성하는 과학자들은 의외로 적다. 나는 인류의 삶을 엄청나게 바꾸어 버릴 발명을 하면서도 그 발명품이 가져올 사회 경제적 효과에 대해서는 무심한 과학 기술자들을 보면 화가 난다. 더구나 그에게 인격적 존재로서 통합성을 찾기 어려울 때 더욱 화가 난다. 후지무라 선생은 그런 면에서 내게 희망을 주는 발명가다. 그는 공자님의 '수신제가修身齊家 치국평천하治國平天下'라는 말을 따르는 분이고, 말과 행동이 같이 가는 삶을 사는 분이다. 그는 타인과 더불어 행복하게 살아가는 삶을 위한 기도를 놓은 적이 없다. 에디슨과 후지무라 선생을 비교하면서 결국 나는 이 말을 하고 싶었던 것 같다. "에디슨의 시대는 가고 후지무라의 시대가 왔다!" 거대 투자 없이는 발명이 불가능해진 시대, 곧 과학 기술과 발명이 '카지노 자본주의'에 이용되는 시대를 끝내고, 사람과 삶이 돌아오는 적정 기술의 시대를 열어 가야 할 때다. 도넬라 메도우 여사가 주도했던 『성장의 한계』갈라파고스, 2012와 에른스트 슈마허의 『작은 것이 아름답다』문예출판사, 2002에서 말하는 원리를 되새기며 일상의 회복이 가능한 규모의 삶, '작은 것이 아름다운 시대'를 열어 가야 한다. 맹목적

인 성과주의 사회에서 피로에 절어 살아가기에는 인생이 너무나 아깝
지 않은가?

이 책은 응용 물리학자 후지무라 선생이 단순한 과학 기술자의 수준
을 넘어서 철학과 경제학과 인류학을 다 섭렵하고 있음을 보여 주는
'발명품'이다. 사실상 훌륭한 발명가들에게 경계는 무의미하다. '3만
엔 비즈니스'는 기술과 인문학의 경계, 경제와 사회의 경계를 넘나드
는 사람들이 이해할 수 있는 개념이다. '3만 엔 비즈니스'는 경계를 넘
지 않으면 살아남기 힘든 난감한 시대에 필요한 탁월한 발명품이다. 후
지무라 선생 자신도 '3만 엔 비즈니스'가 자신이 만든 가장 훌륭한 발
명품이라고 말하였다.

2012년 봄, 서울 하자센터에서 3만 엔 비즈니스에 관한 강연과 워크
숍을 진행했는데, 그때 한국 청년들이 가장 알고 싶어 한 것은 다양한
사업 아이템이었다. 그간 쏟아져 나온 자기 계발서나 비즈니스 아이템
소개서에 익숙해서 그런 질문들을 한 모양인데, 이 책은 이제 그런 생
각 자체를 바꾸어야 한다고 말한다. 사실 나/우리가 지금처럼 살아서는
안 되는 이유를 설명해 주는 훌륭한 책들은 많다. 그런 책 중에서도 후
지무라 선생의 책이 탁월한 것은 그 이야기를 아주 소박하게, 그리고
구체적 대안과 함께 제시하고 있기 때문이다. 그는 비즈니스란 내 생활
의 방편이지, 이윤을 남기는 회사를 차리는 것이 아니라는 점, 내 생활
의 주요 방편은 자급자족 단위를 구성하는 데서 시작된다는 점을 분명
히 일러주고 있다.

후지무라 선생은 이제 자신의 삶을 새롭게 구성해 보라고 말하면서, 한 달에 이틀 일하면 되는 3만 엔 비즈니스를 해 보라고 권한다. 월 이틀 일하는 3만 엔 비즈니스 세 가지를 하면 한 달에 6일 일하고 9만 엔을 벌게 된다. 그리고 24일은 휴일이다. 24일 동안 자기가 원하는 활동을 하면서 지낼 수 있다. 그림도 그리고 음악도 듣고 친구들과 공동 식탁도 마련하고 텃밭도 가꾸고 몸에 좋다는 효소도 담글 수 있다. 어쩌면 9만 엔도 필요하지 않을 것이다. 황당하게 들리는가? 전혀 그렇지 않다. 이미 그렇게 사는 이들이 주변에 나타나고 있다.

작년에 나는 제주도 여행을 하면서 해녀 학교에 다니는 20대 후반에서 30대 초반의 매력적인 여성들을 만났다. 그들은 서울에서 디자이너로, 출판사 편집자로, 웹 디자이너로 바쁘게 살아가던 이들이었다. 틈이 나면 빠듯한 일정으로 세계 여행을 다니며 숨 가쁘게 살아가던 이들. 그런 이들이 어느 날 의기투합해서 직장을 그만두더니 제주도로 이주하기로 했다. 대도시 서울에서 비싼 집세를 내며 닭장 같은 사무실에서 하루 열두 시간 노동을 하다가 몸만 망가뜨리는 미련한 삶을 더 이상 지속할 필요가 없다는 판단을 내린 것이다. 그들은 바닷가 마을에 마당이 딸린 아담한 집 한 채를 년 300만 원 전세로 빌려서 함께 살기 시작했다. 농사짓는 일을 배우고자 한 터이니 동네 밭일을 하면 일도 배우고 가볍게 월 30만 원은 벌 수 있다. 서울에서 번역이나 책 편집 등 일감이 들어오면 좀 더 수입을 올릴 수도 있다. 그러나 내키지 않으면 그런 일은 구태여 하지 않는다. 자전거를 타고 다니기 때문에 교통비가

들지 않고 텃밭을 가꾸기 때문에 부식비도 들지 않는다. 함께 식사를 하기 때문에 식비도 별로 들지 않는다. 화장지 등 소비재 사용은 가능한 줄인다. 가끔 제주시에서 하는 특별 영화 상영회, 전시회 등에 가거나 타지에 사는 친구와 부모를 만나러 갈 비용 정도만 있으면 된다. 최근에는 이왕 바닷가에 왔으니 물질도 배우면 좋겠다는 생각이 들어서 해녀 학교에 다닌다. 마침 나라에서 장려하는 일이라 해녀 학교 등록비도 지원을 받는다. 학교에 다니면서 해외와 육지에서 온 새로운 친구들도 만나 자주 어울린다. 친구들과 함께 사회경제학이나 인문학 세미나를 하기도 한다. 최근 정부에서 해군 기지를 짓겠다며 주민의 반대에도 불구하고 공사를 강행하는 곳이 있다. 이들은 반대 시위 현장에 수시로 가서 시위도 하고 여러 가지 일을 돕기도 한다. 이들이 사는 모습이 바로 일주일에 하루 이틀 일하고 나머지는 자신과 사회에 활기를 불어넣는 일을 하면서 지내는 라이프스타일이다. 이들이 계속 제주에 살지는 않을지도 모른다. 몇 년 후에 다시 서울로 가서, 하자센터와 같은 재미난 동네가 있으면 취직을 하고 더 '빡세게' 일을 할 수도 있을 것이다. 그러다 힘들면 또 다시 제주에 내려가 살지도 모른다

이들은 예외적 존재일까? 아니라고 생각한다. 주변을 둘러보면 이런 새로운 감수성과 철학을 품은 청년들이 적지 않다. 이들처럼 같이 살지는 않더라도 주말에 함께 농사를 지으러 서울 근교로 나가는 청년들, 함께 모여 사회적으로 의미 있는 일을 도모하는 디자인 그룹 청년들, 도심 내 빌딩 옥상에서 텃밭을 함께 가꾸는 주민들도 실은 단순히 텃밭

을 가꾸는 사람들이 아니다. 더는 사회에 이롭지도 않고 의미도 없는 일을 하면서 지낼 수 없어 좀 다른 삶을 찾고 있는 사람들이다. 더는 심한 노동으로 몸을 상하게 하고 싶지 않은 사람들, 노후 안정성을 보장해 주지도 않을 일을 두고 회사 일에 목매고 싶지 않은 사람들이다. 이들은 가장 안정적이라고 말하는 일자리도 실은 비정규직이며 '알바 인생'일 뿐임을 간파한 사람들이다. 그래서 '딴 짓'을 시작한 것이다. 이런 딴 짓은 조만간 현명하게 자기 앞가림을 하는 방향으로 진화해 나갈 것이고, 이들은 자급력, 곧 자신의 생활 방편과 비즈니스에 대해 구상하기 시작할 것이다. 이른바 이동하는 청년들, '도시 부족urban tribe'이 만들어지고 있다.

정규직/비정규직의 구분이 사실상 별 의미가 없는 시대, '고용 없는 성장' 시대를 믿고 대책이 서지 않는 삶을 마냥 살아갈 수는 없다는 것을 알아차린 이들이 늘고 있다. 이들은 묻는다. 성장/성숙이 불가능한, 롤러코스터처럼 달리는 기계 사회에 더 머물 필요가 있을까? 영혼을 잠식당하면서 언제까지 버텨야 할까? 물론 모든 사람들이 당장 모든 것을 그만두어야 한다고 말하려는 것은 아니다. 그러나 슬슬 전환점을 찾기 시작해야 한다고 생각한다. 그간 '보이지 않는 손'에 의해 그런대로 잘 굴러간다고 생각했던 자본주의는, 경제학자 낸시 폴브레가 『보이지 않는 가슴』또하나의문화, 2007이라는 책에서 지적했듯이 '보이지 않는 가슴'이 존재했기에 가능한 체제였다. 화폐 가치로 전환되지 않은 돌봄과 배려, 소통과 호혜의 영역이 그간 자본의 세상을 든든히 받쳐 주었다. 그런데 이제 그 '보이지 않는 가슴'의 영역이 급격히 사라지기 시작하면서 체제 자체는 붕괴할 위기에 처했다. 그간 '보이지 않는 가슴' 영역에서 삶을 버텨 왔던 주부들은 진정한 의미의 돌봄 활동을 더는 하지 못하게 되었다. 아이들을 학교만이 아니라 여러 학원에도 보내야 하기 때문이다. 이들은 이제 힘들어하는 친척들을 돕고 마을을 돌보지 않는다. 자원봉사를 할 시간도, 아이들을 놀이터에 데리고 갈 시간도 이제는 없다. 비싸지기만 하는 자녀 학원비와 점점 불안해지는 노후를 위한 자금을 벌어야 하기 때문이다. 모두가 시장으로 나갔고, 시장에서는 그간 가정에서 담당해 온 친밀성과 돌봄의 영역까지 자신들이 더 잘 충족시켜 줄 수 있다면서 소비를 부추긴다. 그래서 모두가 "돈돈돈" 하면서 불안하게 살아가고 있는 것이다. 어떤 자발적인 시도도 돈으로 매개되는 체제에 빨려 들어가게 된 상태에서 '사회적 관계'는 말라 시들어가고, 시장의 해법으로 문제를 해결하려고 발버둥 칠수록 문제는 더 복잡하게 꼬일 가능성이 높다. 이런 난감한 불확실성의 시대는 '마이크로 매니징'으로 문제를 풀 수 있는 상황이 아니다.

바버라 에런라이크는 『긍정의 배신』부커, 2011에서 지금은 "실존에 대한 명확한 인식과 용기existential clarity and courage"가 필요한 때라고 말하는데, 후지무라 선생은 '3만 엔 비즈니스'라는 재미난 개념을 내밀며 고심하는 청년들에게 말을 건다. 거시적 흐름에서 3만 엔 비즈니스의 철학은 우리보다 좀 더 일찍 난감함에 봉착한 서양 '선진국' 주민들 사이에서 DIY(Do it yourself)라고 불리던 삶의 방식, 지역화localization, 사회적 기업, 협동조합, 허브hub 등 사회 경제로 전환하려는 움직임에 닿아 있다. 승자 독식의 경쟁 사회에서 비켜나 슬기롭게 살아갈 길은 '사회에 이로운 즐거운 일거리'를 찾아 하면서 '마을'에서 즐겁게 사는 것이라고 그는 말한다.

나는 제주로 간 여성들 외에도 한국에서 후지무라 선생이 제시하는 삶의 방식으로 살아가고 있는 이들을 꽤 알고 있다. 인문학 연구 공간 '수유+너머'는 십여 년의 역사를 쌓은 도시 부족 마을이다. 그곳에 가면 세미나도 할 수 있고 다목적 카페에서 유목민의 노래를 들으며 노닥거리다가 함께 주말 농사를 지을 친구들을 모집할 수도 있다. 남산 밑 '게스트하우스 빈집'과 '카페 빈가게' 역시 3만 엔 비즈니스의 철학이 구현되고 있는 곳이다. 빈집의 가장 오래된 주민인 지음은 동네 자전거 배달을 해서 3만 엔을 벌며, 음악회와 세미나를 열어 3만 엔을 번다. 필요하면 마을금고도 만들고, 카페도 차리고, 조만간 육아방도 차릴 생각이다. 이런 청년들의 삶은 아직은 이동하는 '도시 부족'적 성격이 강하다. 이들이 구체적 지역과 만나 정주할 때 엄청난 에너지를 내면서 사회를 바꾸어 가리라 생각한다.

후지무라 선생은 대도시를 떠나라고 말하지만, 딱히 그러지 않아도 좋다고 나는 말하고 싶다. 도시에서도 3만 엔 비즈니스를 하면서 행복하게 살아갈 수 있다. 때마침 시민운동가 시장이 선출된 서울시에서는 민관 협력으로 마을 공동체를 만들어 보자는 움직임이 일고 있다. 도시 부족들, 그리고 DIY족들이 그리 쉽게 관의 지원을 받으려 들지는 않겠지만, 그래도 시민의 세금으로 세상을 구해야 하는 시점이니 아직 도시를 떠나고 싶지 않은 청년들은 서울에서 3만 엔 비즈니스를 하며 마을 만들기 작업에 참여하면 좋겠다. 주거비가 너무 비싸다면 '게스트하우스 빈집'에 기거해도 좋고, 공공건물을 청년들의 코하우징co-housing 공간으로 전환해서 비용을 줄일 수도 있다. 그런 식으로 더불어 사는 삶을 연습하면서 3만 엔 비즈니스를 시작하는 것도 방법일 것이다.

나는 오늘도 에어컨을 켰다. 엄밀하게 말하면 남편이 켰고 나는 그 덕에 이 글을 마무리하고 있다. 그러나 나는 에어컨 없는 삶을 살고 싶다. 에어컨 대신 후지무라 선생이 고안한 제습기를 쓸 생각이 굴뚝같다. 물을 낭비하지 않으며 살고 싶고, 지구를 망치지 않으며 살고 싶다. 그런데 쉽지 않다. 후지무라 문하생들이 많아져서 '비전력 제습기'를 뚝딱뚝딱 만들어 내기만 한다면 나는 좀 더 행복하게 살 수 있으련만…… 청년들이 어우러져 뚝딱뚝딱 집을 짓고 이웃과 함께 모여 집수리를 하는 곳, 동네 총각이 동네 아줌마, 할머니들과 함께 동네 식당이며 반찬 가게를 차려서 널널하고 즐겁게 사는 곳, 청년 남녀들이 함께 텃밭을 가꾸고 술을 담그다 사랑을 하고 동네 사람들 축복 속에 결혼을 하고 아이를 키우는 곳. 아이들이 부부 단손이 아니라 조부모와 삼촌과 이모와 이웃사촌과 함께하며 자라는 곳, 마을 중심부에 장터가 자주 서고 절기에 따라 축제가 벌어지는 곳, 재생 에너지로 충분히 살아갈 수 있는 곳, 나는 그런 곳에 살고 싶다. 바로 그런 마을이 3만 엔 비즈니스가 흥하는 곳일 테고 사람들이 행복하게 사는 곳일 것이다.

3평의 개별 공간과 30평의 창조적 공유 공간, 3인이 모여서 벌이는 3만 엔 비즈니스들이 만들어 낼 기적, 나는 그런 것을 믿고 싶다. 혼돈과 불안의 시대이지만, 자기 주제를 파악하고 자기 앞가림을 하면서 살아가는 이들이 늘어날 때 기적이 일어날 것이다. 얼마 전 하버드대 마이클 샌델 교수의 『정의란 무엇인가』김영사, 2010라는 책이 한국에서만 130만 부가 팔렸다고 화제가 되었다. 최근에 그는 『돈으로 살 수 없는 것들』와이즈베리, 2012이라는 책을 내며 한국에서 대대적인 강연회를 열어 또 한 차례 독서 광풍을 일으켰다. 돈으로 살 수 없는 것들에 대한 통찰력을 담은 이 책 역시 그 못지않은 바람을 일으키리라 믿는다. 후지무라 선생과 서울에서 더 자주 만나기를 고대하며 글을 마무리하려 한다.

우리에게는 친구들과 노닥거릴 시간, 함께 노동할 시간, 그리고 기도할 시간이 필요하다는 것을 잊지 말자. 숨 제대로 쉬면서 오늘도 흐뭇한 하루이기를! 2012. 07

장소를 **프로듀싱**하는 **건축**가

『삼저주의』 구마 겐고, 미우라 아쓰시, 2012, 안그라픽스

　　　　　"저는 나약함, 죽음, 생활과의 연관성을 기준으로 도시와 커뮤니티를 생각해 보고 싶습니다. 건축가에게는 잘 죽을 수 있는 도시, 나약한 사람이 행복하게 살아갈 수 있는 도시를 프로듀싱해 내는 능력이 필요합니다." 이 책에서 건축가 구마 겐고는 말한다. 건축가는 다른 어떤 분야 전문가들보다 인문학적 논의를 열심히 해 온 사람들이다. 한국에서 가장 열심히 포스트모더니즘에 대해 논의한 이들도 그들이고, 전통에 관한 담론에 관심을 기울인 이들도 그들이다. 구마의 이 말은 또 어떤 변화를 뜻하는 것일까?

　　사회 평론가 미우라 아쓰시는 이 책 『삼저주의』안그라픽스, 2012에서 구마가 이 변화를 말로 표현할 수 있도록 유도 질문을 한다. 미우라는 2005년 『하류 사회』씨앗을뿌리는사람, 2006라는 책을 펴낸 작가로, 이 책은 일본에서 3개월 만에 65만 부가 팔리는 기록을 세웠다. 그는 '삼저三低'에 대한 이야기로 구마와 대화를 시작한다. '키가 크고 수입이 많고 학력

이 높은' '삼고'의 반대에 있는 '저위험(안전), 저의존, 저자세'의 '삼저'. 현재 일본에서 인기 있는 남성의 유형은 '삼저'라고 한다. 놀라운 변화가 아닌가? 일본은 지금 위대함, 고상함, 고압적 남근성, 고층의 '고高'가 아니라 작은 도시, 저층, 저자세, 저탄소, 낡음, 폐허의 '저低'가 지식인들 사이에서 화두로 떠오르고 있다. 아니, 그렇게 된 지 꽤 오래다. 정신 지체 장애인들이 모여서 '있는 그대로'를 인정하며 행복하게 살아가는 '베델의 집 사람들'도 이런 흐름에서 나온 운동이다. 미우라와 구마는 소유로 생활이 안정되고 행복해질 수 있다는 것은 소설에 지나지 않다는 생각을 공유한다. 용적률, 부지주의, 신축주의로 일관하던 근대가 급격히 붕괴되고 있는 지금, 건축가의 자리는 어디일지 묻는다. 더는 거대한 구조물을 짓지 않는 지금, 건축가는 결국 사라질 존재일까?

두 남자는 앞으로 건축가를 집수리하는 수선가나 장소 물색가라는 이름으로 불러도 좋다고 말한다. 건축가의 일은 '장소를 프로듀싱하는 것'이라고, 사유 재산으로서의 가치보다는 공적 소비와 나눔, 이웃과 즐겁게 인사를 나눌 벤치와 나무 그늘이 있는 공간, 할머니가 키우는 화분들 곁에서 생활의 지혜와 요리가 전수되는 장소로 집을 상상하라고 주장한다. 계획적이고 관념적인 나를 버리고 두 발로 땅을 딛고 사는 것, 작은 것을 쌓아 가며 함께하는 것, 힘 뺀 상태에서 나오는 힘과 아름다움, 앞으로 건축가들이 명상해야 하는 것은 이런 것들이다. 기존 마을에 덧붙여지는 복합 주택, 낙후된 상점가 공터에 들어선 임대 주택, 공간만이 아니라 시간까지 공유하는 협동적 임대 주택, 박물관으로 변신한 대중목욕탕, 동네 슈퍼마켓이 된 영화관. 고독사孤獨死를 방지하는 주택, 기억 상실을 강요하지 않는 도시. 건축가들이 있어야 할 곳은 바로 그런 공간이 만들어지는 곳이라는 말이다. 가장 자연에 가까우며 냄새와 질감이 살아 있는 장소성을 다루는 사람들이 건축가이다. 따라서 그들은 리노베이션을 통한 정적 기술의 전승과 고용 창출, 지방과 도시의 연결까지도 해낸다. 당연히 그들은 상상력이 풍부한 인문학도이자 삶의 결을 읽어 내는 인류학도이며 복지에 대한 감각을 키운 사람들이어야 할 것이다.

단지 일본만의 이야기일까? 거품이 꺼져 가는 바로 우리의 지금에 대한 이야기이기도 하다. 50대 두 남자의 수다스런 이야기를 담은 이 책은 즐거운 상상을 하게 한다. 이제 우리는 '생산성'에 집착하지 않음으로 세상을 구원하는 시대에 들어섰다. 낮은 곳으로부터 건축이 생겨야 함을 예감하는 건축학도나 낡은 집을 고쳐 살고 싶은 '심플족'에게 이 책은 소소한 재미와 함께 상당한 용기를 불어넣어 줄 것이다.

거대함에 대한 욕망의 끝을 보았다면, 그래서 함께 작은 집 짓기, 요리하기, 수리하기, 텃밭 가꾸기, 마을 만들기에 재미를 붙이게 되었다면, 서서히 건축가와 목수의 길로 들어서 보는 것도 괜찮은 일일 듯하다. 건축은 이제 낮은 곳, 곧 삶에 임하노니, 자 이제 천천히 산보를 하면서 이웃에게 말을 걸고 친구들과 집수리를 하면서 모여 살 궁리를 해 보자. 우정과 환대, 돌봄의 시대는 함께 집수리를 하다가 불현듯 도래하리니! 2012.01

다시 **마을**을 **짓다**_함께 모여 사는 것에 대하여

『마음을 연결하는 집』 야마모토 리켄 외, 2014, 안그라픽스

일본은 한국보다 한 15년 앞서 간다고들 한다. 근대화는 애초부터 글로벌 차원에서 진행되었는데, 문화적으로는 매우 대조적인 특성을 보이는 일본과 한국이 사실상 매우 비슷한 과정을 거치는 양상을 보며 새삼 그 점을 확인한다. 점점 자기 속으로 숨어드는 우리 모습에서부터 후쿠시마 사태와 세월호 사태를 다루는 두 국가의 모습에 이르기까지 참으로 비슷하다. 그리고 한국이 일본을 '따라잡는' 기간은 점점 짧아지고 있다.

이 책은 일본의 주택과 주거 양식의 변화를 통해 사회의 패러다임이 근본적으로 바뀌고 있음을 보여 준다. 책 속에서 저자 야마모토 리켄은 일본 주택 정책의 근간을 이루던 '1가구 1주택주의'에서 벗어나 '지역사회권주의'로 전환하자고 촉구하며 그간 해 온 작업들을 소개한다. 그에 따르면 '1가구 1주택 정책'은 하나의 사상이자 체계인데, 모든 사람들이 가족 구성원으로서 한 주택에 모여 사는 것을 전제로 하는, 국민 국가 형성기에 만들어진 정책이다. 전후 폐허를 딛고 어른 아이 할

것 없이 모두가 좀 더 풍요로운 미래를 위해 열심히 노력하던 시절에 출현한 정책으로, 가족 사생활 보호와 안전이 이 정책의 핵심 내용이었다. 경제 성장기를 지나고 경제 쇠퇴기에 이르러 가족 해체가 역력해진 지금, 주택 정책 개혁은 미룰 수 없는 과제가 되었다. 그는 도쿄 인구를 예로 들어, 1960년에는 세대당 평균 4명, 고령화율은 1.0%였는데 2013년에는 세대당 인원이 1.98명이며 고령화율은 24.7%로 늘어났다며 개혁의 불가피성을 강조한다. 가족 해체와 노령화, 그리고 갖가지 재난으로 사회 안전망이 깨지는 상황에서 정책 변화가 시급한데, 일본 정부는 그 전환을 제대로 이루어 내지 못했다는 주장이다.

저자에 따르면 2000년 일본 정부는 민간(시장) 주택업자가 주택 공급을 주도하는 방향으로 주택 관련 법률을 개정했는데, 이는 주택 정책이라기보다 경제 성장 정책으로, '부동산의 증권화'만 부추겼다. 지난 십여 년간 일어난 도쿄의 최고층 맨션화는 바로 이런 투자 중심 주택 정책의 산물이다. 시장은 투가 가치가 높은 주택만 지었고 이때 가장 중요하게 고려한 사회적 변수는 사생활 보호와 안전이었다. 현관 자동 잠금장치와 신분 확인용 인터폰, 철저한 방음 장치 등을 갖춘 거대한 밀실 주택군을 만들어 낸 것이다. 이는 사실상 후기 근대 내지 탈근대적 상황을 살아가는 이들의 욕구를 전혀 반영하지 않은 주택이다. 이런 건축은 결국 지역을 폐허로 만들고 말았다. 저자는 신자유주의가 낳은 '돈 중심주의'를 넘어선 주택 정책을 세우기 위해 고려해야 할 점들을 책 서두에서 명료하게 정리해 주고 있다. 첫 번째로 이제는 주택을 독점 자산이 아닌 사회 자본으로 인식해야 한다는 것, 두 번째로 공급자의 이윤을 지키려는 목적이 아니라 그곳에서 생활하는 사람, 즉 주민 삶의 질을 높이려는 목적에서 집을 지어야 한다는 것이다. 사생활 보호와 안전에 집착하면서 스스로를 고립시키는 건축이 아니라 개방성과 유연성이 확보되는 건축이어야 한다는 것이며, 저자는 이를 '지역 사회권' 개념으로 소개한다.

두 시스템을 좀 더 구체적으로 비교해 보면, 지역 사회권 시스템의 기본 단위는 가족이 아니라 개인이다. '1가구 1주택' 시스템이 주변 환경과 지역 사회에 무관심했다면 지역 사회권에서는 그 변수를 매우 중요하게 고려한다. '1가구 1주택' 시스템에서 주택/하우스가 소비 단위이자 국가 거시 경제 단위로만 고려되었다면, 지역 사회권 시스템에서 하우스는 지역 내부 경제권으로 자체 생산 역할을 한다. 두 시스템 모두 사생활 보장과 보안을 중시한다. 그러나 전자가 이를 기술적으로만 해결하려 들면서 고립된 주택을 지었다면, 후자는 그곳에서 생활하는 사람들이 자연스럽게 상호 작용하며 풀어가는 사회 문화적 방법을 채택한다는 점에서 차이가 있다. 기본적으로 이 두 시스템은 전용 공간과 공용 공간 개념에서 큰 대조를 보인다.

좀 더 구체적으로 말하면 1가구 1주택 시스템의 집이 일반적으로 단독 침실, 주방, 화장실이라는 자족적이며 폐쇄적 공간들로 이루어져 있다면, 지역 사회권의 '하우스'는 '개방 공간'과 '사적 침실'로 구성되어 있어서 외부와의 협동이 용이하다. '개방 공간'은 외부를 향해 열려 있어서 지역 주민들과 쉽게 섞일 수 있다. 이를 툇마루나 어린이 놀이터처럼 사용할 수도 있고, 사무실, 아틀리에, 가게 등을 차리거나 임대를할 수도 있다. 화장실과 욕실, 작은 주방은 함께 사용하는 공간이며, 이러한 공용 공간의 확보는 간병, 간호, 복지, 에너지, 교통, 지역 경제 등의 개념을 전면 재구성하는 토대가 된다. 혼자 사는 노인에게 변이 나지는 않았는지 이웃이 들여다보거나, 가족이 떠난 빈 공간을 활용해 일정 수입을 내는 일도 쉬워지기 때문이다. 한마디로 지역 사회권 시스템은 단순한 집 구조가 아니라 생활 패턴과 사고 구조에서 변화를 이끌어내는 촉매제로, 새로운 사회 보장 제도, 지역 내 경제권, 에너지의 효율적 소비와 생산, 그리고 중간적 교통 인프라를 상상하고 만들어 가는것이다. 이런 구체적 개념으로 작업을 해 온 저자는 이상적인 지역 사회권 인구를 500명 정도로 추산한다.

한국 주택 정책의 기본 개념도 일본과 다르지 않다. 어떤 면에서는일본보다 앞서 '부동산의 증권화'가 진행된 경우일 것이다. 특히 1990년대에는 아파트 투기 광풍에 휩싸였고 2000년대에도 뉴타운, 재개발붐은 여전했으며, 그 후에는 부동산 가격이 떨어지면서 많은 이들이'하우스 푸어'가 되었다. '아파트 공화국'이라는 악명까지 얻은 한국에서 '1가구 1주택' 시스템이 일으킨 부작용은 아주 심각한 사태에 이르렀다. 이런 상황에서 좀 다른 '집살이' 실험들이 일어나는 것 역시 자연스러운 현상이다. 실제로 한국 도심부와 농촌 곳곳에서 좀 다른 건축에대한 시도들이 현재 일어나고 있다. 이 책에서 말하는 지역 사회권에 대한 탐색이 이루어지고 있는 것이다.

　어려운 말을 사용하고 있지만, 지역 사회권이란 쉽게 말해 상부상조하는 마을 같은 것이다. 조선 시대 대가족과 친척들이 모여 살던 마을이나, 근대화 초기 도시로 이주해 온 가족들이 이웃과 상부상조하면서 아이를 키우고 병든 환자와 노인을 함께 돌보던 주거와 비슷하다. 그것은 우호적인 사람들이 스스로 도우면서 서로를 지켜 주는 체제이며, 고도의 자동 잠금장치가 아니라 집의 빗장을 풀고 협동하는 장치로 움직이는 체제이다. 다행히 이제 많은 이들이 탐욕의 시대를 간파하고 인간다운 삶으로 전환하려는 상상을 시작했다. 신자유주의 이후의 주거 정책과 다양한 주거 실험에 대한 논의의 장이 일본만이 아니라 한국에서도 자생적으로 열리고 있는 것이다. 한일 양국 주민들이 자주 만나 교류하는 '에코 빌리지'들도 생겨나고 있다. 리켄 선생이 새로운 개념으로 설계한 주택이 판교와 강남에 지어졌다는 반가운 소식도 들린다. 여러모로 답답하던 시점에 더불어 지낼 삶의 장을 만드는 묘안들을 접하니 흐뭇하기 그지없다. 국경을 넘나들며 '함께 짓는 집'들이 많아지길 기대하며, 나는 어떤 마을에서 살아갈지 좀 더 구체적인 계획을 세워 보려 한다. 그 자리에 리켄 선생도 함께하면 좋겠다. 2014.06

전환 시대에 부치는 편지

버지니아 울프의 '**자기만의 방**',
그 이후_2011 서울국제여성영화제 라운드테이블

나는 지금 전주 한옥 마을 게스트하우스에서
이 글을 쓰고 있습니다. 임의진의 '여행자의 노래'를 들으면서 누군가
를 그리워하고 있습니다.

버지니아 울프, 당신이 1929년에 쓴 『자기만의 방』은 표현 욕구를
풀지 못했던 많은 여성들의 가슴을 마냥 부풀게 한 책이지요. '경제 자
립'과 '방해받지 않을 시공간'은 당당한 삶을 살고자 하는 사람이 갖추
어야 할 필수 조건이라는 당신의 주장에 세계 많은 여성들이 열광했습
니다. 크고 작은 관계와 일상을 돌보아야 하는 '아버지의 집'에서 여성
들이 '자기만의 시공간'을 갖는다는 것은 거의 불가능한 일이었던 만
큼, 당신의 말은 혁명적인 발언이었습니다. 그 이후 자기만의 공간을
확보하려는 여성들의 투쟁이 줄기차게 일었고, 드디어 그 목적을 성취
한 이들은 자기만의 방에서 자유를 만끽하며 글을 쓰고 때로는 '자기
를 찾는 여행'을 떠나기도 합니다. 이제 상당히 많은 여성들에게 '자기

만의 방'이 있고, 그 여성들은 세상 풍경을 크게 바꾸고 있습니다.

그런데 요즘은 '자기만의 방'이라는 말을 들어도 내 가슴이 뛰지 않습니다. 오히려 철렁 내려앉을 때가 많습니다. '자기만의 방'에 들어가서 나오지 않는 사람들, 창문도 없는 한 평짜리 방에서 모든 것을 해결하며 사는 '방살이' 홀로족 청년의 모습이 겹쳐지기 때문입니다. 아마도 그들 중 상당수는 '자기만의 방'이 있는 여자들이 낳고 키운 자녀들일 것입니다. '자기만의 방'을 확보하기 위해 맹렬하게 싸웠던 당신의 열혈 팬들이 낳은 자녀들, 그 집에 마련된 '자기만의 방'에서 나오지 않는 딸과 아들들. 그들은 세상이 무섭다면서 '자기만의 방' 깊숙이 숨어 들어가고 있습니다. 버지니아 울프, 당신이 지금 여기로 온다면 이 세태를 보며 무슨 말을 할지 궁금합니다. 시대를 읽는 냉철한 눈과 따뜻한 가슴이 있는 그대의 목소리가 듣고 싶은 시절입니다.

자기만의 방에 피신처를 마련한 '히키코모리'들

한국 사회에도 니트족이 백만 명을 넘어섰다고 합니다. 이들은 국가 통계상으로는 '아무것도 하지 않는 이들'이지만 실은 대부분이 '자기만의 방'에서 혼자 뭔가를 부지런히 하는 사람들입니다. 한때 사회에서는 이들을 두고 '문화의 시대'를 열어 갈 '마니아'라며 칭송하기도 했습니다. 다양한 '비물질 노동'에 몰입하는 이들을 두고, 사회는 탈산업 사회와 지식 정보 사회의 주인공이라 부추겼고 창의 산업, 문화 산업을 일으킬 주역이라며 지원을 아끼지 않을 것처럼 굴었습니다. 그러나 지금 이 청년들은 스스로를 '잉여'라 부르면서 홀로 침잠하고 있습니다. 자기만의 방에서 주식을 사고팔거나 온라인 게임에 몰입하던 청년들 중에는 어느 날 대박을 쳤다면서 사회로 나와 활개 치는 이들도 있지만, 문화적 활동에 몰입해 온 당신의 후예들은 점점 더 은둔 모드로 들어가고 있는 것 같습니다. 예상했던 '문화의 시대'는 오지 않고 '금융 쓰나미'가 삶을 삼켜 버린 때문입니다. 지금 세상은 외톨이가 된 청년들의 우울한 기운이 폐허가 된 대기를 감싸고 있습니다.

일본 이야기를 좀 해 보지요. 경제 호황을 이루었던 1970, 80년대 일본에서는 하루 대여섯 시간만 일하고 나머지 시간에 자기가 하고 싶은 활동에 몰입하는 '프리타'족이 등장했습니다. 회사에 목매지 않고 자기만의 시공간을 확보하는 프리타의 삶은 많은 청년들이 지향하던 이상적 라이프스타일이었지요. 그런데 지금 일본에서는 "백만 프리타여, 당신들에게 미래는 없다네"라는 평론가의 빈정거림과 함께 '무연 사회론'이 일고 있습니다. 일본인구문제연구소의 예측에 따르면, 지금 추세가 지속될 경우 2130년에는 일본 인구의 1/3이 단신으로 살고 있을 것이고, 한 번도 결혼하지 않은 남성이 29.4%, 여성이 22.5%에 이를 것이라고 합니다. 모든 '연'이 끊어지고 홀몸으로 살아가는 이들이 급격히 늘어 '무연(無緣) 사회'가 되리라는 경고인데, 한창 일할 나이에 직장도 파트너도 없이 혼자 사는 삼사십 대가 1/3에 달하는 사회를 상상해 보세요.

어디에도 소속되지 않고 사는 니트족, 고슴도치처럼 자기 방에 틀어박힌 '히키코모리'들을 '사회'로 끌어내는 일을 하는 NPO 단체 '뉴스타트'에서는 올해도 '니트족 축제'를 개최했는데, 나는 그곳에서 십 년 이상 자기만의 방에 피신해 있었던 청년 열 명의 이야기를 들었습니다. 그들 중 세 명은 어릴 때 훈육적인 학교생활을 도저히 견딜 수가 없어서 집에만 있었던 경우이고, 나머지는 대학 졸업 후 취업이 안 되거나 한 번 취직했지만 직장을 잃은 후 두문불출하게 된 경우였습니다. 일본에서는 집에만 있는 자녀로 인해 가정불화가 잦고, 방에만 있는 아들에게 나가 일을 하라고 윽박지르던 아버지가 아들에게 맞아 죽은 사건도 일어났습니다. 학교와 일터, 그리고 사회 기피증을 보이는 인구가 늘고 있습니다. 그들의 마지막 피난처는 부모의 집에 마련된 '자기만의 방'인 것입니다.

최근 '두문불출 방살이족'이 증가하는 이유는 사회에 청년들이 설 자리가 없기 때문일 것입니다. 일자리가 없기도 하거니와 힘겹게 일자리를 잡아도 일하는 것이 죽기만큼 싫다는 청년들이 늘어나고 있습니다. 살벌한 일터도 두렵고, 그런 자리마저 힘겹게 찾아야 하는 상황에 직면할 용기도 없는 것이지요. 봉준호 감독이 2008년 미셸 공드리, 레오 까락스와 함께 만든 「도쿄!」 3부작의 주인공은 홀로 사는 '나이든 청년'입니다. 그는 부잣집 아들이기 때문에 꽤 큰 집에서 살지만, 기본적으로는 두문불출 은둔하며 지내는 전형적 히키코모리입니다.

1990년 거품 경제가 꺼지고 20여 년간 경제 침체가 계속되면서 일본에서는 방살이족이 지속적으로 늘어나고 있습니다. 어떻게 보면 그들의 운명은 부모의 경제적 여유와 너그러운 포용성에 좌우되는 것이지요. 최근 일본 지진으로 인해 동북지역 히키코모리들이 나올 수밖에 없을 것이라는 기사를 어디선가 읽었지만, 그들이 나온다고 무슨 수가 있을까요? 2008년 '리만 쇼크'(미국 서브 프라임 모기지로 인한 글로벌 금융 위기를 일본에서는 이렇게 부릅니다.) 이후 많은 청년들이 직장을 잃었는데, 이들 중 상당수는 부모 집에 있는 '자기만의 방'을 찾아 들어갔지만 '염치'가 있는 청년들은 부모에게 미안해서 집으로도 가지 않고 '넷카페 난민'으로 전전하다가 홈리스가 되고 있다고 합니다. 어쨌든 1980년대부터 생겨난 히키코모리/방살이족은 이제 나이가 들어서 마흔 살이 넘었고, 일본에서는 청년 정책 대상 연령을 현실화하여 사십 대로 올리려고 한다는 말도 나돌고 있습니다.

늘어나는 한국의 '방살이'족

이 현상은 '평생 고용'이라는 세계관 아래 교육과 노동 정책을 펼쳐 온 일본 사회만의 산물일까요? 그렇지 않습니다. IMF 경제 위기 이후, 우리 주변에도 방살이족이 급격하게 늘고 있습니다. 이들은 자기만의 방을 지키기 위해 문을 닫아걸고 책상들을 쌓아 바리케이트를 치기도 하지요. 2008년에 나온 영화 「김씨 표류기」에 바로 그런 십대 소녀가 등장합니다. 아주 많은 독립 영화에도 이런 주인공들이 등장합니다.

돌이켜 보면, 가난한 시대에 '자기만의 방'을 열망했던 부모의 자녀들은 경제적으로 크게 부족함 없이 자랐습니다. 부모가 마련해 준 방에서 텔레비전을 보고 많은 장난감을 소비하면서 재미있는 시간을 보내곤 하였습니다. 일류 대학에 가기 위한 경쟁이 심해지면서 학교가 끝나면 여러 학원을 돌아다녀야 했고, 그러느라 그들은 친구를 별로 만들지 못했습니다. 대신 혼자서 공상도 많이 하고 아주 많은 것들을 보고 생각했을 겁니다. 치열한 생존 경쟁에 불안해하는 어머니의 관리 감독이 심해질수록 이들은 점점 더 강박적으로 혼자(실은 엄마와 한 쌍으로) 모든 것을 감당하고 책임지는 존재가 되어 갔을 것입니다. 남에게 피해를 주지 않는 예의 바른 시민으로 자랐을지는 모르지만, 그만큼 세상에 대해 남다른 공포감이 생겼거나 오로지 엄마 아빠에게 인정받기만을 원하면서 자랐을 수도 있겠지요. 부모의 집이 온 우주였을 테니까요.

　도저히 이해하기 어려운 청년들을 보면서 나는 요즘 수업 시간에 학생들과 그들의 삶에 대해 이야기를 나누곤 합니다. 그 이야기들은 가끔 책으로 출간되기도 하였지요. 『혁명은 이렇게 조용히: 20대 상상을 시작하다』에서 대학교 3학년생 서명선은 자기 세대를 가리켜 "독방에 처박혀 혼자 열심히 하다 보면 어느 날 완벽한 인간으로 변신하는 날이 온다는 판타지"를 품고 있다고 말하였습니다. 또 소비 세대로서 "각종 최신형 기기와 미디어는 자신들의 감각을 마비시키고, 심지어 자신들의 단 하나의 사명인 '수능을 잘 치기 위한 공부'도 소비로 해결했다."고 쓰기도 하였지요. 그는 "여가까지도 어른들이 모두 세팅해 놓은 게임의 세계에서 해결했기에 자신들은 새로운 것들을 시도할 기회도 욕구도 생길 수 없었"는데, 그것은 어릴 때, 즉 1990년대에는 부모의 재정적 여유가 뒷받침되었기에 가능했다는 해석을 내립니다. 그런데 갑자기 부모의 경제력이 약해지면서 자신의 삶마저 속수무책으로 변해 버린 이들이 늘어났다면서 이런 상황은 "자신이 아무것도 아닌 존재로 내동댕이쳐지는 경험"이었고, 이후부터 "자기 혼자 온전하게 세상과 맞서야 한다는 극도의 불안감과 자괴감"에 휩싸였다는 이야기를 덧붙입니다. '자기만의 방'에서 혼자 공부하고 컴퓨터를 하면서 지낸 이들이 대학에 가서도 스펙 쌓기에 돌입하는 것은 이상한 일이 아닐 겁니다. 많은 대학생들이 입학하자마자 '방살이'를 하면서 각종 자격증과 고시 공부에 돌입하는 이유는 혼자서 열심히 하면 되는 숙련 노동이기 때문입니다. '추락하면 끝'이라는 공포심으로 이들은 자기만의 방에서 뭔가에 '집중'하는 것이지요. 그 집중의 결실이 맺기 어려운 나무 열매라면 이들은 어떻게 될까요? 협동해서 새로운 세상을 만들어 가려는 시도를 할까요?

그는 자신조차 불신하는 사람들끼리 함께 일을 벌이기란 불가능하다고 말합니다. 경쟁에 길들여진 이들은 혼자 있는 것이 가장 편한데다가, 그 "경쟁의 독을 빼기"가 결코 쉽지 않다는 뜻이지요. 그는 고립되고 외로운 만큼 소통에 대한 기대가 커서 "조금이라도 감정이 통하지 않는다고 느끼면 바로 그 사람과 대화를 할 수 없다고 판단하고 자신이 상처받기 전에 얼른 그 관계를 끝내 버리는" 것이 자기 세대의 성향이라고 말합니다. 실제로 연애를 두어 번하고 나서는 감정 노동이 힘들어 더는 연애하지 않겠다는 남학생들을 나는 자주 보곤 합니다. 서명선은 자기 세대를 가리켜 "등록금이 1년에 10%가 올라가도 무관심한 척하 면서 편의점 삼각 김밥을 살 때는 10% 할인되는 카드를 꼭 챙기는" 이 들이라며, 그 상태로 계속 살아가게 되면 자기 세대는 거대한 '잉여 상 태'에 머물 것이라고 우울하게 글을 맺습니다.

'부모의 집'에 마련된 '자기만의 방'이 없는 이들은 어떻게 살아가느 냐고요? 같은 책에서 박재용은 자기 세대의 거처가 "온전한 집이 아니 라 방으로 여겨지는 곳"일 가능성이 높다고 말하며, 그런 상황을 "절박 한 방살이precarious one room living"라고 표현합니다. 개인 벌이가 괜찮으 면 원룸이나 오피스텔을 구할 수 있지만, 대개는 옥탑방이나 반지하방, 지하방, 혹은 침대 하나만 들어가면 가득 차는 고시원이 그나마 선택할 수 있는 방들이라는 것이지요. "이런 방들 사이에서 20대들은 끊임없 이 쳇바퀴를 돈다"고 그는 말합니다. '방살이'는 억눌린 집안 분위기에 서 벗어난 자유, 혼자 있을 자유, 성인으로서 자신을 책임지는 자유를 선물하지만 그것도 잠깐일 뿐, 고립된 섬에서의 삶처럼 처절하고 절박 하다는 것이지요. '고립된 섬'에서 살다 보면 사회성이 줄어들고 자신 감도 없어지는데, 불안한 세상에선 눈에 띄면 오히려 힘들어지기에 자 신들은 점점 투명 인간이 되어 간다고 그는 말합니다.

'피할 수 없으면 즐겨라'는 모토로 계속 초경쟁적인 몸을 만들면서 쉼 없이 가는 청년들 중에는 부모의 기대를 만족시키고 그들의 적극 지원을 받으면서 잘 살아가는 이들도 있습니다. 그러나 거대한 저택을 마련한 이들의 삶도 그리 행복하지는 않습니다. 어렵게 마련한 저택에 갈 시간이 나지 않기 때문이지요. 일주일에 100시간이나 강도 높은 노동을 하면서 몸이 망가지는 것을 감내해야 하는 경우가 대부분이지요. 틈을 내서 폭음을 하거나 큰돈을 들여 여행도 가지만 소비 시장이 만들어 낸 상품을 고를 뿐, 자기만의 방을 즐기거나 자기만의 여행을 기획하는 여유를 내기가 어렵습니다.

초경쟁적 몸을 만들건, '떡실신'을 하고 자기만의 방에 틀어박히건, 아예 그 방에서 은둔을 하건, 이들 청년 세대는 풍요로운 사회에서 부모의 희생 덕분에 창의적이고 문화적인 존재로 성장한 이들입니다. 사회가 제대로만 돌아간다면, 대학 생활을 좀 더 즐겁고 실험적이며 사회에 필요한 다양한 경험으로 채우다가, 취직도 하고 좋은 사회를 만들어 가는 일에도 참여하면서 행복하게 살아갈 존재들이지요. 직장이 없다고 불평하는 이들에게 어떤 정치가들은 눈을 낮추라고 말합니다. 그런데 이들은 산업 사회에 적합한 존재로 키워지지 않았기 때문에 아무리 눈을 낮추어도 몸이 훈련되어 있지 않아서 '산업 예비군'이 될 수 없습니다. 산업 사회가 만들어 낸 무수한 문제들을 풀 능력이 있을지는 모르지만, 공장 노동을 할 몸으로 훈련되어 있지는 않다는 것이지요. 사회는 새 시대를 맞이할 준비는 하지 않은 채, 가능성 있는 청년들을 최소한의 공간으로 내몰기만 하고 있습니다.

다시 더불어 사는 '사회' 속으로

청년들의 경제 자립은 점점 어려워지고 결혼도 쉽지 않은 세상이 오고 있습니다. '귀한 자식'으로, 예민한 시민으로, 까다로운 소비자로 자란 이들은 적극적으로 인연을 맺어 본 적이 없습니다. 누군가를 돌보거나 소통하고 싶은 마음이 생겨도 이들에게는 온라인 상에서 애완동물이나 식물을 키우는 '사이버 가족'이 실제 상황보다 한결 익숙하고 편하다고 말합니다. 새로운 관계를 맺고 책임질 자신도 없는데다가 '폐 끼치는 짓'도 해 본 적 없는 이들이 자기 동굴 속으로 들어가는 것은 너무나 당연한 귀결일 것입니다. 더욱 불안해진 어머니들은 자녀를 통제하거나 보호하려고만 하고, 그런 부모 세대의 공격적인 '연 맺기'에 질려서 자녀 세대는 점점 더 자기 동굴 속에 숨어들고 있습니다.

고시원 방에 있는 사람들, 부모와 얼굴 맞대기를 꺼리면서 한 지붕 아래 '자기만의 요새'를 차린 사람들, 밤이면 관 속에 들어가서 자는 영화 「스트로베리 쇼트 케익」^{야마자키 히토시 감독, 2006}의 방살이 주인공들, 이들은 모두 비슷한 존재 조건에서 '자기만의 방'으로 내몰린 사람들입니다. 당신 권유에 따라 '자기만의 방'을 마련한 세대의 자녀들. 그들의 자기만의 방, 그곳의 출구는 어디일까요? '가모장家母長의 집'에서 미안해하고 불안해하면서 카프카 소설의 주인공처럼 벌레가 되어 간다고 느끼는 예술가 청년들, 스스로를 '찌질이' '루저' '식충이'라고 자조적으로 부르기도 하는 방살이족에게, 불안하게 표류하는 창의적인 청년들에게 당신/우리가 할 수 있는 말이 있을까요? 지금은 그들의 불안에 감염되어 함께 느끼는 일만이 우리가 할 수 있는 최선일까요?

아직도 '자기만의 방'이 필요한 사람이 많은 시대임을 나도 알고 있습니다. 하지만 나는 요즘 그 욕망을 접고 '우리들의 식탁/마을'을 차리자고 이야기하기 시작했습니다. 강조하건대, 이들은 어릴 때부터 입시공부 틈틈이 다양한 문화를 즐기고 창의적이고 예술적인 비물질 노동을 해 온 세대입니다. 이 청년들은 모두가 영화광이고 예비 가수이고 그림쟁이이고 패션 디자이너입니다. 시나리오를 쓰고 문화 기획을 하고 축제 기획을 하고 영화감독이 되는 꿈을 꾸는 이들은, 사회 진출을 하기에 적절한 시공간이 사라지고 있다는 사실을 목도하면서 더욱더 그 꿈 하나로 하루하루를 버티며 살아가고 있습니다.

"모든 것을 대기 속으로 녹여 버린다"는 자본주의의 살인적인 속도는 모두를 급격히 고립된 존재로, 그래서 홀로 표류하는 존재로 만들어버리고 있습니다. 바우만 식으로 나눈다면 자기만의 방을 원하던 어머니들은 '고체 근대'를 살아온 존재인 반면, 자녀 세대는 모든 것이 유동하는 '액체 근대'를 살아가는 존재입니다. 씩씩하게 세상으로 나선 자녀들도 실은 대부분이 글로벌 시공간에서 '초합리적 바보'가 되어 돈 계산을 하면서 정신없이 살고, 세상에 나가지 않기로 한 자녀들은 각자의 방에 소우주를 차려 그 안에서 표류하고, 방마저도 없는 이들은 피난처를 찾아 전전하고 있습니다. 이제 닻을 내릴 장소가 필요합니다. 내가 정박한 곳이 지진이 일어날 곳인지, 원자로가 폭발할 위험이 농후

한 곳인지 아닌지를 인지하면서 세상을 새롭게 상상해야 합니다.

이들에게 필요한 것은 '자기만의 방'이 아니라 '사회 일터'이지요. 나는 이들이 '자기만의 방'에서 나와서 함께 둘러앉아 식사를 나누고 생각을 나누는 삶을 시작하길 바랍니다. 자신이 꿈꾸던 창의적 삶을 살기 위해 살벌한 사회 안에 '아지트'를 만들어 내고 새로운 문명의 씨앗을 심어 패러다임 전환을 해내야 한다는 것이지요. 이들은 제품을 만들어 내는 공장이 아니라 끊어진 사람간의 관계를 연결하는 일터가 필요한 '일꾼'들입니다. 이들은 경쟁과 적대로 얼룩진 시대의 상처를 치유하며 서로를 용서하고, 전쟁 없는 평화로운 세상을 만들어 갈 세대입니다. 그런 세상을 만들어 낼 만한 감수성과 정보 처리 능력을 키운 세대이지요. 이들이 자신들에게 주어진 '한평생'을 잘 살아갈 수 있도록, 지금은 어머니들이 '자기만의 방'에서 나와 새로운 공공 영역을 만드는 일을 도와야 할 시대가 아닌가 싶습니다. 이제 여행을 떠날 여유가 있다면 그 돈의 일부는 꼭 자녀들이 자기 세대 동료들과 함께 아지트를 마련하는 데 도움이 되도록 기부하고 자신의 공간을 나누어 주면 좋겠습니다. 그리고 이런 이야기를 나눌 식탁을 차려 줄 수 있으면 좋겠습니다.

식탁에 둘러앉을 어머니와 딸들에게 당신의 축복이 함께한다면 아주 큰 힘이 될 테지요. 긴 글, 읽어주셔서 고맙습니다. 그럼 또. 2011.04.01

새로운 **시대**의
크리킨디들에게_하자작업장학교 시즌 2를 준비하며

2001년 9월 11일 뉴욕 세계무역센터가 공격당한 날, 하자작업장학교는 개교했습니다. 지금 생각해 봐도 여러모로 떨리는 가슴으로 치른 개교식이었습니다. 오늘은 하자작업장학교를 3년간 착실하게 다닌 토토가 졸업하는 날이자 주니어 열여섯 명이 수료하는 날입니다. 그리고 하자작업장학교 시즌 1을 마무리하는 날이기도 합니다.

토토는 입학할 때 좀체 입을 열지 않겠다는 단호함이 몸에 밴 듯했습니다. 삶의 무게를 스스로 감당하겠다고 결연하게 다짐하는 '고슴도치' 같았다고 할까요? 어쨌든 토토는 가까이 하기 쉽지 않을 만큼 단단한 벽을 치고 있었습니다. 그런 토토가 작업장학교에 와서 세상과 서서히 만나다가, 이제 사회와 깊이 연결된 통찰력 있고 사려 깊은 작업자가 되어서 홍콩에 있는 대학으로 갈 준비를 마무리하고 있습니다. 우리는 앞으로 토토가 어디에 가든 지구를 위해 훌륭한 일을 하는 글로벌 시민이자 작업자가 되리라 믿고, 즐거운 마음으로 그를 떠나보냅니다.

오늘 수료하는 학생들은 하자작업장학교 두 번째 시즌을 준비하는 데 동참한 친구들입니다. 하자작업장학교의 전통은 학생들과 함께 학교를 만들어 가는 것인데, 이번에 들어온 수료생들을 관찰하면서 학교 팀은 그들과 함께 좀 다른 체제로 틀을 바꿀 때가 되었음을 확실히 깨달았지요.

이번에 수료하는 학생들은 처음부터 별 말썽을 피우지 않고 시간도 잘 지키는 아주 '정상적'인 아이들이었습니다. (작업장학교 초기 학생들은 대체로 아침에 일어나지 못하는 특성이 있었지요.) 여학생들은 올 때부터 자기가 하고 싶은 일이 분명해, 길을 아주 잘 찾아갔습니다. 한동안은 대부분이 여학생들이었는데, 최근에는 남학생들도 많이 입학해 성비가 비슷해졌습니다. 이번에 수료하는 남학생들은 학교에 다니는 내내 함께 노래 연습을 하더군요. 어려운 인문학 책을 끙끙대면서도 끝까지 읽고 어려운 강의도 졸지 않고 귀담아 듣더니, 그것을 소화해서 아주 훌륭한 글을 써내기도 합디다. 또 점심식사 시간에는 한판 신나게 춤을 추더군요. 마치 인디언들처럼요. 선배들보다 한결 가볍게 학교에 적응했고, 아주 자연스럽게 배움을 사랑하는 분위기를 만들어 갔습니다.

이 수료생들이 만들어 내는 분위기와 행동, 그리고 표현들을 보면서 하자작업장학교 시즌 2의 그림을 어떻게 그려야 할지 분명히 깨닫게 되었습니다. 작업장학교는 특별한 소수만이 아니라 '정상적인' 다수에게도 활짝 열려야 할 학교로 진화했고, 이제 그 틀을 제대로 잡고 공유

해야 할 때가 왔습니다.

이 강당에 걸려 있는 '고래'는 하자작업장학교 1기의 상징입니다. 아시다시피 하자작업장학교는 '퇴학'이 아니라 "학교가 몸에 맞지 않는다"면서 스스로 학교를 떠난 십대들이 모여들어서 자연스럽게 만들어진 대안 학교입니다. 사회에서는 학교에 안 다니는 그들을 '불량 학생' 취급했기 때문에 밖에 나가면 상당한 박해를 받기도 했지요. 그런 것을 의연하게 감수하면서 이들은 새 길을 내는 '시대적 프로젝트'에 동참했습니다. 새로운 길을 내는 일이 자신을 위해, 그리고 사회를 위해 꼭 필요한 일이라고 믿으면서 학교 만드는 일에 자신을 던졌습니다.

당시 작업장학교 학생들은 자부심이 아주 높았습니다. 자신들을 고래와 동일시했는데, 그것은 일면 보이지 않는 것, 들리지 않는 것이 세상에 존재한다는 사실을 인식하면서 자신들은 남들이 듣지 못하는 고래 소리를 들을 줄 아는 존재이고, 또한 남들이 듣지 못하는 고래 소리를 내는 '특별한 자'라는 자부심을 품고 있었지요. 그런 남다른 자각을 한 하자작업장학교 졸업생이나 수료생들은 지금 한국만이 아니라 세계 각지에 퍼져서 남이 듣지 못하는 소리를 듣고 또 새로운 목소리를 내면서 자기 길을 가고 있습니다.

그러나 십 년이 지난 지금, 세상은 아주 많이 변했습니다. 지난달 서울에 있는 한 대학 경영학과 학생이 '탈대학'를 선언하였는데, 이것이 바로 교육계의 변화를 단적으로 보여 주는 사건일 것입니다. 어려서부터 학원과 학교를 오가며 점수 경쟁을 하던 아이들은 대학에서마저 스펙 경쟁을 하게 되면서 배우는 즐거움을 얻을 기회를 잃었습니다. 그런데 배움이 사라진 사회에서 아이가 어떻게 자랄까요? 그런 사회에 미래가 있을 리 만무하지요.

갈수록 경쟁이 심해지고 청년 실업 문제가 심각해지고 승자 독식의 원리가 퍼져 나가면서 점점 살기가 어려워질 것입니다. 불안해진 사람들은 가능한 많은 이들을 내치며 혼자라도 살아 보려고 할 것입니다. 많은 '예외'들을 만들어서 자기와 조금이라도 다른 사람들을 배제하고 탈락시키려고 안간힘을 쓸 것입니다. 스스로를 고래라고 생각하면서 혼자 탁월해지려 한다면 승자 독식 시대에 빠져들 위험성이 높아집니다. 자칫 고립된 삶을 살겠다는 선택을 할지도 모르지요.

지금은 승자 독식 시대를 넘어서야 할 때입니다. 경쟁과 시장 질주의 사회를 '공생의 원리'로 새롭게 구성해 가야 할 때입니다. 하자작업장학교 시즌 2는 그런 시대를 열어 가는 학교일 것입니다. 수렵 채취 사회부터 오늘날까지 인류 역사를 통해 탁월한 감수성과 직관력을 보인 인재들은 무엇보다 더불어 사는 즐거움, 공통의 감각이 있는 이들이었습니다. 남과 더불어 행복하기를 바라기에 새로운 것을 창조하였고 사랑하는 이의 불행을 줄이고 싶었기에 또한 놀라운 기적을 일으키고는 했지요. 하자작업장학교 시즌 2는 '이기느냐 지느냐'의 양극화 시대를 넘어, 더불어 사는 지혜로운 사회를 창조하는 학교가 될 것입니다.

하자 시즌 2의 상징으로 크리킨디(별새)를 보태려는 것은 바로 이런 이유에서입니다. 불타고 있는 숲의 불을 끄기 위해 조그만 부리에 물을 담아 부지런히 나르는 벌새를 보면서 다른 동물들은 "그런 걸 한다고 뭐가 달라져?" 하고 비웃으며 바삐 도망쳤지만, 벌새는 "내가 지금 할 수 있는 일을 할 뿐이야."라면서 불을 끄고 있었지요. 지구의 마지막 날일지 모른다 하더라도 앞으로 올 세대를 위해 사과나무를 심으려는 마음. 그런 마음을 품은 이들이 서로를 연결하며 재난이 끊이지 않는 세상을 구하기 위해 본격적으로 공부하게 될 것입니다.

정월에 수료생 주니어들은 타이 국경에 있는 메솟 캠프를 다녀왔습니다. 버마 난민 가족들이 사는 곳이지요. 그들은 그곳에서 집을 잃고 고향을 잃은 '난민'들을 만났고, 하루하루가 불안한 나라 없는 삶, 그리고 기약 없는 기다림의 삶에 대해 알게 되었습니다. 이들이 난민들을 위해 어떤 일을 할 수 있을까요? 이들은 그냥 작은 벌새일 뿐입니다. 그러나 일찍부터 난민의 감각을 경험한 학생들이라면 난민의 시대를 함께 구할 감각도 얻게 되겠지요.

반갑게도 최근 난민 의식과 공생의 감각을 탁월하게 그려 낸 시를 한 편 만났습니다.

석 달도 살지 못할 것 같았는데, / 삼십 년을 살았지 인디언이니까 / 자기들끼리 어울려 함부로 살았지 / 그래도 행복하다니까 인디언이니까 / 정비 구역 바깥에도 살 만한 곳이 있다고 / 몇 번이나 공지했지 / 도시 재정비 촉진법도 읽어 주고 / 성경도 읽어 주었는데 / 말이 잘 안 통했으니까 인디언이니까 / 정말 우리들의 미래를 구길 셈이니? / 여기서는 그렇게 숨 쉬면 안 된다는 걸 / 잘 이해하지 못했으니까 인디언이니까 / 뒤돌아보지 말고

가랬는데 / 뒷짐 지고 있었으니까 뻔뻔했으니까 / 우리 미래를 밝히려는
마당에 / 불량스럽게도 그 마당에 들어가 / 손도끼를 꺼내 온 건 너희들이
니까 / 아무렴, 인디언이니까 / 옛날부터 그들은 늘 그렇게 / 비명을 질러
왔으니까 인디, / 틀이니까

― 송기영, 「인디언이니까」, 『.zip』, 민음사, 2013

'인디언'을 추방하고 그들을 길들일 생각만 한다면 더 이상 인류의
미래는 없을 겁니다. '추방될지도 모르는 그들이 바로 나'라는 감각을
갖게 될 때, 곧 '사회'의 감각을 회복하게 될 때, 아이들은 꿈을 꾸기 시
작하고 활기를 찾겠지요. 괴물이 아닌 사람으로 소생하면서 생각보다
쉽게 바벨탑을 허물어 버릴 것입니다. 자기 땅에서 추방되는 이들이 없
도록 하는 것, 자기 땅에서 함께 아이를 낳고 키우면서 살아가는 것, 이
것이 바로 지금 시대에 학교라는 곳에서 해내야 하는 일이지요.

이제 '성장주의'로 세상을 구할 수 없는 시대가 왔습니다. 근대 문명
의 쇠퇴기에 성장주의는 일을 더욱 악화시킬 뿐입니다. 인류가 공통의
운명으로 얽힌 공동체라는 공생의 감각, 공동체 의식을 회복하는 것,
난민 의식을 공유하는 것은 지금 우리 학생들만이 아니라 모두에게 필
요한 이념이자 태도입니다. 청소년들이 정신없이 경쟁 놀이에 몰입하
거나 아무것도 하기 싫다고 무기력하게 늘어져 버리는 것은 바로 어른
들이 그들에게서 공생의 감각을 일찍이 박탈해 버렸기 때문입니다. 지
금 교육에서 이루어져야 하는 것은 자신이 누구와 연결되어 있는지를
인식하는 것이고, 그를 통해 살아야 하는 이유, 해야 할 일과 현장을 찾

는 일입니다.

"하고 싶은 일 하면서 먹고살자"는 하자 시즌 1의 모토를 "더불어 있는 것이 좋아서 일을 벌이다 보니 함께 잘 살게 되더라"는 말로 바꾸어 볼까 합니다. 좀 더 가볍게, 그러나 더 기운차게 벌새 떼가 모이면, 사라져야 할 문명은 서서히 쇠퇴하면서 새 문명의 싹이 틀 것입니다. 그간 중심을 벗어나 주변에서 창의적으로 몸을 바꾼 이들이 이제 다시 '중심'으로 들어가 '중심들'을 만들어 내야 합니다. 새로운 마을, 새로운 학교, 새로운 국가, 새로운 세계를 만들어야 합니다. 춘추 전국 시대가 그러했듯, 문명의 전환기에는 '중심'이 하나가 아니라 여럿입니다. 시대의 인문학자는 이를 '천 개의 고원'이라 표현했지요. 하자작업장학교 시즌 2는 바로 그 천 개의 고원 중 하나를 만들어 가게 될 것입니다.

그간 하자작업장학교를 거쳐 간 많은 담임들께 우선 감사드립니다. 마지막 수료생들을 차분하게 데려간 사이다, 유리, 단지, 양상, 수고 많으셨고요. 앞으로 새로운 여정에도 함께하면 좋겠습니다. 하자작업장학교를 거쳐 간 동문들, 멘토들, 학부모님, 그리고 격려를 아끼지 않은 많은 '하자의 친구들'께 감사드립니다. 누구보다도 담임으로서 천부적인 능력을 아낌없이 발휘해 준 작업장학교의 버팀목 히옥스께 가장 큰 축하와 감사의 박수가 돌아가야 하겠지요.

작업장학교의 시즌 2를 신나게 열어 가기 위해 더욱 자주 만나 즐거운 일들 함께 벌이도록 합시다. 2010.03.27

자공공
우정과 환대의 마을살이

1판 1쇄 · 2014년 10월 13일

지은이 · 조한혜정
펴낸이 · 유승희
편집 · 조지혜 | 마케팅 · 고진숙 | 관리 · 손미경
펴낸곳 · 도서출판 또하나의문화 | 등록번호 · 제9-129호(1987.12.29)
주소 · 서울 마포구 와우산로 174-5 대재빌라 302호
전화 · (02)324-7486 | 팩스 · (02)323-2934
누리집 · www.tomoon.com | 전자우편 · tomoon@tomoon.com

ISBN 978-89-85635-96-7 03330

* 이 도서의 국립중앙도서관 출판예정도서목록(CIP)은 서지정보유통지원시스템 홈페이지
(http://www.nl.go.kr/ecip)와 국가자료공동목록시스템(http://www.nl.go.kr/kolisnet)에서 이
용하실 수 있습니다.(CIP 제어번호: CIP 2014028097)